好政府

好 政 府

皮埃爾·羅森瓦隆〔Pierre Rosanvallon〕著

晨楓 譯

香港城市大學出版社
City University of Hong Kong Press

本書譯自作者皮埃爾·羅森瓦隆 （Pierre Rosanvallon） 的法文專著 *Le bon gouvernement.*

Authorized translation from the French language edition published by © Éditions du Seuil, 2015. All right reserved.

本書法文版由© Éditions du Seuil, 2015 出版，並經其授權翻譯出版。版權所有，不得翻印。

國際統一書號：978-962-937-574-4

出版

　　香港城市大學出版社
　　香港九龍達之路
　　香港城市大學
　　網址：www.cityu.edu.hk/upress
　　電郵：upress@cityu.edu.hk

©2021 City University of Hong Kong

Good Government

(in traditional Chinese characters)

ISBN: 978-962-937-574-4

Published by

　　City University of Hong Kong Press
　　Tat Chee Avenue
　　Kowloon, Hong Kong
　　Website: www.cityu.edu.hk/upress
　　E-mail: upress@cityu.edu.hk

Printed in Hong Kong

目錄

第一部分　執法權：問題重重的歷史

第二部分　民主總統選舉制

第三部分　掌握民主

第四部分　信任民主

第十三章　好政府的形象

前言
從一種民主到另一種民主

我們的體制可以說是民主的，但是我們並沒有被民主地統治。一個大斷層滋養着當代的幻滅與恐慌。我們來詳細談談。我們的制度被認為是民主的，因為權力是通過公開投票競選產生的，而且我們生活在個人自由受到保護的法治國家裏。可是，民主進程肯定遠未完成。被代表者經常覺得他們被法定代表拋棄了，因為選舉一過，人民便感覺沒多少主權。話雖如此，這個事實不應該掩蓋另一個事實，而後者的特性更加難以辨別——糟糕的政府深深侵蝕着我們的社會。如果說政治生活是圍繞着決定體制性質的各種機構組成，那麼政治生活也是政府的行動，就是公共事務的日常管理，是決策與發出命令的規程。政治生活是行使權力，用憲法語言所説就是執法權。公民每時每刻要與其打交道的就是執法權。民主訴求的重心不知不覺地轉移了。如果說很久以來這種民主訴求，尤其代表與被代表者之間的關係密不可分，那麼如今統治者與被統治者的關係就成了主要問題。只要代議制的存在還是不言而喻的——我們確實一直在談論「代議制的危機」（下文我們還會再提到），這種重心的轉移並不意味着決裂。但是民主的不足顯然還有其他原因。對於公民來說，缺少民主是指沒人聽取他們的意見、有些決策未經商議便推行、各部門不負責任、領導人毫無顧忌地撒謊、政界就像個封閉的世界、由下而上的匯報不充分、行政運作不透明等。

問題是，政治中的這個維度從未被認真思考過。民主總被理解為體制，而從未被認為是一種特殊的政府形態。歷史上「體制」和「政府」這兩個詞相混淆就很有問題[1]。在民主體制的最初的歷史中，就是在立法權高於一切的「議會—代議制」的模式中，這個問題也許並不明顯。但是如今執法權成為樞紐，帶動民主形態向「總統制—政府」模式

---

1. 在 18 和 19 世紀，政府被當做體制的同義詞，政府的概念包含立法權和執法權。這樣「代議制政府」這共同的表達方式指的是我下文所説的民主體制的「議會—代議」形式。

轉型。如果從前所有的批評源於病態代議制，那麼現在要考慮的就是病態政府。本書將追溯這種轉型的歷史及過往執法權被忽視的歷史，繼而提出政府民主理論的依據。

民主總統選舉制

我們先從這個事實出發來探索問題：30 年來的總統選舉運動標誌着民主的本質與形式之間的斷裂。總統選舉運動非常敏感，因為這是通過公投民選產生的最高執法人，公投民選簡單明瞭地決定了總統選舉運動的特點。世界各地的政治新聞無時無刻不在提醒我們總統選舉在民眾政治生活裏的中心地位。與此同時，總統選舉所體現的斷裂至今沒有得到重視。原因有多個。在亞洲、非洲、拉丁美洲、蘇聯演變出的國家或者在阿拉伯花樣繁多的新民主體制中，草草制定的程序被認為是擺脫獨裁體制、人民主權得到承認的結果，是一種無需論證其合理性的程序，甚至連最非自由的勢力顯露出來了，都沒人會對此程序提出異議，比如在俄羅斯和土耳其。在這些新民主制度中，總統選舉等同於普選。

由於其他原因，在已長久推行民主制度的土地上，斷裂並沒有引起關注。在美國，自 1787 年《美國憲法》開始確立總統制。而近一個世紀以來，最高執法人的選舉即使在形式上有兩級，在建立了初選制度的各州其實也相當於民選。這裏完全考慮到標誌着美國制度特點的分權原則，並賦予特殊性。但是分權原則也限制了機構的強勢。美國人因此感覺到的不是變化而是漸變 [2]。在漸變過程中，事件對於擴大總統的權力範圍有決定性作用。比如 1930 年的危機或 2001 年的 9‧

---

2. 而且特別是憲法如今穩定了，幾乎不可能具備改變憲法的程序（見《美國憲法》第五條）。

11 事件。最近反恐鬥爭的迫切需要使全國接受近乎緊急狀態的國家形式，使某些領域的執法權漸漸不受限制。

一個多世紀以前，歐洲已經普遍實行普選。選舉與代議制議會的產生緊密相關。除了 1848 年法蘭西第二共和國和 1919 年德國魏瑪共和國外，最初的普選並沒有用於選出最高執法人。從憲法的角度來說，大多數歐洲國家一直停留在民主的初級階段上，原因各異。首先，因為許多國家的君主立憲制一直伴隨着民主而進步。比如英國、比利時、荷蘭、盧森堡、丹麥、瑞典和挪威。就此而言，歐洲真是 19 世紀誕生的自由民主體制博物館。在這些國家的君主制中，從來沒有，也不會普選總理，即最高執法人。這樣確實會在原則上不再承認王位優先權。因此，被任命為總理的總是在選舉中勝出並在議會中獲得多數席位的一黨或者兩黨聯盟領袖。

脫離了納粹和法西斯主義的兩個國家：德國和意大利，她們擁有共和國總統，但是這個總統是議會選舉出來的，只有代表的作用；而總理則由在代表選舉中獲勝的多數派主席來任命。1919 年以前，德國曾經有過民選帝國總統，卻隨着希特拉上台而告終。1925 年，墨索里尼推行獨裁統治。這兩個國家在兩次世界大戰中的慘痛教訓促使她們在 1945 年以後實行現存制度。

至於上世紀 70 年代才擺脫獨裁的南歐國家西班牙、希臘和葡萄牙，也「謹慎地」回到民主。西班牙通過重建君主制；希臘通過傳統的議會制度，其總統由議會選舉產生，但不是有實權的最高執法人；葡萄牙比較特殊，實行普選總統，但是遵從傳統自由主義緩和權力的觀念。20 世紀沒有任何一個國家像葡萄牙一樣把本雅明•貢斯當

(Benjamin Constant)[3] 作為當下思想源泉做過如此多的評論！若是法律條文受到這種影響，自 1976 年起，總統實際上有特殊地位。他與政府的關係受到道德和選舉合法性的條例約束。總統會在正常時期頗為低調，危機時刻則比較活躍。東歐國家與南歐國家的選擇是一樣的。1989 年東歐社會主義陣營解體後，多數選擇了總理權力制[4]（與蘇聯解體後分離出來的國家不同）。

歐洲似乎以不同的方式遠離了影響世界的總統選舉運動。法國選舉正正相反[5]。1962 年，法國實行全民公投直接普選總統，震撼了現代總統選舉的歷史。在 20 世紀，美國還奉行從過去傳承下來的總統撰舉憲法[6]，法國全民普選總統則是一種普及選舉。法國民主總統選舉為廣大選民所接受，但一直受到政界質疑。法國民主選舉和被認為有潛在威脅的憲法，在實施上分不開。質疑來自對已被撤棄的非自由凱撒主義的記憶，但是卻沒有考慮到為什麼在廣大民眾眼裏，總統普選與民主實現聯繫在一起。因此，總統選舉變成「無法繞過的問題」，從而令法國人擔憂。總統選舉被認為是一種有待醫治的國家痼疾，而沒被視為一種新民主形式的雛形。

3. 本雅明・貢斯當 (Benjamin Constant, 1767–1830)，法國文學家和政治思想家，近代自由主義奠基者之一。——譯註

4. 除了匈牙利，其共和國總統是直接普選產生的。

5. 芬蘭 (1988 年)、愛爾蘭 (1938 年) 和奧地利 (1951 年) 稍有不同，因為總統不是真正的最高執法人。

6. 美國的特點是各州的指定大選民，每次都有特定規則。這些大選民被任命組成選舉人團來任命總統。由這兩個程序選出的總統可能不是在全國公投中得到多數票的候選人。

動因：執法者的主導地位

撇除這些源於歷史的區別，就要考慮到民主的總統選舉只是深層政治變化的結果——執法權日益強大。這才是總統選舉的動因：如果我們所說的權力是單數的，這個權力就是執法權。這個權力直接且永遠活躍，完全受制於日常所做的決策，永遠在表態。公民期待着這個權力能夠有效管理他們的社會活動與個人生活條件。因此他們要求執法者既要有堅定的意志，又要對自己的行動負責[7]。由此產生了執法權兩級分化及個性化的傾向。如果說正式的總統選舉——即民選執法者——沒有在所有地方推行，與執法人的統治地位緊密相關的「兩級分化/個性化」的現象則是普遍的。政治學因此用「戴面具的選舉」來定義老歐洲的總理任命方式[8]。無論其憲法傳統如何，民主制確實在全面演化。

為了恰當地表述這些變化，我們有必要脫離總統制，宏觀地審視「統治機構」，儘管總統制被大多數國家沿用至今。統治機構是民主「總統制政府」新形式的主要核心。執法權這術語儘管一直被沿用，但從歷史上來看，一直屬被動含義，因此不再適合用於這些機構的新地位。立法權變成要服從於統治職能，下文會更深入探討這個問題。因此，要把這些政府機構設想為一個相互銜接的整體。今天我們毫不懷疑這個至高無上的統治職能，以至於關於這種變化的陳述幾乎從未引起注意；但如果以歷史學家的眼光來看問題，我們就會注意到，對於尤其是美國和法國革命中所表述的現代民主制的基本觀點來說，是一次顛覆。本書以為，不清晰地分析這種變化的範例，我們就難以了解當代人對民主失望的真正原因，因此也難以確立民主進步的條件。

---

7. 這種執法權權力日趨集中的條件將在第一部分第三章中詳析。

8. 見第二部分第六章。

議會—代議制模式

　　接下來我們再來談談「議會—代議制模式」這民主制的歷史形態。美國和法國最早的憲法之父早已界定了這個模式。這個模式建立於兩個原則之上——法律至上和人民立法者的地位上升[9]。

　　法律至上是因為法律從本質上不影響統治地位的權力，亦是非個性化的規則。非個性化被認為是自由和民主的首要政治條件。一個政權只有在表現非個性化時才是好政權。對於 18 世紀末的思想家來說，與獨裁專制中的極權主義決裂，就是這樣體現出來的。這個主要特點表明，建立在個性化之上的總統制統治模式在大多程度上與議會代議制的原則有所不同。

　　人民立法者上台，因為人民從此被認為是一切權力的原動力。在美國是「權力的源泉」；在法國則是「主權」。根據 1789 年《人權和公民權宣言》，法律被認為是「公共意志的表達」。用《人權宣言》的話來說：「所有公民都有權親自或通過其代表參與法律的創立」（第六條）。那時，既因為執法權的首要地位及對公共行為範疇的限制，中央權力就是立法權，而執法權被認為是次要的。立法權組織條件的確立，成為了 18 和 19 世紀關於民主體制論爭的主要問題，代議制關係的性質則是問題的核心。

　　在這種背景下，那時對深化民主的研究圍繞着三大關鍵問題。首先是選舉民主化。比如減少凌駕於公民選擇條件之上的機構和團體的影響力。例如 1848 年的法國和法蘭西第二帝國時期，工人團體強烈反對律師和記者在選舉委員會中佔主導地位。在 19 世紀末、20 世紀初的美國，這個目標最終以進步主義在選舉中獲勝得以實現，從而確立

---

9. 關於形成這種模式的條件和細節參見第一部分第一、二章。

初選制，減少了幕後操縱的影響力。後來也有限制權和任期的鬥爭，但遠沒有這麼成功。至19世紀還經常提到建立強制任職[10]。這與建立在完全獨立於被代表者這原則上的議會主義經典學說完全不相容[11]。這種想法通過起草章程或者綱領間接達到目的，這些章程或者綱領沒有法律價值，卻意味着承認當選者與選舉者的某種依賴關係。

第二個方向是尋找改善獲選者代議特點的途徑。用社會團體代表的術語來說，這是階級政黨組成的理由（1830年歐洲就出現了「無產者的特殊代表」這話題）。與此同時，19世紀中葉按比例代表的思想竭盡全力改善議會的「表達功能」，就像在英國，這運動先是被理論化，然後成為其後政治運動的目標。

第三，各種建議將集中圍繞公投程序的引入而展開。19世紀下半葉的歐洲圍繞着人民直接立法的問題展開重大辯論。美國進步主義者、德國社會主義者和波拿巴主義的繼承人法國社會主義者堪稱辯論的優勝者。甚至保守派的聲音，特別是在英國，也加入這場大合唱，以為在某種情況下給人民否決權，就可以形成一個有效的安全閥。

1789年秋天，法國大革命時期反對「貴族代議」的呼聲正酣，議會代議制背景下各種體現民主進步的觀點初露端倪。令人震驚的是，兩個世紀以後人們還討論着這三個問題來追求民主的進步。當然具體情況有所不同，比如少數民族代表或者男女均衡的議題取代了階級代

---

10. 這是19世紀末歐洲工人大會的目標，而那時他們剛剛獲得普選權。在法國，參見埃爾內斯特・羅什（Ernest Roche）的經典論斷：「只要強制性任期不存在，投票選舉前還如此卑微、馴服的人民代表，即工人，可以一夜之間成為無情的主人、暴君」。（*Séance du Congrès ouvrier socialiste de France.* Troisième session, Marseille, Doucet, 1879, p. 590.）

11. 這種想法是，某種情況決定換屆時，代表就無權了。這就是為什麼1789年法國制憲議會最早作出的決定之一就是禁止強制性任職。如果沒有這條禁令，確實不可能與三級會議最初的規定了結。這也排除了通過活躍的討論來改變觀點的可能性。

表的議題。但除此之外，其延續性令人驚訝。只有抽籤制的想法是種創新。然而實質上這更是改變選舉程序的建議，認為這可以改善機構代議制的質量，因此仍然納入議會代議制的範式[12]。參與民主因此從根本上也屬改善或超越代議制民主的範疇。總之，代表與被代表之間關係的性質與品質，以及公民直接參與的可能性都是理想民主的圭臬。

被統治者與統治者的關係

在執法權至上的時代，民主的關鍵在於社會監督執法權的條件。因此統治與被統治的關係成為焦點。只要政府在概念上已經決定了被統治者與統治者之間功能上的區別，目標就不可能是建立一個自治政府（人民/立法者的理想這時才有意義）[13]。但是必須通過界定政府行動的條件，使政府的行動為公民所掌握，不使其成為凌駕於一切的機構、獨立於社會的寡頭政權，從而保證這層關係只具職能性質。問題是目前唯一可以滿足這個要求的是執法領導人選舉。但這只是一種授權民主，一張允許治理的授權書，僅此而已。然而實際上不止如此，因為我們看到被選舉出來的總統們的行為遠不夠民主。

在某條件下，我們認為選舉能夠恰當地確定代表與被代表之間的關係[14]，被統治者與統治者之間的關係卻無法如此確定。在歷史上，指

---

12. 這裏強調的是，抽籤的想法從來沒有建議用於執法功能。原因很簡單：抽籤使任何一個團體都有價值（在可能得到的統計抽樣範圍內），因此納入代表形成的進程。而政府職能的行使從理論上已經獲得能力，也就是說選擇出色的人。抽籤因此用於組建一個公民評委會或者一個意見團體，其運作可以根據抽籤人群的界定方式而定。

13. 本書第三部分第九章詳細闡述了這一點。

14. 至少在理論上目的是如此確定的。貝爾納・馬南（Bernard Manin）指出：「選舉構成了代議制政府的核心制度」。Bernard MANIN, *Principe du gouvernement représentatif*, Paris, Calmann-Lévy, 1995, p. 18.

定一位代表在原則上是要表達一種認同或者要達成一項任命，這都是可通過選舉理想地完成的。根據選舉的永恆概念，選舉被認為可以確立固有的資格和功能意義上的代表。然而選出一個統治者只是合法化他在制度中的地位，並沒有賦予他任何資格。在此意義上，這種選舉的「民主成就」就低於代表選舉 [15]。

因此，把授權民主延伸到運作民主是必要的。運作民主的目的是確定統治者應有的資格，以及他們與被統治者建立關係的條件。從今往後建立這樣的民主才是最重要的。正因為缺少這種民主，才使執政領袖選舉變成了一條通向不自由，甚至在某些情況下成了專制體制的道路。現代不乏例子，19 世紀法國凱撒主義是個先例。極權主義對 20 世紀的民主是致命性、毀滅性的疾病，是代議制的毒瘤。這時的權力聲稱超越代議制的結構性悖論及不完整性，完美地體現在社會中。這種一致性合法化了極權主義。這些痼疾仍然存在。但是到了 21 世紀，這是一種疾病的性質改變了。它們從限制民主治理轉成簡單的授權程序。如果說總統選舉制不健康，正是源於這種萎縮 [16]。

本書的主要目的是界定這種運作民主的特點。如今我們在公民社會中或社會活動範圍內摸索着，並呼籲創建民主網絡或者鼓勵討論開放政府的概念，尤其強調「透明」這至關緊要的原則。這個研究旨在整理這些期待與思考，把統治者已獲得的資格、與統治者和被統治者之間關係的準則區別開來。這些準則是構成民主好政府的基本原則。

本書分為兩個方面探索構成好政府的準則。首先是要了解支配統治者與被統治者之間民主關係的原則。我們強調三點：明晰、責任

---

15. 也因為代表選舉總是多數的：選舉產生的是代表大會。我們還會回到這點上來探討。

16. 這使得有些人說可以通過「反對選舉」進行刺激。David VAN REYBROUCK, *Contre les élections*, Arles, Actes Sud, 2014.

與應變能力。這些原則勾勒出自主民主的輪廓。實施這些原則使公民得以更直接行使長久以來被議會獨佔的民主職能。這些原則的意義在於，權力不是一種東西而是一種關係，正是這種關係的特性決定了統治地位與簡單的職能特性分別。而這種職能使公民自主權力得以發展。其次，要界定領導好政府所需的個人品質。了解這些品質不是為了勾勒一個具有所有天賦和品質的理想形象，而是更切實地思考有助於在統治者與被統治者之間建立信任關係的必要條件，從而實現信任民主。信任被定義為「看不見的機構」，在民主個性化的時代尤其重要。我們會在第十四章〈講真話〉和第十五章〈正直〉這兩章中重點討論。

　　建立信任民主和自主民主是總統制政府時代民主進步的兩個關鍵。然而好政府的這些原則不應只適用於不同情況下的執法權。它們同樣適用於指導所有未經選舉、具有制定法規職能的機構（獨立的權威機構）、各級行政機構和所有公共職能領域。這些人或者機構其實以不同的方式對他人發號施令來參與統治機構。

政黨的衰落與再定義

　　很久以來，政黨是在民主議會—代議制模式運行中的重要一環。在普選（先是男性）的發展過程中，政黨為製造輿論、疏導輿論有很大貢獻。如19世紀的人所言，它們是「數字」的組織機構。在制定競選制度、挑選候選人時尤其如此。與此同時，它們建立議會運作，有組織的團體應運而生，這些團體直接或者通過聯盟來產生多數派。它們在行使這兩個職能時標誌着與過去納稅選舉制或者兩級投票選舉時代決定政治與議會生活的顯貴關係網的決裂。

　　與此同時，政黨逐漸變成大眾組織。在其選舉—議會職能之外，它們更能代表社會各個群體。它們代表着各階級的意識形態，也代表

着各自對未來的利益和前景。由於政黨的存在，議會代議制完全符合其定義。政黨的官僚和等級制度很快引起強烈批評。自 1848 年法國第一次直接普選開始後，就有人揭露選舉委員會委員磕磕巴巴的行為（關於擬定候選人名單的選舉委員會）。當時一位舉足輕重的人物暴跳如雷：「你們第一次行使政治權力，你們被授權，人們把名單交給你們，你們沒有討論甚至沒讀過一遍，然後他們命令你們，把名單扔進投票箱。你們成了選舉機器。[17]」19 和 20 世紀交替之際，由於許多著作，特別是兩本政治學奠基著作：莫伊塞·奧斯特羅果爾斯基（Moïseï Ostrogorski）[18] 關於英美的《民主與政黨》（1902 年）和羅伯特·米歇爾（Robert Michels）關於德國社會民主黨的《政黨》（1911 年）的發表，程序愈來愈規範化，愈來愈嚴謹。這些著作顯示，隨着政黨的出現，民主中貴族是如何復活的。第一本著作的重點分析在職業政客手中自我運轉的政黨機器的形成；而後者則分析了職業政客是如何造就新寡頭政治。對於政黨矛盾的態度由此產生。儘管由此而生的「機器」使公民感到沉重並處於居高臨下的位置──這當然因組織而異，共產黨的紀律把這種負擔推向極致──政黨無可否認地使從前被排除在政治外的民眾有了聲音，走向公共論壇。

上世紀 90 年代，政黨這種代議職能逐漸被侵蝕繼而消失。原因有二。第一且最明顯的原因是，社會本身的邊緣愈來愈不透明，甚至完全無法辨認，因此比清晰的階級社會更難以被代表。我們確實已經進入一個新時代──個人主義和個性化的時代 [19]。其特點是社會領域

17. Félicité Robert de LA MENNAIS, "Aux ouvriers", *Le Peuple constituant*, 24 avril 1848.

18. 莫伊塞·奧斯特羅果爾斯基（Moïseï Ostrogorski, 1854–1921）俄羅斯政治學家、歷史學家、法學家和社會學家。他與馬克斯·韋伯和羅伯特·米歇爾斯被公認為政治社會學的三大創始人。他也是政黨制度和政黨理論專家。他曾遊歷英、美考察政治制度。隨後出版了政黨學著作《民主與政黨組織》，開創了政黨比較研究的先河。──譯註

19. Pierre ROSANVALLON, *La Société des égaux*, Paris, Seuil, 2011.

變得複雜和異質——個體既被個人歷史限定，也被社會條件所約束。在此意義上，「代表社會」意味要在一個革新資本主義以取代此前的組織資本主義時代來描述新的社會條件，同時要提交影響個人生存條件的形勢、考驗、恐懼和期待的社會報告。如今社會之所以難以辨別與這兩個事實相關。過去的政黨，他們帶有強烈歸屬感，故有十足的代表能力。然而今天他們不再具有這種能力。這是因為在新的社會領域裏，代表社會的要求改變了。要重建社會的複雜性，代議制今後要具有政黨無法勝任的敘述能力。這樣一來，政黨就遠離了生活的世界，他們的語言是空洞的，無法體現人們切身感受，淪為空洞且抽象的表達。這個病態的代議制新時代，在社會學意義上，如今得到較為清晰的認識。我本人發表過幾本著作，試圖釐清這個問題 [20]。

說到此處，有另一個不那麼明顯卻更重要的因素導致了政黨的衰落——政黨滑向統治功能。他們不再把自己看成是社會與政治機構之間的媒介。首先因為議會本身不再是代議制機構，也不再有生成和制定法律的原動力，起草法律成了執法者的特權手段。尤其是因為如今議會多數派的主要功能是支持政府，而議會中的反對派則是批評政府，等着有朝一日取而代之。政黨因此成了執法權的輔助因素 [21]：他們

---

20. Pierre ROSANVALLON, *Le peuple introuvable. Histoire de la représentation démocratique en France*, Paris; Gallimard, 1998; *La question syndicale: Histoire et avenir d'une forme sociale*, Paris, Calman-Lévy, 1998.

21. 關於這個決定性的變異最有啟發意義的研究參見 Peter MAIR, "Representative versus Responsible Government", *Max Plank Institute for the Study of Societies*, septembre 2009；還有他死後出版的 *Ruling the Void: The Hollowing of Western Democracy*, London, Verso, 2013. 在我看來，這兩個研究把他 20 世紀 90 年代和理查德·卡茲（Richard KATZ）把政黨—聯盟的前沿理論更推向極致：Richard KATZ, "Changing Models of Party Organization and Party Democracy: The Emergence of the Cartel Party", *Party Politics*, vol. 1, n. 1, 1995, pp. 5–31. 要了解這個理論經驗的演變請參考 Yohann AUCANTE et Alexandre DÉZÉ (dir.), *Les Systèmes de partis dans les démocraties occidentales. Le modèle du parti-cartel en question*, Paris, Presses de Sciences Po, 2008.

努力保障執政黨持續掌權的合法性，或相反，努力證明執政黨執政的惡果，促使其下屆選舉失敗。他們更像是在公民之中代表政府，而不是在政府之中代表公民。議員們如果總是在他們的選區當選，那邊緣化的就僅僅是這些選區的代表。他們首先被委派純政治性任務[22]，從此形成被寡頭政府領導的派系，因為他們相對來說是被動的。除了黨派組織的去社會化和官僚化的結果外，向執法權傾斜的情形則可以解釋為什麼男女政治領導們愈來愈與社會脫節，愈來愈職業化，成為純粹的政治機器[23]。他們的「現實」成為政界、潮流、代表大會、政治機構內部的現實，這一切支配着產生領導者的實力較量。

政黨的活動範圍因此減至管理選舉期限和總統選舉，成為一個中心樞紐，指揮其餘的政治生活。由於政黨只滿足於輔助統治，政黨「常任」的黨員人數[24]大幅度減少，政黨只是在他們初選（如果有的話）時出於實際目的才需要他們，因為控制初選對於他們來說十分關鍵。無論我們怎樣思考政黨的民主職能，結論是他們只滿足於授權民主的職能。

由於代議職能實際上被政黨放棄了，現在需要通過其他途徑賦予代議制生命。途經是多樣的，無論是發展敘述代議制的形式還是通過活躍在不同的社會和文化領域的協會的介入來「代議社會問題」。病態代議制正蠶食民主制度，並使民主制度對民粹主義十分敏感，要改變現狀任重而道遠。我曾在《隱身人的議會》[25]（2014 年由我發起的「講

---

22. 傳統代議制的基本觀念再次呈現出來，比如法國大革命時期的革命家或者埃德蒙・伯克（Edmund Burke）的理論。但是現在制定的法律不再「為全民族着想」，如今的作用是為執法者服務。

23. 這種脫節的特點在法國尤其突出，因為整個政治階層經常來自同樣的高等精英學府。

24. 這裏說的是「堅定」的黨員，他們與政治制度直接或間接的參與者不同。

25. 詳見 http://raconterlavie.fr

26. *Le Parlement des invisibles*, Paris, Seuil, 2014.

述生活」計劃 [26] 宣言）一書中提出了重振「後政黨」代議制的分析與行動的方法。

走向新的民主機制

由於政黨成了統治機構的輔助機制，他們難以在重塑統治與被統治者的民主關係中有正面作用。這在他們參與聯盟執政時顯而易見。他們作為在野黨批評政府時亦是如此。政黨的介入與其說是要拓展公民能力，不如說是為了重新得到權力，即使它們經常念咒般要求實施全民公投 [27]。由於站在議會的立場，他們的注意力主要放在政府與議會的關係上 [28]。

正是這種背景下，與脫離現實社會的組織保持距離的新型政治組織脫穎而出。政黨參加競選的同時努力保持積極參與，比如像西班牙的「我們可以」黨（*Podemos*）[29]（應該說他們的領袖不乏魅力）；一種新形式的抗議運動，比如 2010 年初出現在不同國家的「憤怒者運動」，或者「佔領華爾街」行動。2011 年初，後者被定義為「無首領的抵抗運動」，其願望是表達佔人口 99% 民眾的聲音，他們不能再容忍那 1% 的貪婪和腐敗；還有全球許多國家首都的廣場上舉行的盛大民眾

---

27. 假設選舉不是民主表決唯一的形式，也是其首選形式。

28. 在這個範圍內，政黨從根本上捍衛議會的特權，因此也要承認反對派的權利，這肯定代表一種不可否認的民主用途。

29. 西班牙「我們可以」黨（*Podemos*）興起於 2014 年 1 月 12 和 13 日的「化憤怒為政治革新」示威遊行。在此期間，三十多名西班牙知識分子聯名上書，從制度層面批判了當前左翼政黨的黨性、派性及各方政治力量在經濟危機中的失職，提出建立新的政黨參加同年 5 月的歐盟議會選舉。同年 1 月 14 日，康普政治學教授巴羅・伊格勒西亞（Paulo Iglesias）宣佈領導 *Podemos*。該黨成立僅四個月便參加了歐洲議會選舉，並獲得 54 個席位中的 5 個。從黨員人數來看是西班牙第三大黨，創下了 20 天內 10 萬人入黨的奇跡。——譯註

集會推翻了令人厭惡的體制。在不同的形態下，抗議—代議的場景在復蘇，還有民主講壇的觀念也在重振，媒體和政論家對此作出大量評論。與此同時，出現了一種英美國家稱之為「好政府組織」的新型公民創議。這些創議的目的不是奪取政權，而是監督政權。這些創議沒有像前文列舉的那些運動那麼吸引媒體關注，如今卻遍佈五大洲。他們要求統治者彙報、説真話、聽取民意、為其行為負責、掀開掩蓋着的不透明帷幕、開闢公民參與的新途徑。這本書勾勒出一個整體的思想框架，闡明這種性質的組織和這個新領域裏實驗的作用，以及這些組織和實驗所針對的期待是什麼。同時也把這一切納入適用於政府實踐的更寬廣的民主理論框架。因此，本書要界定總統制的新統治形式民主化的條件，從而糾正偏差。

另一種民主的普遍性

　　創造運作民主的形態也是勾勒訴求和行動的範圍 —— 甚至在公民還不能投票的地方，在中國肯定如此。舉個重要的例子，公民動員反腐敗，反對政權的不作為，反對某些政治人物的不透明行為，反對領導人不盡責，要求當局説明情況 [30]。在體制尚不民主的地方，公民為了讓他們的政府實現那微小的民主而奮鬥着。在這種情況下，我們看到在實現民主選舉之前，必然會先爭取運作民主。與現在一些新民主正相反，那些老民主國家的歷史就是這樣的，特別是在歐洲。很遺憾這些新的民主形式只停留具有自由主義、民粹主義甚至極權主義特徵的簡單的授權民主上 [31]（比如白俄羅斯和哈薩克斯坦）。因此簡單的授權民主是脆弱的、可被操縱的，很可能在總統制的範圍內變質，也就是

---

30. 參見 *Les Ruses de la démocratie. Protester en Chine*, Paris, Seuil, 2012.

31. 暫且不提這種情況下經常發生的大規模選舉舞弊。

説由於個性化和權力高度集中而變質了。通過權力分散和多重形式，運作民主變質的可能性要小得多。這就是為什麼説運作民主體現了民主普遍性。

四種民主

這個研究工作是我一系列關於當代民主演變著作的最後一部。我們會在公民活動、政治體制、社會形式和政府形式四個層面上來了解當代民主。

首先民主/公民權是圍繞着爭取普選而建立起來的，我在《公民加冕禮》一書中談過 [32]。普選決定了政治權力，即積極的公民權力和社會地位，使獨立的個人可以在平等的基礎上參加公民團體。這種對公民權的理解隨後被擴展，公民們不再滿足於為了證實他們的主權地位而投票。整套監督、阻止和評判的方法與最初的選舉/代議制領域並行，正慢慢發展起來。通過這些方式，社會能糾正錯誤和對政府施加壓力。相對於選民，這些措施讓警醒的、有否決權的、有評判權的人民能發出聲音。當選舉是一種建立信任的機制時，這些措施則變成了質疑，成為公民活動的第二個方面。在《反民主：懷疑時代的政治》[33] 一書中，我研究了自 20 世紀 80 年代以來，這種有過重大作用的民主拓展歷史和理論。

體制民主則通過體現普遍願望的機構和程序來定義。它由兩方面形成。一方面是代議制機構。在《人民無所在：法國代議制的歷史》一書中，我闡述了代議制機構的歷史，分析了支撐這些機構的二律背

---

32. *Le Sacre du citoyen. Histoire du suffrage universel en France*, Paris, Gallimard, 1992；中譯本《公民加冕禮——法國普選史》（第一版）（上海：上海人民出版社，2005）。

33. *La Contre-démocratie: La politique à l'âge de la défiance*, Paris, Seuil, 2006.

反。另一方面是主權機構，在《未完成的民主》[34] 一書中，我指出了其值得質疑的地方。在這之後，我在《民主的合法性》[35] 中闡明了對普遍願望的新理解如何試圖超越「普遍願望僅僅是多數人的表達」這界定。權力只有在接受了多數人的意見、經過既競爭又互補的監督和驗證後才能被認為完全民主。權力必須符合三個要求：與政黨的立場和特殊利益保持距離（公正的合法性）；考慮共同利益的多方表達（反思的合法性）；承認所有的個體（基層的合法性）。這是為什麼作為獨立的權威和制憲議會的機構在民主中佔有愈來愈重要的地位。我同時在《看不見的議會》中分析了當代代議制的危機，研究在什麼條件下代議制會超出其能力 [36]。

社會形式的民主是第三種形態。在《公民加冕禮》一書中，我展示了現代革命如何在基本原則上首先被理解為是一種「平等的革命」，而這個「平等的革命」則被理解為一種關係，一種建構「同類社會」的方式。平等確實被認為是民主的特性、一種社會群體的形象，而不僅是財富分配的原則。我在《平等的社會》一書中全面思考了這個問題，指出平等思想的危機怎樣引起當今社會的不平等、怎樣破壞社會形式的民主、怎樣影響民主理念。

本書要分析的是民主與政府，也就是民主的第四個方面，勾勒從民主體制的新型總統制衍生出來的民主政府在當代世界中獲得中心地位的條件。本書漫長的工作當然不能理解為促使我撰寫本書的問題已經窮盡。要講清楚民主的歷史和變化還需要寫更多的書。但是我至少希望為這些問題引起新的想法。歷史現在咬住了我們的脖子，我們從來沒有像現在這樣如履薄冰，因此從未像現在這樣需要努力看清世界。

---

34. *La démocratie inachevée. Histoire de la souveraineté du peuple en France*, Paris, Gallimard, 2000.

35. *La Légitimité démocratique. Impartialité, réflexivité, proximité*, Paris, Seuil, 2008.

36. Op. cit.

第一部分

執法權

問題重重的歷史

第一章

法律神聖 執法者居下

法律至上的理念

　　民主的理想是建立純粹人性的社會組織。我們因此必須承認人民主權應該延伸到人民—立法者登基。在 18 世紀，這種理想所依託的是法律神聖化。當時，法律至上的理念確實提升了普遍權力的地位，這種普遍權力的程序與現實不可分離，符合新的管理人與事物的觀念。這實施既實用又合理：通過統一繁複的風俗來簡化並穩定司法運作。但是改革者的目的超越了這個技術層面，愈來愈雄心勃勃。其目標是對公共行為進行改革，當然要排除所有專制形式，還要更徹底地，給公共行為「去主觀化」，以客觀的法規取代一個人的意志。啟蒙時期偉大的法學思想家貝卡利亞 (Cesare Beccaria) [1] 在其標誌性的著作《論犯罪與刑罰》(1764 年) 中精闢地闡述了法律的觀念[2]。他的出發點是經典的「自由化」。他首先想要彌補司法的不協調，因為這可能導致對同樣不法行為的量刑有所不同。他像許多哲學家一樣被司法錯誤的幽靈纏繞着，為獨斷的判決而憤怒。在他看來，這些造成損害的量刑不公是法官隨意詮釋法律而造成的。這就是為什麼他要爭取具客觀性的法律制度，使法官面對各種事件時不能優柔寡斷。因此他認為，建立通過非個人化而防止專制的公正，意味着必須逐字逐句地落實法律條文，法律與事實必須嚴格對應。當時的改革者一致認同的貝卡利亞，其主要思想是，任何法律都可通過其普遍性涵蓋了所有特例，因此足以用於實際應用。18 世紀末至 19 世紀，實用主義之父傑里米‧邊沁

---

1. 貝卡利亞 (Cesare Beccaria, 1738–1794)，意大利法學家、刑事古典派創始人，因《論犯罪和刑罰》(1764) 一書而聞名全歐，該書出版後即被譯成多種文字。——譯註

2. Michel PORRET, *Beccaria et la culture juridique des Lumières*, Genève, Droz, 1997.

(Jeremy Bentham)³ 開拓了這種方法，呼籲把立法科學變成不可分割的民主、道德和方法論革命的基本載體⁴。1789 年，他根據這種精神擬定了《萬全法》計劃，後來被用作他所構想的監獄改革的法律名詞⁵。這樣，從貝卡利亞到邊沁，法律的神聖與建立客觀權力的計劃締造了一種新的政治：普遍性。在這種情況下，18 世紀的法律思想旨在建立公正而有效的政治秩序，使關於好政府的思想黯然失色。如果法律完善，治理社會只需要很少的法律 —— 這是那時的主流思想。《百科全書》概括了那個時代精神，認為「無論如何，法律眾多的說明一個政府機制很糟糕。⁶」法律應該具有普遍性，同時條文不多，因此應該是永久的。普遍、簡約、穩定：在自由主義與民主思想的交匯點，人們呼籲用具有這些特性的新法律來管理人與事。

一方面是崇尚法律，另一方面是崇尚以「看不見的手」控制市場，兩者引導啟蒙時代的人把政治空間縮小為決策領域。兩種對法律的看法在此意義上的區別在於，一種來自實證性，另一種則源於自然秩序，而兩者相交匯便把執法權和過於活躍的政治意願邊緣化了。政

---

3. 傑里米‧邊沁 (Jeremy Bentham, 1748-1832)，英國的法理學家、經濟學家和社會改革者。他以功利主義哲學的創立者、動物權利的宣揚者及自然權利的反對者而聞名於世，亦是英國法律改革運動的先驅和領袖，還對社會福利制度的發展有重大貢獻。——譯註

4. Jacques VANDERLINDEN, "Code et codi-fication dans la pensée de Jeremy Bentham", *Revue d'histoire du droit*, vol. 32, 1964; Denis BARANGER, "Bentham et la codi-fication", Droits, n°27, 1998; et François OST, "Codification et temporalité dans la pensée de J. Bentham", in Philippe GÉRARD, François OST, Michel VAN DE KERCHOVE (dir.), *Actualité de la pensée juridique de Jeremy Bentham*, Bruxelles, Publications des FUSL, 1987.

5. 可在收藏在法蘭西公學院的手稿中找到《法蘭西民族萬全法》計劃。參見 Elie HALEVY, *La formation du radicalisme philosophique*, t.1, Paris, Alcan, 1901, p. 367; "Polynomial Fragments", in *The Works of Jeremy Bentham*, Ed., by John BOWRING, Edinburg, William Tait, 1843, pp. 211-230; *Nomography or the Arts of Inditing Laws*, Ibid., p. 232.

6. Louis DE JAUCOURT, "Loi"; Voir aussi Jean-Jacques Rousseau, "Des lois", in *Oeuvres complets.*, t.3, Paris, Gallimard, 1964, p. 496. 此文是一篇討伐「多如牦牛的法律」的檄文。

治願望被懷疑是掌控的媒介或者會偏向於特殊利益。當時所有以愛爾蘭啟蒙思想為典範的社會科學家都雄心勃勃地思考着這樣的世界。在這個世界中被等同於潛在獨裁統治的個人意願不再有任何作用，因此關於政府的思想自然也失去價值。法國革命家們是把與舊秩序決裂的觀念付諸實行的冠軍。他們把這個觀念推向極致，把他們的事業變成法律神聖這觀念的理論實驗室和實踐的典範。我們由此可研究至高無上立法權和執法權被否定的歷史條件。

　　有一件能說明問題的事情：1789 年一位法國語法學家建議國家以後組成一個「法王國」[7]。1792 年的春天，一個盛大的「法律節」在巴黎街頭舉行，大街上旗幟林立，上面寫着「法律」、「向法律致敬」、「誓死捍衞法律」、「法律萬歲」，人們自發而熱烈地呼喚着新制度的精神。這是自聯盟節（1790 年 7 月 14 日）之後的第一個節慶。那時候人們無論是在爭論還是情緒激動時無不提及法律[8]。在《人權與公民權宣言》十七個條款中有七條談及法律的作用，由此確立了法律的重要地位。米什萊（Jules Michelet）[9] 因此把法國大革命的第一次運動稱為「法律登基」。然而應該進一步觀察整體。1789 年，在表面單一的訴求背後其實重疊着法律的三種不同切入法。

---

7. Ferdinand BRUNOT, 引自 Urbain DOMERGUE, *Histoire de la langue française des origins à 1900*, t.9, La Révolution et l'Empire, Paris, Armand Colin, 1937, p. 641. 他說：「我們是王國，一個已經被至尊的國王統治的國家；一個由法律管理的國家，我稱之為法王國。」

8. Voir le chapitre "La suprématie de la loi", in Jean BELIN, La Logique d'une idée-force. *L'idée d'utilité sociale et la Révolution française (1789–1792)*, Paris, Hermann, 1939. Voir aussi Jean RAY, "La Révolution française et la pensée juridique: l'idée du règne de la loi", *Revue philosophique de la France et de l'étranger*, vol. 128, 1939, ainsi que Catherine LARRÈRE, "Le gouvernemen de la loi est-il un thème républicain?", *Cahiers de philosophie politique et juridique de l'université de Caen*, no. 12, 1987.

9. 儒勒·米什萊（Jules Michelet, 1798–1874）法國浪漫主義歷史學家、散文家，被譽為「法國史學之父」。他以文學風格的語言撰寫歷史著作，以歷史學家的淵博來寫散文，令人讀來興趣盎然。——譯註

首先，我們可以稱之為「自由主義」，通常把有序國家的好處與獨裁政權的壞處相對立。這是英國古典主義的視角。1789 年人們所稱道的法律統治首先就是從這角度出發的。所有人都記得孟德斯鳩關於這點的經典論述。專制主義自然被痛斥為一種「沒有法規，由獨自一人按照自己的意志以及變化無常的情緒領導一切」的政體 [10]。換言之，專制主義被等同於特殊權力（獨裁王儲的「意願」），而自由則受到規則普遍性的保障：普遍性作為根源（議會的產物）；普遍性作為形式（規則非個人化的特點）；普遍性作為行政模式（國家）。法律的威望來自這三點。法律既把「不計其數的人……變成一個整體」，也是公正的原則。因為就其普遍性而言，法律一視同仁，因此使它成為一種「不帶感情色彩的明智」[11]。其次，法律革命的成功與 18 世紀出現的法律合理化需求吻合，由此出現了大規模的法典編纂。「法典」這個詞語本身為統一而理性的立法取代從前五花八門的約定俗成的改革開闢了前路。法律編纂對於立憲者來說無論在思想上還是政治上都是一種真正的療法，它沒有被簡化成技術操作（像從前那種想把習俗固定下來的計劃）。最後，既然法律是「普遍意志的表達」，因此應該是人民立法者的工作，還有第三個絕對民主的層面。根據《人權宣言》第六條：「法律是普遍意志的表達。所有公民都有權親身或由其代表去參與法律的制定」。從這三個功能來看，法律體現了普遍性至上。

---

10. 孟德斯鳩《論法的精神》。

11. Marie-France RENOUX-ZAGAMÉ, *Du droit de Dieu au droit de l'homme*, Paris, PUF, 2003, p. 23.

政治烏托邦

　　這種法律觀念具有綜合意義。它與能夠完全掌握社會、徹底改變社會的政權烏托邦密不可分。這種政治哲學在此找到了最強大的動力。法律所稱的普遍性至上不僅僅是法律程序上的。對於 1789 年的人來說，法律因此不僅是有效而合法化的準則：法律是一個政治運作機構。法律排除所有特殊性，勾勒出簡約而完美有序的世界。這個烏托邦孕育了法典編纂的熱情：一個完全支配世界、重新塑造世界、使世界抽象化，從而可以被掌握的烏托邦。沒有人比 20 世紀法國最偉大法學家之一，讓・卡爾波尼耶 (Jean Carbonnier) [12] 對於法律心理學的現象與某種政治觀念之間的關聯表述得更清楚了。他寫道：「制定法律是一種比發號施令更為優雅的樂趣。這不再是主子對奴隸、軍官對士兵發出粗暴的命令：立即執行並且沒有未來。不，這是法律，是鐵面無私的命令，是要具有普遍性而且永恆的。如同神明，這是投向時空、面對無名群體和看不見的世世代代的指令 [13]」。這也就是法國大革命家們珍視的普遍性力量所在。因此，對他們來說，法律的主權並不僅僅意味着法治國家的確立，更意味着立法者吸納所有政治職能，尤其是司法和執法職能的雄心。

---

12. 讓・卡爾波尼耶 (Jean Carbonnier, 1908–2003) 是 20 世紀法國最重要的法學家之一。他是民法和私法專家。

13. Jean CARBONNIER, "La passion des lois au siècle des Lumières", in *Essais sur les lois*, 2ème éd., Paris, Defrénois, 1995, p. 240. 他繼而指出「因此我們想像存在着一種制定法律的激情，一種法律的激情，這絕對不能混同於對權力的平庸的渴望，甚至不能混同於我們立遺囑時的那種特殊的享受。這是一種法律心理學現象 —— 個人與集體不可分的心理學。」

革命性的司法地位的降低

　　基於我們所闡述的上述原因，革命的政治文化首先降低了司法權的地位。這可以在 1790 年關於司法改革的大辯論中看出來。我們以後還會回到這些使整個立憲議會爭論了好幾個月的相關問題上來。但是還應該簡短地，舉例回顧一下上訴法庭所擔心的一些條文 [14]。如果說他們承認修正程序是「一種不幸，但是一種必要的不幸 [15]」，一種詮釋的自主權所帶來的危險則滲透了法律條文。據他們當中的一員所言，他們認為這樣的機構從技術上可以用來「維持立法的整體性 [16]」，他們卻擔心稱作法律衛士或保護者的法庭會陰險地主宰法律。因此他們認為上訴法庭應該是唯一而且固定受立法團體直接領導的。這樣每次詳細闡明的法律，便不會再產生原意上判例 [17]。「判例……應該從我們的語言中消失，」羅伯斯庇爾在闡述普遍性這點時意味深長地說。他接着說：「在一個擁有憲法、立法的國家，法庭判例不是別的，只有法律。[18]」這個時期上訴法庭確實幾乎只能取締由於「違反」法律文本或者「錯誤執行法律」而產生的法令 [19]。

---

14. 1790 年 11 月 27 日法律。參見 Jean-Louis HALPÉRIN, *Le Tribunal de cassation et les pouvoirs sous la Révolution* (1790–1799), Paris, LGDJ, 1987.

15. Bertrand BARÈRE, Discours du 8 mais 1790, *Archives parlementaires*, t.15, p. 432.

16. Antoine BARNAVE, Discours du 8 mai 1790, *Ibid.*

17. 其實在原判過程中明確的機制與法律詮釋相重。在這種條文不太詳盡的情況下 —— 假設很少 —— 應該由立法者自來裁決。「原判法庭應該設立在立法團內部」，在強調嚴格意義上的原判法庭應被認為與個人情況因此也與司法命令保持距離的普遍利益的措施時，羅伯斯庇爾說道。(Discours du 25 mai 1790, *Ibid.* p. 671).

18. Intervention du 18 novembre 1790, *Archives parlementaires*, t.20, p. 516.

19. 據此，1790 年 11 月 27 日的法案第三條謹慎地確立上訴只能在「違反明文規定的法律」的情況下發生。見 Jean BELIN, "La notion de cassation", in *La logique d une idée-force*, pp. 94–96. 這個觀念在革命第三年和第八年憲法中得以保留；1807 年 9 月 16 日通過的法律和 1815 年 4 月 22 日通過的帝國憲法附加條例再次重申。

執法權貶值

執法權的資格因此喪失而且被邊緣化，因為從本質上它只是特殊行為。盧梭指出：「執法權的力量只能隸屬於立法權或君權的普遍性；因為這種權力只能是特殊行為，它完全不是法律也不是君權的活力，其契約只能是法律。[20]」如果說他承認執法權的作用，那麼便認為這只是附屬並且衍生出來的權力。因此在他看來，執法權過於活躍將構成威脅。他認為由於在立法與執法之間存在着結構性的不對等，所以問題尤其嚴重：立法是間斷性的，而執法是一直在進行的。理想的狀態是把執法權縮減到適當程度，因此等同於人民主權的法律治理意味着嚴格疏導和限制執法權[21]。第一部法國憲法之父西哀士 (Sieyès)[22] 延伸了這思想，由衷地呼籲立法團的永久性，從而抑制執法權[23]。

1789 年的革命家都贊同這種降低執法權的思想。他們抵制強大的執法權，是由於當時他們在強烈反對舊制度內閣的權力。1789 年國王的形象還是不可觸及的，所有的不滿和怨恨都集中在大臣們身上。陳情書滿是對他們「罪行」的譴責。1789 年始，有大量著作和小冊子對大臣們的行為發難。比如《巴黎革命》寫道：「從王朝至今，我們一直在封建和大臣專制下呻吟。[24]」當時對「大臣專制」的揭露已達成共識。

---

20. Du contrat social (1762), in *Œuvres complètes*, t.3, op. cit., pp. 395–396.

21. Robert DERATHÉ, "Les rapports exécutifs et du législatif chez J.J Rousseau", *Annales de philosophie politique*, n°5, 1965.

22. 西哀士 (Emmanuel Joseph Sieyès, 1748–1836) 法國大革命時期政治理論家、活動家。他 1789 年初被選為巴黎第三等級代表，先後發表了《論特權》、《什麼是第三等級？》等小冊子，參加起草《人權與公民權宣言》，後選入國民公會，坐在平原派席位，投票贊成處死路易十六。——譯註

23. Sieyès, *Vue sur les moyens d'exécution dont les représentants de la France pourront disposer en 1789*, s.l. 1789.

24. *Introduction à la Révolution, servant de préliminaire à Révolution de Paris*, 30 janvier 1790, p. 6.

這是米拉波（Mirabeau）[25] 所説的一種批評執法權，即通過「虔誠的虛構」寬恕王權的方式[26]。一開始有些人還謹慎地認為臣權「貶低了執法權」，很快執法權本身就被懷疑危害民族而受到指控。1791 年的憲法辯論完全證實了這種懷疑[27]。

立憲派堅決反對國王及其大臣擁有立法創議權，其中一位直言不諱：「執法權永遠是立法權的敵人，盡其所能損害它。這是政治制度中的一場戰鬥。[28]」這種粗暴的説法很好地概括了普遍的感受。這很有問題，其實他們是要讓權力一詞本身從佔統治地位的執法權中消失。他們希望執法權貶值，重新賦予它卑微的職責或權威。西耶斯永遠站在語義想像的前沿，曾嘗試用「執法委員會」、「組織與協調思想」、「公共機構的監察官」、「權力中介委員會」等表達方式[29]。在這些表述中，執行被限制在盡可能小而機械的表述範圍內，無法以任何方式攻擊表達了普遍性的法律。孔多塞（Condorcet）[30] 甚至探索新型自動化科學可

25. 米拉波（Honoré-Gabriel Riqueti, comte de Mirabeau, 1749–1791），出身貴族，法國大革命時期政治家、社會活動家、演説家。他早年放蕩不羈，多次入獄，曾遊歷英國、德國、與女友私奔後在阿姆斯特丹落腳，此間寫下許多抨擊舊制度的政論性文章，名聲鵲起。法國大革命初期他是核心人物，被選為國民議會主席。他是具有民主思想的貴族，代表資產階級的利益，又與宮廷若即若離，主張君主立憲。——譯註

26. "Le discredit de la fonction ministérielle", in Edith Bernardin, Jean-Marie *Roland et le ministère de l'Intérieur (1792–1793)*, Paris, Société des etudes robespierriste,1964. 詳見 Guillaume Glénard, *L'Exécutif et la Constitution de 1791*, Paris, PUF, 2010.

27. 詳見 Guillaume GLÉNARD, *L'Exécutif et la Constitution de 1791*, Paris, PUF, 2010.

28. Bertrand BARÈRE, *Discours du 27 août 1791, Archives parlementaires*, t.29, p. 742. 馬布里修士（Mably）也説過大致相同的話：*Du gouvernement et des lois de la Pologne*, 1789.

29. Délinéaments politiques, in Christine FAURÉ (dir.), *Des manuscrits de Sieyès*, 1773–1799, Paris, Honoré Champion, 1999, pp. 396–401.

30. 孔多塞（Marie-Jean-Antoine-Nicolas-Caritat, Marquis de Condorcet, 1743–1794），18 世紀法國數學家，也是最後一位啟蒙哲學家，啟蒙運動的最傑出代表人物之一，政治上屬吉倫特派。有法國大革命「擎炬人」之譽。在雅各賓派當政後被殺害。代表作是《人類精神進步史表綱要》。——譯註

提供的政治上的可能性，夢想一個機器國王 [31]。他寫道：「渴望自由而寧靜的人民需要法律、機構來把政府的行動減少到最低限度。」他甚至提到「深度構建的法律」必然產生「政府的無用 [32]」。

執法權地位降低的根源不只存在於普遍性的文化中，它還受到一種廣泛傳播的思想影響。這種思想認為，原則上政府事務很簡單，極少的法律足以規範社會活動。簡約政府的自由主義烏托邦因此強化了立法者的立場。他們中間大多數人真誠地相信執法權臃腫的行政只是極權主義的結果。他們反對分權學說，而且認定只有一種（在立法團裏的）權力，從政治的角度中想像可以馬上立法，就像他們從司法的角度設想可以機械地執行法律一樣 [33]。根據這種思想，為了強調各部門的從屬地位，有人甚至象徵地建議把所有的部門都命名為「某某法部」[34]。有人提議作為執法人的國王應只被認為是「頭號公務員」。而後來的法律保留了這個說法。1791 年憲法實施後，部長的權力不斷受到制約，他們甚至受到怠慢，比如他們的收入被降低。

後來，1793 年底在詳細規定國民制憲議會直屬機構救國委員會的職責時，一切都好像顯而易見：「一個部門只是一個執法委員會，在嚴密監督下負責執法細節。部長必須每天來，按時接受委員會的命令和

---

31. "Lettre d'un jeune mécanicien aux auteurs du Républicain", 16 juillet 1791, in *Oeuvres de Condorcet*, t.12, Paris, Firmin Didot, 1847, pp. 239–241.

32. De la nature des pouvoirs politiques dans une nation libre, novembre 1792, *Ibid.*, t.10, p. 607.

33. Joseph BARTHÉLEMY, *Le Rôle du pouvoir executive dans les républiques modernes*, Paris, Giard & Brière, 1907; Michel VERPEAUX, *La Naissance du pouvoir réglementaire, 1789–1799*, Paris, PUF, 1991.

34. Pierre-Louis ROEDERER 的建議。詳見其 1791 年 4 月 10 日的在議會上發言，*Archives parlementaires*, t.80, p. 691.

法規。[35]」羅伯斯庇爾則把各部了界定為委員會的「簡單工具」[36]，一條法令明確規定「國民制憲會議是政府唯一的動議中心[37]」。行使權力的確實是制憲議會委員。這個立憲委員會的所有備案都被視為「法律」，即使只是些純粹關於特殊情況下特殊事物的決定[38]。1793 和 1794 年兩年間，被派往各省和軍隊執行任務的立憲議會成員的個人決定即被視為法律。1794 年 4 月 1 日（共和二年芽月 12 日）執法權的漸變與執法議會（從部長的責任開始）的取締並行，12 個委員會直接服從於取代它的救國委員會的管理[39]。熱月政變（1794 年 7 月 27 日）以後，執法權在某種程度上又成了實權，共和三年（1795 年）憲法又犧牲了執法權。但是我們不應該視之為真正的決裂。這確實是由於引入了兩院制並承認某種分權所起的積極作用。引起這些觀點不同變化的是審慎和務實的眼光。但是立法這中心原則並沒有被拋棄，只是有所調整。「把立法團從執法權的壓制下解放出來」的思想還在繼續強化[40]。

---

35. Bertrand BARÈRE, 詳見其 1793 年 12 月 4 日在議會上的發言，*Archives parlementaires*, t.80, p. 637.

36. Maximilien ROBESPIERRE,1793 年 12 月 4 日在議會上的發言，*Archives parlementaires*, *Ibid.*

37. Article 1 du décret du 4 décembre 1793, *Ibid.*

38. 見詞條 "Loi", in MERLIN DE DOUAI, *Répertoire universel et raisonné de jurisprudence*, 4e éd., Paris, Garnery, 1813, t.7, p. 524. 詞條中寫道，自從立憲議會開始，所有的經國王批准的法令被稱為「法律」，從而強調國王沒有個人意願。

39. 見 Lazare CARNOT 1791 年 4 月 1 日關於取締執法議會的報告，*Archives parlementaires*, t.87, pp. 694–698.

40. François de Nantes, 共和第七年報告，詳見 Bernard GAINOT, 1799, *un nouveau jacobinisme?* Paris, Editions du CTHS, 2001, p. 452.

第二章
對非個人化的崇尚及其變異

法律之所以具普遍性，是因為法律是非個人的。普遍性和非個人是法律兩個互補的特點，一方面就其內容的本質而言，另一方面是就其行使權力的形式而言。啟蒙思想家、後來美國和法國的革命家，還有之前的古希臘人[1]，都十分珍視法律的普遍性：這種行使權力的形式能統治而不壓制，因為法律從結構上就應該客觀、公正、脫離所有利益目標。它公正，具有命令般的力量，使人們服從而不居高臨下；它約束人守法而不施之以暴力或者使人屈辱。

沒有首腦的政權

對法國人而言，非個人化的法律所建構的好政權並沒有馬上與對代表唯一執法權的國王分離。一開始甚至認為國王的存在並沒有悖於革命的價值和制度。這只是一個繼承人，用不着來證明他上位的合法性。而且在大革命初期，還是在參考英國的制度。國王不是一個真正的個人；而是一個集體認同的體現。在法律以及人民的認知上，「他不能做什麼壞事」的念頭根深蒂固。如果有問題發生，被揭露的總是大臣。「啊！要是國王知道……」人們總是這樣幫國王撇清關係。他所掌握的執法權最終被認為是居從屬地位的。

但是這一切在國王出逃到瓦雷納（1791 年）後改變了。這時出現了一個用語：「無頭制」，指的是在憲法領域樹立無首領權力的思想。以此為題目的一篇論文語重心長地解釋：「只要有一個人成為公眾力量

---

1. 他們因自己受制於法律，而他們的敵人波斯人「服從一個人的統治」而自豪。參見 Jacqueline de Romilly, *La loi dans la pensée grecque*, Paris, Les Belles Lettres, 2001; David Cohen, "The Rule of Law and Democratic Ideology in Classical Athens", in Walter Eder (dir.), *Die Athenische Demokratie im vierten Jahrhundert vor Christi*, *Stuttgart*, Steiner, 1995.

的主人，他就會被奴隸簇擁着。[2]」這個詞後來被忘記了，但是事情本身沒被遺忘。就是在這時候，布里索 (Brissot)[3] 和孔多塞最先開始公開宣稱自己是共和派。因此在 1792 年 8 月 10 日，王朝倒台之後，人們沒有思考用什麼執法人來「取而代之」就不足為奇。那時人們都在討論如何用共和國的形象來取代之前國家大印上國王的形象。第一個是瑪利亞娜自由女神，她戴着小亞細亞軟帽，高擎着一把具有古羅馬寓意的劍[4]。這行為標誌着權力非個人化的徹底革命，選擇一位女性為象徵加強了這個意圖，畢竟那時誰也不會想像把國家的命運交給一位女總統。

　　或許 1792 年法國的憲法專家們在許多問題上都有分歧，卻是一致地排斥執法權為一人獨佔的主張。當所有人都認同作為一個整體的人民能取代國王，君主自然不可能找到任何形式繼續充當政府首腦。那時總統這個詞仍是技術層面的。1792 年 9 月國民議會成立時，有人建議制憲議會主席遷入杜伊勒里王宮，並改稱「法蘭西總統」以體現革命制度的尊嚴和偉大以及人民主權，結果遭到強烈反對[5]。一位國民議會成員措辭激烈的反駁反映了當時大眾的普遍立場：「重要的不是只將王國從我們的憲法中趕出去，而是所有要限制人民權利並有害於平等

---

2. Jacques Nicolas BILLAUD-VARENNE, *LA Sophocratie ou le gouvernement fédératif*, Paris, 1791, p. 3. 1793 年雅各賓派的反對派從反面利用了這個用語。Dumouriez 將軍憤怒地反對「民主共和國，或者說是魔鬼般的無頭共和國。」(Jean-Pierre DUPRAT, "Le monstre acéphale dans la Constitution", in Jean BART, Jean-Jacques CLÈRE, *Claude COURVOISIER et Michel VERPEAUX* [dir.], La Constitution du 24 juin 1793. *L'utopie dans le droit public français*, Dijon, Editions universitaires de Dijon, 1997, p. 241).

3. 布里索 (Jacques Pierre BRISSOT, 1754–1793), 法國大革命時期政治家，吉倫特派領袖。——譯註

4. Maurice AGULHON, Marianne au combat. *L'image et la symbolique républicaine de 1789 à 1880*, Paris, Flammarion, 1979, pp. 22–34.

5. Pierre Louis MANUEL 建議, le 21 septembre 1792, *Archives parlementaires*, t.52, p. 69.

的原則的個人強權。[6]」共和八年，有人建議確立「共和國總統」——第一次出現這個建議時，也被激烈地反對[7]。波拿巴在被任命為獨掌大權的總督前幾周還稱這個想法可笑至極！

未經選舉的集體權力

為賦予制度集體運作的性質，1792 年 8 月 15 日起，由六位部長按周輪值的「執行」主席組成的執法委員會成立了[8]。1793 年 2 月，孔多塞向立法委員會提交新憲法計劃第一份草案時，特別強調要奠定集體領導的基礎，以防止向極權偏離的可能性[9]。與此同時，為了不觸及多數人的敏感點，在強調不建立一個「真正的權力」而只是一個「負責監督執行全民族意願」的機構時，他詳細制定沒有危險的集體領導的條件：每年更新執法委員會 (共七個成員) 一半的成員，以防止成為一個自治的團體；嚴格服從立法權組織，立法團可以審判執法委員會成員，甚至在執法委員會成員「沒有能力或嚴重失職」的情況下免除其職務；主席每兩周輪值。

最終在 1793 年投票通過的憲法吸納了這些原則，成立了體現集體領導的由 24 位成員組成的執法委員會，內部不分等級，直接由立法團挑選，成員是從各省的名單上挑選的。最初目的是要建立一個純粹的議會政府，執法權非常明確地處於「議會左膀右臂」的地位。那時有

6. Georges COUTHON, intervention du 21 septembre 1792, *ibid.* (重點是我強調的——作者)。三頭政治的形式已經被否定。

7. Paul BARRAS, in Patrice GUENIFFEY, Le Dix-huit Brumaire, *L'épilogue de la Révolution française*, Paris, Gallimard, 2008, pp. 257–258.

8. 1793 年救國委員會成立，協助執法委員會。

9. "Exposition des principes et des motifs du plan de constitution", *Oeuvres de Condorcet*, t.12, Ibid., pp. 366–372.

人這樣概括：「只有一種權力：存在於立法團當中的國家權力。[10]」若救國委員會想要行使真正的領導權，甚至變成獨裁，它原則上只是來自立法─代議機構。因此羅伯斯庇爾倒台後，執法權要完全從屬於立法權的思想一直是主流。1794 年提交的憲法計劃突兀地提到：「立憲委員會此時不能把政府的領導權拱手讓給陌生人。它再奪回時不可能沒有危險。[11]」因此人們忠於在立法─代議機構中組成政府的模式。如果說思想框架沒有變，熱月黨人則要遠離救國委員會的偏差。因此他們呼籲成立一個能在政治和社會上迅速回應的「堅定政府」[12]，希望它能夠恢復秩序，掌控民眾運動，同時不會為自由帶來任何威脅。解決辦法呢？對他們來說就是二元的執法權。這是由共和三年的憲法所建立的。一方面是一個由五名成員組成的督政府，以表達「政府的思想」；另一方面是服從命令的部長們，負責「行政細節」，而督政府可隨意撤銷他們的職務。督政府是一個磋商機構，明確規定「部長們絕不組成委員會」。這是回應之前聖茹斯特 (Louis-Antoine-Léon de Saint Just) [13]的思考。1793 年春天，他威脅要建立一個「部長王國」，建議把執法權分給兩個機構：委員會進行磋商，部長們執行決議 [14]。因此，堅決與有可能使舊制度捲土重來的「部長權力」保持距離的一種現代形式執法

---

10. Bertrand BARERE, *Discours du 16 juin 1793*, Archives parlementaires, t.66, p. 574.

11. Antoine Claire THIBAUDEAU, in *Réimpression de l'ancien Moniteur*, t.24, Paris, Bureau central, 1840–1845, p. 38.

12. François-Antoine BOISSY, D'Anglas présentant le 23 juin 1795 (5 messidor III), in *Réimpression de l'ancien Moniteur*, t.25, Paris, Bureau central, 1840–1845, p. 92.

13. 安東萬・路易・德・聖茹斯特 (Louis-Antoine-Léon de Saint Just, 1767–1794)，法國大革命雅各賓專政時期領袖，國民議會最年輕的成員。由於聖茹斯特貌美而冷酷，因而被稱為「恐怖大天使」或「革命大天使」。1791 年聖茹斯特出版《革命與法國憲法》一書，成為革命陣營中的青年理論家。聖茹斯特的幾篇演說都很有名，最著名的是 1792 年 8 月 10 日要求將路易十六處死的演說。熱月政變之後，聖茹斯特與羅伯斯庇爾一起被送上斷頭台。──譯註

14. 1793 年 4 月 24 日講演，Michel TROPER, "Saint-Just et le problème du pouvoir exécutif", in *Annales historiques de la Révolution française*, nº191, 1968.

權在法國應運而生。這種執法權必須以集體的形式，不斷更新，每年任命一名新委員，保證制度徹底非個人化，國王的幽靈無法再現（我們由此知道羅伯斯庇爾欲取代被消滅的國王的傳言起了什麼作用）[15]。

與此同時，1789 或 1793 年革命者的腦子裏並沒有出現公投選舉執法人的想法，包括最徹底的革命者圈子。無論是巴貝夫（Babeuf）[16]、羅伯斯庇爾甚至埃貝爾（Hébert）[17] 及其憤怒的信徒都沒有想像這個可能性。1791 年，孔多塞發表了一本小冊子《關於建立經選舉產生的委員會》，他的看法被完全邊緣化[18]。他提出建立一個由公民選舉產生的委員會，從而以集體取代國王的位置。這是當時非常前衛的共和理念。孔多塞認為這個委員會的成員應當由「與立法團成員同樣的選舉者」選舉產生。小冊子出版後不了了之。由於他的觀點非常獨特，尤其是他認為執法權與立法權具有同樣的合法性，因此孔多塞首創了具有堅實內涵的執法權構思，即要求通過民主投票來產生執法權。他在《憲法原則與動機陳述》（1793 年 2 月）中堅持這想法，他寫道：「執法委員會成員絕不應由立法團選舉產生，因為他們是人民的官員，而不是代表們的官員。[19]」但是當時他的建議完全是反主流的，因此從未被討論過。

---

15. Bronislaw BACZKO, *Comment sortir de la Terreur. Thermidor et la Révolution*, Paris, Gallimard, 1989.

16. 格拉克斯・巴貝夫（Gracchus Babeuf, 1760－1797），法國大革命時期的政治活動者和記者。他宣揚政治與經濟的平等。他由於其思想激進多次被法國當局逮捕，最終被處決。巴貝夫的思想曾在 19 世紀上半葉巴黎工人階級當中再度流行起來。——譯註

17. 雅克・R・埃貝爾（Jacques René Hébert, 1757–1794），法國大革命時期著名記者，在大革命中創辦了激進派的報紙《杜薛斯涅神甫報》。以他命名的埃貝爾派是法國大革命中的激進派系。——譯註

18. *Oeuvres de CONDORCET*, Paris, Gallimard, t.12, pp. 243–266. Jacques-Pierre BRISSOT 是唯一支持這個立場的重要人物。詳見 "Sur le projet de destituer le roi et de donner à son successeur un conseil électif et amovible", *Le patriote français*, 1er juillet 1791.

19. Op. cit.

波拿巴：回到人治及
新的個人意願的體制

從 1789 至 1794 年，關於權力的革命哲學停留在理論層面。但是歷史進程按照其節奏邁出緊迫的腳步，迫使人們必須立即解決迫在眉睫的問題。後來，在共和三年（1795 年），即憲法實施五年後的總督時期，革命信條才開始受到考驗。當時認為新體制無法管理現行制度的國家。新體制受到來自左右的威脅而舉棋不定：它一方面希望給政治生活降溫，以防回到西哀士所說的「字詞魔法」的年代 [20]，另一方面從共和四年（1796 年）起，它決心通過政變遏制保皇派抬頭的趨勢。這些年來議會的軟弱加上思想混亂，不可避免地導致體制的失敗。最終人們要尋找一把利劍來解決法國憲法和政治問題。

隨着為走出危機而擬定的共和八年憲法誕生，與此前政治文化徹底決裂的體制便建立了起來。為了「結束革命」——當時最流行的說法——當時的主流思想是把權力集中在執法者手中，與此同時收回權力的非個人化。三頭政治似乎在肯定非個人化的權力，但第一總督其實在政治舞台上可以獨斷專行。對某些人來說，這是應急措施。波拿巴如此概括：「把大家都召集起來令人筋疲力盡。[21]」但與此同時，有另一種行使人民主權的模式被提議出來。

波拿巴從埃及歸來後其權勢如日中天，史達爾夫人（Madame de Staël）的刻劃成為名言：「法國大革命以來，還是頭一次有一個人的名字掛在所有人嘴邊。這之前我們總說：議會做了什麼，人民、立憲議會；而現在，我們只談這個人，他佔據了所有人的位置，是唯一的名

---

20. 見其著名的共和三年熱月二日講話。

21. Patrice GUENIFFEY, *Bonaparte*, Paris, Gallimard, 2103, p. 517.

人，讓全人類匿名，使任何人再也出不了頭。[22]」這段話準確地描述了此前非個人化權力的理念已終結。探索憲政幾十年，理想幻滅之後便回到君主制之上。自 1799 年便常聽到「國王萬歲」的歡呼聲[23]。但是這又是其他東西。來到 1800 年，政府已不可能再回到世襲的原則，社會也不可能回到階級制度。儘管波拿巴變成了拿破崙，他還是在某種程度上忠實於革命最根本的平等理念（他也因此深負眾望）。他首先把執法權神聖化，而體現執法權的卻是他自己。在確定執法權優勢這點上，沒有任何懷舊的因素，沒有任何復辟的可能。正正相反，這反映了政治現代化的需要，而這需依靠老觀念來完成。波拿巴並不是托馬斯·霍布斯 (Thomas Hobbes) 的著作《利維坦》(1651 年) 中理論化的抽象人物，也不是強大的太陽王翻版。他是民主時代「天才地賦予個人象徵意義的傑出典範[24]」。用艾德加·基內 (Edgar Guinet)[25] 的話說，能夠「獨自吸納一整代人。」[26] 他被稱為「人民的人」[27]。一位崇拜者甚至對他說：「您以我們的名義，替我們統治。[28]」

波拿巴還重新定義了民主願望的理念。法國大革命崇尚非個人化，但是它並未因此撇棄概念。革命家和啟蒙時期哲學家一樣把他們的雄心變成了培根 (Francis Bacon) 所說的「讓人類帝國的邊界後退，

22

好政府

---

22. Madame de Staël, "Considérations sur les principaux événements de la Révolution française" (1818), in *Oeuvres posthumes*, Paris, Firmin Didot, 1838, p. 204（寫於 1818 年初）。

23. Patrice GUENIFFEY, Bonaparte, *op.cit.*, pp. 457–458.

24. Daniel STERN, *Histoire de la Révolution de 1848*, t.3, Paris, Sandré, 1850, p.342

25. 艾德加·基內 (Edgar Quinet, 1803–1875)，法國詩人、歷史學家、政治家。——譯註

26. Edgar Quinet, *Napoléon* (1835)。

27. Pierre ROSANVALLON, La démocratie inachevée, *Op.cit.*, p. 194.

28. Edgar Quine, *Napoléon*, édition de 1857, p. 296. 作者後來否認最初對波拿巴的激情。

窮其所能。[29]」但是他們的理想是看到去個人化、通過法律表達的普遍性政府得以建立。這理想受到進步思想的支持，從而生出一種進步運動的追求，這種思想無需聽從任何個人的決定，因此培育了經教育而願意完全獻身於共同利益的新血。波拿巴是以軍事方法推行意志而著稱：這種決定的方式擺脫沒完沒了的集體商議，能立竿見影。他愛諮詢，卻是獨自決定。他正是靠這種能力吸引了許多支持者。19世紀上半葉，很多歌謠歌頌這位「人民的人」的形象，對樹立拿破崙傳奇的確起了很大作用[30]。當時很多人對於進入平庸、重複而死氣沉沉的新世界感到絕望，這卻是一種活躍的意志和巨大能量的表現，使同時代的人為之驚奇，使他成為浪漫時期的英雄之一[31]。

權力非個人化的新時代

拿破崙的插曲以戰爭沉重的代價和戰爭導致的災難而告終。進入和平時期，非個人化權力非個人化的信念回歸了。對於國家精英們來說，拿破崙的形象是一個好政權的反面例子，雖然普通人民，特別是農村人，還保留着對拿破崙傳奇的幻想——他侄子得以掌權證明了這一點。而在自由派的繁衍中，對權力個人化而形成民主異端的憂慮把各個派別如共和派、社會主義者和共產主義者聯合起來。那些「人民推選出的人，卻把巨大的我置於人類空間」，史達爾夫人這派要把他

29. Francis Bacon, *La nouvelle Atlantide* (1627), Paris, Payot, 1983, p. 72（弗朗西斯・培根《新大西洋島》）.

30. Sudhir HAZAREESINGH, *La légende de Napoléon*, Paris, Tallandier, 2005; Bernard MÉNAGER, *Les Napoléon du peuple*, Paris, Aubier, 1988, et Natalie PETTEAU, *Napoléon, de la mythologie à l'histoire*, Paris, Seuil, 1999.

31. 巴爾扎克的小說裏能看出這類說法。19世紀末，尼采或者巴雷斯（Barres）都讚頌這位「能量傳遞者」。

們釘到恥辱柱上[32]。但是這個判決並不能讓非個人化的革命極端烏托邦捲土重來。對左派來說，非個人化往後有了一張面孔，是活生生的人民面孔。革命的群體或選舉獲勝的多數派，提法總在變化，但萬變不離其宗，如米什萊所指出的：「什麼都是民眾幹的，大人物沒做多少事，⋯⋯那些自命不凡的人、巨人、大力神⋯⋯只有通過作弊站在真正的巨人，人民的肩膀上才能給人以高大的假像。[33]」米什萊喜歡引用阿納查爾西斯・克魯茨（Anacharsis Cloots）[34]《對人類的呼籲》中的話：「法蘭西，別讓那些個人害了你。[35]」

19世紀，個人化在政府中的自由派和共和派中有了一種體制的面孔：議會制，同時也是一種社會權力，即顯貴統治或者政治階層的體制。我們甚至可以嘗試用「非個人化階層」這個概念。革命理念就是以這種方式在法國呈現出穩定憲法的。這些理念從而去掉了誇張的提議和抽象的激進想法。但是歸根究柢，非個人化、立法的至高無上（儘量降低執法權）和法律的神聖革命的三位一體構成了19世紀不同體制的共同信條。當然這些體制各有特色，哪怕只是在原則上與人民主權的關係在表述上有所不同。第三共和國把議會政府制變成憲法信條，其表現最為典型。1877年5月16日危機後，這個信條不復存在。而為了更好地理解共和派對非個人化的新崇拜動機，下文需簡短地回顧一下這個憲法的思想內容。

---

32. Considérations sur les principaux événements de la Révolution française, *Op.cit.*, p. 237.

33. Jules MICHELET, Préface à L'histoire romaine (1839) in *Oeuvres complètes*,, t.3, Paris Flammarion, 1972, p. 335.

34. 阿納查爾西斯・克魯茨（Jean-Baptiste du Val-de-Grâce, baron de Cloots, dit Anacharsis Cloots, 1755–1794），普魯士政論家、無神論者，法國大革命時期成為法蘭西榮譽公民。1794年被送上絞刑架。——譯註。

35. Jules MICHELET, *Histoire de la Révolution française*, t.2 (1847), Paris, Gallimard, "Bibliothèque de la Pléiade", 1952, p. 1321.

1873 年蒂耶爾（Thiers）下台，麥克・馬洪（Mac Mahon）繼任總統。1876 年 3 月 8 日選舉產生的國民議會將其權力交付給兩個新議院，一個奧爾良派主持的參議院和一個溫和共和派儒勒・格雷維（Jules Grévy）[36] 主持的眾議院。兩院與這個極其保守的總統之間關係非常緊張。在宗教、公共權力的組織、象徵性或者特赦巴黎公社分子等問題上都出現分歧。被質疑的其實是體制本身。麥克・馬洪及其支持者還相信有可能結束共和國和議會制度，從而建立一個保守的極權體制。5 月 16 日的危機消滅了這期待。麥克・馬洪注意到總理朱勒・西蒙（Jules Simon）[37] 成為眾議院中的少數派，於是強迫他辭職。他為自己干涉議會如此辯護：「如果我不像你們那樣對議會負責，我就要對法國承擔責任。」在甘必達（Léon Gambetta）[38] 的提議下，眾議院於 1877 年 5 月 17 日投票當天決議，認為「通過部長責任行使的議會權力至上」是「憲法所建立的國家掌管國家政府的首要條件」。力量角逐開始了。麥克・馬洪宣佈兩院會議推遲，是憲法允許的，同時解散議會 [39]。1877 年共和派在選舉中獲勝，作出決定，並在實際上重新定義體制，迫使總統今後放棄其最顯著的特權之一。議會主義的勝利使法國回到保守極權制度的可能性不復存在。

---

36. 儒勒・格雷維（Jules Grévy, 1879–1887），法國律師、政治家、法蘭西第三共和國總統。1848 年主持制憲議會工作時，懼於路易・拿破崙・波拿巴的崛起，1879 年接替麥克・馬洪任共和國總統，任內極力降低總統職權，擴大立法權限。——譯註

37. 朱勒・西蒙（Jules Simon, 1814–1896），法國政治領袖、哲學家、法國激進黨理論家。作為自由派議員，從哲學理論方面支持言論、信仰和思想自由的主張，因反對 1851 年 12 月的路易・拿破崙・波拿巴的政變被暫停在巴黎的大學的學術職位。普法戰爭中成為國防政府成員，被蒂耶爾任命為教育、宗教和美術部長；1876 年共和派多數選入眾議院，他應邀組成政府。——譯註

38. 萊昂・甘必達（Léon Gambetta, 1838–1882），法國共和派政治家。1859 年成為法庭律師。他領導共和派反對保皇黨恢復帝制，捍衛了第三共和國。1879 年後歷任眾議院議長、法國總理兼外交部長，推行殖民主義政策，主張對德戰爭。1882 年 12 月，甘必達被人用左輪手槍擊傷，12 月 31 日死於腸或胃癌。——譯註

39. 共和派抗議，起草了著名的《363 宣言》。

議會制度確實勝利了。用甘必達的話說，這個制度一心要排除「極端個人化」。部長委員會主席名單足以證明議會行動的成功。從1876到1914年間，經歷8位共和國主席就任期間，50位部長相繼任職。在這時期，共和派的重要人物在政府部門中只佔據相對次要的地位。甘必達和萊昂・布爾日瓦（Léon Bourgeois）各自只當過一屆主席，朱勒・費里（Jules Ferry）當過兩屆主席。然而如今寂寂無名的查爾・迪比（Charles Dupuy）和朱勒・迪夫爾（Jules Dufaure）就任過五屆主席，亞歷山大・里波（Alexandre Ribot）當過四屆主席。除非是研究這個時期的頂尖專家，有誰還聽說過第三共和國時期的總統艾爾內斯特・德・斯賽（Ernest de Crissey）、蓋坦・德・格里莫岱・德・羅什布埃（Gaëtan de Grimaudet de Rochebouet）、皮埃爾・蒂拉爾（Pierre Tirard）、讓・薩里安（Jean Sarrien）或者艾爾內斯特・莫尼（Ernest Monis）[40]？那時候制定重大決策的，或決定主要方向的是眾議院和參議院，在那裏才能找到青史留名的人物。那時發生的一切都好像更傾向於選擇一個比較弱的人物來履行政府職責。這系統地去除個人化成功了，開啟了達尼埃勒・阿列維（Daniel Halévy）所說的「無名時代[41]」。

關於引入選舉名單的辯論從另一方面也顯示對去個人化政治的執着探索。原則上這種選舉名單決定了競選人的選擇取決於他們所捍衛的思想。雖然這種選舉形式被認為是「無可辯駁的共和主義的」（1848

---

40. 萊昂・布爾日瓦（Léon Bourgeois）、朱勒・費里（Jules Ferry）、查爾・迪比（Charles Dupuy）、朱勒・迪夫爾（Jules Dufaure）、亞歷山大・里波（Alexandre Ribot）、艾爾內斯特・德・斯賽（Ernest de Crissey）、蓋坦・德・格里莫岱・德・羅什布埃（Gaëtan de Grimaudet de Rochebouet）、皮埃爾・蒂拉爾（Pierre Tirard）、讓・薩里安（Jean Sarrien）和艾爾內斯特・莫尼（Ernest Monis）均為法國第三共和國時期的政治家。——譯註

41. Daniel HALÉVY, *La fin des notables*, Paris Grasset, 1930 (chap.1, "De l'origine des temps obscurs").

年開始），但是由於大人物們害怕自己被正在形成的支持者智囊團排除在外，所以這種選舉形式只在 1885 到 1889 年間實行過。這說明去個人化其實只是用以隱蔽權力的背面所存在顯貴和政黨，即沒有面孔的寡頭政治。19 世紀 80 年代末布朗基主義的插曲表明，對於許多公民來說，這個權力遠離社會，因此造成了幻滅。

法國特色還是民主的現代性？

19 世紀法國政治很典型地提倡對法律和非個人化民主這對雙胞胎的崇拜。但也有兩次表現出皈依完全相反的凱撒主義和「人民之人」的信仰。我們以後會討論在完全對立的兩極之間搖擺不定如何形成制度。但是這節的關鍵，是要知道否定執法權的革命在民主體制歷史中是一種例外，還是實際上體現了所有憲法史走向民主自由主義國家的共同傾向。要回答這個問題，需要簡單地探討一下英國的情況。這個國家在歐洲發明了議會，也是提出執法權與立法權相互監督和抗衡這自由主義的發源地。相比其他歐洲國家，英國的執法權早就享有一定的自主性。代價是以一種機制，通過履行內閣的政治責任，使執法權永遠被質疑，這是英國制度的獨特性。執法權爭取更多的自由也必須以特殊的方法經受各種考驗。從 18 世紀初到 20 世紀末，執法權繼續加強，卻沒有被賦予任何專制主義或者支配性的特點；相反，這促進了各種議會職責的發展，這些職責是議會權利與特權的一部分 [42]。與法國單一而合理的權利表述不同，英國模式把執法權與立法權之間的關

---

42. 詳見本書第三部分第十二章。

係變成一種正總數的遊戲，而法國玩的是零和遊戲[43]。英國執法權的歷史也是執法權與君主權力的關係不斷變化的歷史。這是內閣、議會和國王之間的角色遊戲：內閣和議會結盟，逐漸減少國王的特權。在實行普通法（Common Law）的國家裏，把法律看成規則而不是社會教育顯然在這建設中有着關鍵作用。

19世紀，英國首相的地位顯得比美國總統或者法國的部長會議主席重要得多。這很矛盾。美國總統當然幾乎沒有靈活性，但是具有嚴格限定的領導權，而法國的部長會議主席則是不斷更迭的議會聯盟掌握中的玩具。英國式的合作制度沒有前設，是逐漸建立起來的，限制更多，但是結果卻更有利於執法權的發展[44]。但與此同時，議會就等同於主人。沃爾特·白芝浩（Walter Bagehot）[45]在維多利亞時代初期發表的關於實施中的英國憲法的傑出研究中談到內閣：「這個新詞是指選出一個立法團來行使執法權。[46]」他進一步詳細説明：「立法團有許多委員會。但這個最重要。[47]」議會是主人，但是以執法權與立法權相融合的形式——他筆下經常出現這個説法。他強調：「內閣是一個混合的委員會……，是一個把國家的立法部分與其執法部分聯繫起來的圓圈。執法權從根本上屬立法權，但是在運作上顯得正好相反。[48]」換種説

43. 關於英國執法權的歷史參見 Denis BARANGER, *Parlementarisme des origines. Essais sur les conditions de formation d'un executive en Angleterre* (des années 1740 au début de l'âge victorien), Paris, PUF, 1999.

44. Lord BALFOUR, "Introduction", in Walter Bagehot, *The English Constitution* (1927).

45. 沃爾特·白芝浩（Walter Bagehot, 1826–1877），英國商人、散文家、社會學、經濟學家。1848年獲倫敦大學碩士，1852年獲律師資格。1858年後任《經濟學人》雜誌主編。——譯註

46. Walter BAGEHOT, *The English Constitution* (1867), London, Oxford University Press, 1974, p. 9.

47. Ibid.

48. Ibid., p. 12.

法，英國執法權本身擺脫了束縛，但還是被置於立法權的監督之下。在英吉利海峽那邊，執法權被理解為活動與監督之間的關係，這是法國嘗試了很久的會議政府模式。

在英國權力也似乎更個人化。本雅明·迪斯拉利（Benjamin Disraeli）或者威廉·埃瓦特·格拉斯頓（William Ewart Gladstone）[49] 等人的形象佔據政治舞台的條件在 19 世紀共和的法國完全不存在。英國兩黨制起了作用，而 19 世紀法國形成多數派的條件使得不同的重要人物的圈子之間總在進行複雜而岌岌可危的談判。但是矛盾的是，國王的存在有利於個人形象的提升，而在政府結構上又在限制這種個人形象。在英國，最出色也最受民眾歡迎的首相確實地位更低。兩大權力的區別使君權的排場和內閣的實權相安無事。首相不可能夢想成為國王，沒人能以這種方式抬高他的形象。君主立憲制因此比共和制更為靈活，也因此遠離由於害怕與舊制度徹底決裂而產生的幻覺。但是在關於「好政府應該是什麼樣」的基本觀念上，英國與法蘭西議會制共和國模式有所區別。其實差別來自歷史遺產，英國具有貴族精神的議會傳統能完美體現出普通法的地位；法國則把對人民主權的崇拜轉嫁到強大的政治理性主義之上。隨着時間的推移和海峽對面普選制度的建立，這種差別在不斷縮小。

---

49. 本雅明·迪斯拉利（Benjamin Disraeli, 1804–1881）英國保守黨政治家，曾兩次出任英國首相；威廉·埃瓦特·格拉斯頓（William Ewart Gladstone, 1809–1898），英國自由黨政治家，曾四次出任英國首相。——譯註

第三章

複權時代

20 世紀初，執法權慢慢走出此前被否定的局面。這一變化源於三個原因。首先是 19 世紀末隨着全民普選在歐洲擴展，歐洲進入大眾民主時代。為了應對這個局面，領導層作為議會自由主義的支柱與寡頭政治產生共鳴，逐漸把他們「重新確立人民領袖」的想法與對執法權的重新思考結合起來。領導層從過去恐懼數量，到迫切需要管理群體的過渡凝固了這變化，並發展出一種新的民眾政府的觀點。其次，1914 至 1918 年的世界大戰導致政治觀點上的一次重大決裂。比起之前強調議會辯論，決議和效率變得更重要。最後，基於對公共行動變化的認識，政治行動範圍擴大（在經濟上相應的是凱恩斯主義經濟學）。這個因素本身與國家職責的擴大相關。這一切通過向政治意願的新體制的過渡體現出來。一個更切實的關乎具體事務的意願的時代將取代法律體現普遍願望的時代。

群體登基與執法權的加強

　　從 19 世紀 90 年代開始，歐洲就不斷有關於後來很快被稱為「群體登基」的後果的著作問世。這些著作把這一現象與社會無秩序的威脅聯繫起來。意大利的斯皮奧・席蓋勒 (Scipio Sighele) 的著作分析了當時的社會要被稱為「革命暴動」還是「巴黎公社時民眾的失控」[1]，這是那時候市民們揮之不去的記憶。他的著作幾乎被翻譯成所有歐陸國家的語言，迴響巨大。有相同看法的還有加布里埃爾・塔爾德 (Gabriel Tarde)[2]，他在法國發表研究，試圖解釋這些群體現象的最初跨心理

---

1. 他最著名的著作是《犯罪群眾》(*La Foule criminelle*, Paris, Alcan, 1892)。

2. 加布里埃爾・塔爾德 (Gabriel Tarde, 1843–1904)，法國社會學家、犯罪學家、社會心理學家。——譯註

學 [3]。《大眾心理學與語言科學雜誌》於 1859 年在德國創立，聚集了歷史學家、法學家和人類學家，開始有系統地研究他們最先命名的「民眾心理學」。但在歐洲最引起民眾注意的絕對是古斯塔夫·勒龐（Gustave Le Bon）。勒龐只是把當時正在討論的科學通俗化了，他在 1895 年發表的《烏合之眾：群體心理研究》確實在歐洲產生了巨大影響 [4]。

這種對群體的新恐懼，標誌着與整個 19 世紀纏繞着自由派與保守派對數量各種防範的決裂。數量讓人想到那些沒有接受過足夠教育的人，他們難以作出理性的選擇，無法參與關於決定公眾利益的信息的詳實的辯論。數量就是這些無能個體的總和。應該把這些人排除在投票權之外，或者至少不讓他們有職權。群體並不具有同樣的特性。被質疑的不是組成群體的個人的特性，而是構成群體的特殊的集體現象。勒龐強調說：群體有自己的特點，他們不只是個體的總量 [5]。他得出結論：「因此，只要他屬於有組織的群體中的一員，他就在文明的階梯上倒退了好幾步。一人獨處時，他可能是一個有教養的人；在群體當中，他便成了一個野蠻人，一個憑本能行事的人。他會變得無法自控，充滿暴力，凶猛殘暴，隨心所欲，容易衝動，具有原始人那樣的英雄主義，很容易受語言和形象的影響——群體中的個人如果一人獨

---

3. 參見 "Foules et secrets au point de vue criminel", *Revue des Deux Mondes, 15 novembre,* 1893.

4. 如今我們很難想像這本書成功到什麼程度：當時在法國連續出了 50 個版本，翻譯成二十多種語言，是 19 世紀最暢銷的「科學類」著作之一。塞爾日·莫斯科維奇提到「著作非同尋常的重要性」時說：「《群體心理學》仍然是所有社會心理學著作中影響最大的一部。」Serge Moscovici, *L'Age des foules. Un traité historique de psychologie des masses*, Paris, Fayard, 1981, p. 81.

5. 古斯塔夫·勒龐還寫道：「在構成群體的人群中，根本沒有因素的總和與平均值，只有新特徵的組合和創造，就像在化學中，把某些成分放在一起，比如說鹼和酸，它們組合後會形成一個新實體，其屬性已經與原來的物質完全不同了。」Gustave Le Bon, *Psychologie des foules*, Paris, Flammarion, 2009, p. 39. 本書中譯文摘自古斯塔夫·勒龐，胡小躍譯，《烏合之眾》（杭州：浙江文藝出版社，2016），第三版，頁15。他接着說：「心理上群體是是一個臨時的存在。」

處，就絲毫不會受到這樣的影響 —— 做出與自己的利益和習慣完全相反的事情。[6]」與此同時，加布里埃爾・塔爾德非常明晰地對比了群體與公眾概念的不同[7]。公眾是圍繞着共同的思想或利益的一個虛擬團體，形成一個成熟的共同體；而群體的形成在他看來是更加自發、根據即時情緒和反應而定的一群人。公眾是具有共同特性的個體的結合，而群體則是一個特殊的集體。勒龐推廣這種區分，強調由此產生的政治後果。

如果說他認為後來被普選的普及所導致的群體統治是不可避免的，他認為他要建立的「新科學」能夠控制住群體。他說：「認識群體的心理，今天已經成了 —— 不是想統治群體，統治它們現在已經相當困難 —— 想不受它們支配的政治家的最後辦法。[8]」對於勒龐來說，這些群體的特性是非理性的，是跟着想像走的。因此很容易被頗具手腕的領導者操縱。他直截了當地強調：「領袖愈來愈傾向於代替它們（公共權力部門）。新主子的專制讓群體更溫順地服從他們，遠比服從任何政府溫順。[9]」

解決辦法？在他看來很清楚。首先要監督這些頭目，試着把他們排除在外。與此同時創立一種適於群體時代的新型政府。如果「許多人願意聽意志強大的人說話[10]」，政治家今後應該具有這種秉性。勒龐的行動是呼籲國家元首學習意志心理學和意志經濟學。這是他在政界

6. 古斯塔夫・勒龐，胡小躍譯，《烏合之眾》(杭州：浙江文藝出版社，2016)，第三版，頁19。

7. Gabriel Tarde, *L'Opinion et la Foule*, Paris, Alcan, 1901.

8. Ibid., p. 7.

9. Ibid., p. 99.

10. Ibid., p. 97.

引起巨大影響的原因 [11]。羅斯福就是那些急着到法國參加他組織的午餐的重要執政者和議員之一。阿里斯蒂德・白里安（Aristide Briand）、克雷孟梭（Georges Benjamin Clemenceau）、保羅・戴斯香耐爾（Paul Deschanel）、愛德華・赫里歐（Édouard Herriot）、雷蒙・龐加萊（Raymond Poincaré）和安德烈・塔爾迪厄（André Tardieu） [12] 也都是勒龐熱情的擁躉，在勒龐認為「還在摸索中的科學」中看到了現代政治的鑰匙。後來的列寧、墨索里尼、希特拉還有戴高樂也是他忠實的讀者 [13]。

　　勒龐在分析中得出結論，此前議會主義的黃金時代就此結束了，因為議會無法表達已經存在顯而易見並且統一的意願。他認為民主制度應該圍繞着一位堅定地依靠持久的議會多數派的執政者來組織 [14]。他認為群體時代會走向獨裁專制，因此他由衷地希望強化民主制度中的執法權。他發表了預兆性的思考，強調如果不建立新形式的民主執法

11. Benoît MARPEAU, *Gustave Le Bon, Parcours d'un intellectuel, 1841–1931*, Paris, CNRS Edition, 2000; Catherine ROUVIER, Les idées politiques de Gustave Le Bon, Paris, PUF, 1986.

12. 阿里斯蒂德・白里安（Aristide Briand, 1862–1932），法國政治家。曾任法國社會黨總書記、眾議員、法國總理。他為國際合作、國際聯盟和世界和平所作的努力使他在 1926 年與斯特來斯曼共獲諾貝爾和平獎；喬治・邦雅曼・克雷孟梭（Georges Benjamin Clemenceau, 1841–1929），人稱「法蘭西之虎」，法國政治家和新聞工作者，曾兩次出任法國總理；保羅・戴斯香耐爾（Paul Deschanel, 1855–1922），法國政治家、文學家。曾任眾議院主席、法蘭西學院院士；愛德華・赫里歐（Édouard Herriot, 1872–1957），法國政治家和作家。曾任里昂市長、法國總理、國民議會議長；雷蒙・龐加萊（Raymond Poincaré, 1860–1934），法國政治家。曾任法國總理和外交部長、法蘭西第三共和國的總統、法國總理等職務；安德烈・塔爾迪厄（André Tardieu, 1876–1945），法國政治家。三次出任法國總理。——譯註

13. 關於其影響見上。「個體聚集成喪失所有意志的群體，憑直覺轉向有意志的人。」（《烏合之眾》，同上）。

14. 「議會中要解決的重大問題只能靠圍繞着國家首腦的多數派，他能領導他們，而不能靠一周就會消失的偶然的多數派。」（《烏合之眾》，同上）。

權，自然會導致法西斯和共產主義[15]。戰後他在法國支持為加強執法權而任命作為真正的政府首腦的總理的計劃。他沒有從思想和憲法的角度考慮到將由此產生的立法權相對的從屬地位。這從屬地位是從被認為是客觀而繞不過去的心理學和社會學的思考中派生出來的。辯論的議題因此徹底改變了。勒龐在實用的必要性和思想上為執法權恢復了名譽。

　　勒龐在政治領域的影響還與他用來為政客控制選民的手段辯護的新提法有關。塞爾日・莫斯科維奇（Serge Moscovici）[16] 因此毫不猶豫地稱他是「大眾社會的馬基雅維利[17]」。勒龐的著作針對「選民群體」的一章中的確有一部分堪稱是「供競選人參考」的小指南，這裏赤裸裸地不講道德，與舊時代理論家為國家找理由的著作不相上下。比如他讓競選人「不惜用最肉麻的話來奉承他們（選民），不假思索地向他們許諾不可思議的東西。[18]」他強調能夠隨意「操縱群體」的詞語和提法的重要性，建議競選人對工人只說「骯髒的資本」、「卑鄙的剝削者」和必要的「財富社會化」。他還展示了競選人可以用來粉碎競敵的技巧。但是他沒有玩世不恭，他以客觀的眼光把這些手段看作群體時代政府必須採納的技能。他也沒有對普選動氣。雖然從哲學觀點上他不是普選的強烈支持者，但他還是認為普選是現代社會不可逆轉的現實，無可爭辯。因此他既可以滿足民主派，也可以滿足當時精英理論的眾多追

---

15. 參見他在西班牙政變和墨索里尼上台不久後發表的 "L'évolution de l'Europe vers des formes diverses de dictature", *Annales politiques et littéraires*, 2 mars 1924; "Psychologie des récents mouvements révolutionnaires", *Annales politiques et littéraires*, 7 octobre 1923.

16. 塞爾日・莫斯科維奇 (Serge Moscovici, 1925–2014)，羅馬尼亞出生的法國社會心理學家，他是 1974 年在巴黎的人文科學之家創始人之一。——譯註

17. 這是塞爾日・莫斯科維奇的著作第二章的標題。Serge Moscovici, *L'Age des foules. Un traité historique de psychologie des masses*, op. cit.

18.《烏合之眾》同上，p. 151.

隨者。群體是一個事實，博學的人不蔑視事實。既然政治家們不希望
看到蠱惑人心的人獲勝，他們就要學習如何操縱群體。如果「群體的人
不能群龍無首」，那麼政治家就應該學會面對龍頭，而不是成為傳統的
代表。

第一次世界大戰的衝擊和對領袖的崇拜

19 世紀末，普選已經進入歐美政治制度，雖然有遲有早，然而公
民不滿的浪潮卻此起彼伏。例如對政治機器的批評吞噬了公民生活，
觀察到糟糕的代議結果，揭露議會主義走上歧路，且不說腐化所引起
的道德震動：那時的民主史是一部民主間歇獲勝的幻滅史。如果說這
種幻滅經常通過對更直接的公民表達形式的渴望反映出來，幾乎沒有
人質疑社會權力的目的。除了像法國這樣的國家存在着波拿巴主義的
文化色彩（甚至布朗基主義的插曲），民主應該承認高效的執法權的特
質這一觀念並沒有形成。這個時期的反議會主義是在封閉的小範圍內
表達的，經常與一種自我封閉且玩世不恭的幻滅聯繫在一起。第一次
世界大戰改變了一切。政治批評與對強權的期待互相聯繫起來，軍事
行動的需要立即突顯出這種期待[19]。在歷史上對於執法權的特殊性和重
要性最持保留態度的法國，這一轉變尤其明顯。

托克維爾在《美國的民主》中寫道：「戰爭只可能無限加強國民
政府的權限；它幾乎肯定會把指揮所有人的權力和任何事物的使用權
都集中在政府手中。[20]」這正是 1914 到 1918 年間所發生的。然而軍事

---

19. 相反，整體來說，我們可以說在 19 世紀議會主義的勝利與 19 世紀的歐洲是和平的世紀相
關（短暫的普法衝突和克什米爾戰爭除外）。

20. Alexis DE TOCQUEVILLE, *La démocratie en Amérique*, t.2 (1840), édition historico-
crique d'Eduardo Nolla, Paris, Vrin, 1990, pp. 223–224.

權力機構從沒計劃過任何特殊的工業總動員。所有指揮部的計劃都建立在一場短期戰爭的預測之上，只要求為和平時期提供物資儲備。自1914 年底開始，敵對的延長改變了問題的實質。必須重新修訂所有的武器和配給供應計劃，應對物資匱乏的狀況，組織徵用，保證生產無組織狀態下民眾的日常供應。「前線」的軍事行動與「後方」的組織變得無法分離。因此必須有一個行動單位，為此要依靠一位能夠集中能量和行動方法的執法人。這不是議會中四分五裂的部長結構能夠勝任的。戴高樂給執法權恢復必要的名譽的觀點，就是在這個背景下開始形成的。1917 年他曾經說：「打仗對一個國家的人民來說，就是提供並且聚集所有的力量。[21]」他接着說：「至於戰爭總指揮，我們沒有君主，因此即使在理論上誰也不能綜合政府和指揮權。實際上，1875 年憲法決定共和國主席就是執法權領袖，陸軍和海軍都服從其命令。無論簽署條約還是民事或軍事任命，根據憲法條文，共和國總統全面指揮戰爭似乎是很正常的；但是我們的風俗、我們的政治傳統其實把共和國總統排除出本意上的執法權範圍，把他變成了部長委員會常任顧問和一位代表。[22]」

在沒有強有力的總統的情況下，根據多方的說法，應該稍微改變政府的結構，使其有一位真正的首腦。萊昂・布魯姆 (Léon Blum) [23] 在1917 年發表的《關於政府改革的通信》[24] 中為此必要性提供了最明確的

21. Charles de GAULLE, *Lettres, notes et carnets*, t.1, Paris, Plon, 1970, p. 460.

22. Ibid., p. 473.

23. 萊昂・布魯姆 (André Léon Blum, 1872–1950) 法國左翼政治家和作家。曾任人民陣線聯合政府首腦，成為法國第一位社會黨 (也是第一位猶太人) 總理，執政 100 天左右，實行了變革，提高了工人待遇，創辦了《人民報》。1940 年他被「維希政府」逮捕，被監禁到1945 年獲釋。1946 年為法國爭取到戰後重建急需的 137 億美元貸款，並且同意在第四共和國總統籌備選舉前組織一個臨時政府。——譯註

24. 這些通信在 1917 年發表於《巴黎雜誌》(*Revue de Paris*) 上，後來結集出版。這裏引用的是 *L'Œuvre de Léon Blum*, vol. 3, 1928–1934, t.1, Paris, Albin Michel, 1972.

提議。他首先注意到一次失敗。他寫道：「我們的（部長）委員會從來不能作出抉擇，不會展開有用的辯論。對於作出決定、執行決策，他們人太多了，導致很多良好願望因相互矛盾而癱瘓。他們不掌握眾多機構中的任何一個具有執法權的機構，儘管法律規定了幾次部長會議作出決定，部長會議沒有秘書，沒有會議記錄，沒有檔案。沒有任何所謂的決定具有明確並且確定的形式……我不記得部長會議曾經討論過重大法律、長期的改革、總的行政計劃。最嚴重的問題在我們的部長會議辯論甚至發現之前已經擺在國家面前了。[25]」至於解決方法，他認為應該建立一個真正的部長會議主席，只負責領導和協調部長們，可是那時部長會議主席總是同時兼任某個部門的部長，他主要時間都花在這個部門裏。「必須有一位政府首腦就像工業必須有一個領導一樣，」他寫道。他應該「一直在掌舵，眼睛一刻不離地圖和指南針。[26]」針對「這個首腦是一個人還是幾個人[27]」這一問題，他答道：「在一個民主國家裏，主權在理論上屬人民和代表他們的議會，在實踐中由一個人代表。這是迫不得已的。[28]」

這種話語與共和國的傳統徹底決裂。布魯姆在轉向中走得很遠。他毫不猶豫地以挑釁的方式提到這個首腦，這個部長中的「總理」（這個提法是那時出現的）：「我們要適應他的樣子和他應有的形象：一位君主——他的行動路線事先規定好了，一位臨時的、隨時可以廢黜的君主，然而只要議會一直信任他，他就是一位具有全部執法權的法人，聚集並體現了民族所有的活力。[29]」他論述説，如果不這樣，部長

---

25. Ibid., p. 517.

26. Ibid., p. 518.

27. Ibid., p. 522.

28. Ibid., p. 509.

29. Ibid., p. 511.「只要議會投票沒有讓他們從頂峰上下來，我們的委員會主席就是國王。」（Ibid., p. 518）.

職責的思想本身就沒有任何意義。布魯姆並非不是一位議會制度堅定的捍衛者，但是他認為需要重新建構議會主義，又認為議會只應該是「嚴格的監督者」和「執法行動的啟發者」。議會要面對一個被承認為「領袖」、被賦予「唯一的領導權」的部長會議主席。他是議會的「嚮導」，必須「解決所有的政治問題」，並且高屋建瓴，以便「身居領導高位也能平靜地思考並且掌控一切政治活動。[30]」他最後總結道：「我們必須適應這一點」。布魯姆甚至走得更遠，認為「這種掌控的操作方式從路易十四開始就沒變過。[31]」這樣就修復了所有政治體制中掌控基本政治方向的執法權的「自然性」和必要性。在他看來，只有付出這樣的代價，國家才能走出尤其在戰爭時期非常有害的「無能為力」、「無效的努力」和「帶來損耗的動盪」。克雷孟梭本人面對這一緊迫感及時作出回應。不過布魯姆後來參加社會黨，與這種說法的一部分有了距離。與此同時，他變成議會制度有所保留的捍衛者，並且從圖爾代表大會[32]開始轉向馬克思主義無產階級專政的觀念[33]。但是他1918年的著作則非常清晰地顯示了他與這種觀念的決裂。

　　第一次世界大戰爆發，民主的理念因此不再只限於立法權的行使與實現。正如當時一位學術界人物所說，是縮小「兩個我們熱衷對立起

---

30. Ibid., p. 515.

31. Ibid., p. 518.

32. 1920年12月25至30日法國社會黨在法國中部城市圖爾召開第18屆代表大會。這次大會在法國社會主義運動史上佔有十分重要的地位。社會黨在參加第三國際的問題上發生嚴重分歧，分裂成社會黨和法國共產黨。多數派支持無條件加入第三國際，成立了法國共產黨（共產國際法國支部），以保羅・福爾和萊昂・布魯姆為首的少數派則繼續保持「工人國際法國支部」的名稱，由福爾擔任黨的總書記。——譯註

33. 關於他的立場和他們相對於他們所謂的「民主中的效率問題」參見 Vincent LE GRAND, Léon Blum, *Gouverner la République*, Paris, LGDJ, 2008.

來的術語——權威和民主——之間的距離」的時候了[34]。在理論上，戰爭過程中必須的指揮權不再被認為是與承認人民主權背道而馳的；就組織結結構而言，它不再被降到要求服從於外來指令。因此在說辭上這個時期的指揮權與政府是一回事；更進一步，那時這套修辭成為建立統治手段的參照。在戰爭考驗中，統治手段被認為是指揮並且合理地組織一切時必不可少的。

在英國，戴維·勞合·喬治 (David Lloyd George)[35] 通過戰爭內閣體現了這種新的執法權制度。戰爭內閣有一個「總務辦公室」，以前所未有的方式集中了各部的行動。在法國，戰爭的指揮把共和國總統的地位邊緣化了。1913 年 1 月 17 日，龐加萊當選為總統，期望通過擴充大選民團來強化其地位。敵對雙方開戰伊始，他的代表性便受到限制。當時一位觀察家評論道：「戰爭對於共和國總統來說是個無底洞。[36]」自 1917 年 11 月起，克雷孟梭象徵着與議會政府之前的傳統決裂。他靈活地依靠參議院和眾議院的重要委員會[37]，成為第一位布萊姆和許多人期望的總理。

34. Célestin BOUGLÉ, "Ce que la guerre exige de démocratie française" in Henry Steed et all, *Les Démocraties modernes*, Paris, Flammation, 1921, p. 45.

35. 戴維·勞合·喬治 (David Lloyd George, 1863–1945)，英國自由黨領袖和英國首相，第一次世界大戰後半期在國際政壇叱咤風雲。1911 年任財政大臣期間提出國民保險法，被公認為英國福利國家的先聲。1916 年 12 月 7 日出任首相，對內擴大政府對經濟的控制。1918 年他在任期間，議會通過選舉改革法，擴大選民範圍，頒佈國民教育改革法，實行 14 歲以下兒童的義務教育。1919 年他出席並操縱巴黎和會，是巴黎和會「三巨頭」之一，簽署了《凡爾賽和約》；他任職期間，於 1921 年給愛爾蘭以自治地位。著有《大戰的回憶》和《關於和約的真相》。——譯註

36. Nicolas ROUSSELLIER, *Du gouvernement de guerre au gouvernement de la défaite, Les transformations du pouvoir exécutif en France (1913–1940)*, mémoire d'habilitaion à diriger des recherches, IEP de Paris, 2006, p. 42.

37. Fabienne BOCK, *Un parlementarisme de guerre, 1914–1919*, Paris, Belin, 2002; Pierre Renouvin, *Les formes du gouvernement de guerre*, Paris, PUF, 1925.

克雷孟梭首先要與妥協和害怕承擔風險的議會文化的產物——即他所謂的「內部的失敗主義」決裂，失敗主義是妥協和不願承擔風險的議會文化的產物[38]。1917 年初，他在文章中辛辣地把在任的政府要人稱作「享有主權而無預見性的領導人」，揭露布里安「喜歡誇誇其談」，嘲笑龐加萊滔滔不絕地「老生常談」，兩位都躲在他們「現實的困境」的連篇廢話中[39]。幾天以後，在被任命為部長會議主席之前，他在《戴枷鎖的人報》上發表了他最後一篇評論員文章〈我們要求一個政府〉。他呼籲「光明正大地統治」並且「為工作而組成一個工作者的團隊。[40]」他不久前怒斥那些只會「搗鼓他們小團體和影響力」的議會主義的人們，質問道：「我們到底有沒有政府？危機就在這裏，真正的危機、性格的危機、意願的危機。三年以來，我們一直在等待出路。[41]」

鑒於社會和更為複雜的新經濟管理要求，由於 20 世紀 20 和 30 年代的危機動盪，對經過戰爭塑造和檢驗的強有力的執法權的需求仍在持續。

在戰時，人類活動的所有領域都迫切需要高效率的統帥。除了在軍隊，企業和行政部門也認為高效率的領導是必不可少的。19 和 20 世紀之交，與企業領導的新形態相關的理性地組織工作的議題開始出現，弗里德里克·泰勒 (Frederick Taylor) 的著作的發表標誌了一個重要的時代 (他的《車間的領導》於 1903 年在美國第一次出版；

38. *Grandeurs et misère d'une victoire*, Paris, Plon, 1930. 參見關於失敗主義的辛辣的章節，他在這章中尤其把曾任法國總理的布里安 (Aristide Briand, 1862–1932) 定義為「法國失敗主義」樂隊指揮。

39. *L'Homme enchaîné*, 25 février 1917.

40. *L'Homme enchaîné*, 15 novembre 1917.

41. *L'Homme enchaîné*, 4 septembre 1917.

他的經典著作《工廠的科學組織原則》在 1911 年出版）[42]。在大西洋彼岸，一連串著作步其後塵。在法國較有影響的有亨利‧法約爾（Henri Fayol）[43]。如果說兩位作者尤其注重賦予企業和行政高效的管理以新的概念，他們的影響遠不止於此。他們的著作在當時被視為領導層統帥的普遍原則。對於泰勒來說，人類組織中的一切都歸結於人的行為問題[44]，而法約爾則把「政府」變成了匯總各種統帥制度的大概念。因此，政治領域都有他們熱情的讀者便不足為奇了。萊昂‧布魯姆和列寧都對泰勒的著作推崇備至。至於法國，要特別強調，綜合理工領域對於統 軍事和工業領域、行政以至政治領域的指揮權的新理解有關鍵作用[45]。

從這時期起，許多人覺得領袖的形象在現代世界裏是積極而必要的。領導力（leadership）的概念因此成為美國社會組織觀念的中心。元首的原則（*Führerprinzip*）在德國形成。在蘇聯，史太林自詡 Vojd，即領袖和導師，而之前列寧就曾讚美一個好的「領導者的組織」的絕對功效[46]。這是一次真正的革命。我們遠離了在此之前大西洋兩岸自由派和革命者有關理論化無名制原則規劃的好權力，也遠離了滲透

42. 弗雷德里克‧泰勒（Frederick Taylor, 1856–1915），美國著名管理學家、經濟學家，被後世稱為「科學管理之父」，其代表作是《科學管理原理》。——譯註

43. 亨利‧法約爾（Henri Fayol, 1841–1925），古典管理理論的主要代表人之一，亦為管理過程學派的創始人。——譯註

44. 他寫道：「大部分行政能力是可以掌握的。……我們學着如何操縱人，就像我們學着如何管理動物、事物：引領者與牧羊人不無相似之處。」（引自 Yves COHEN, "Foucault déplace les sciences sociales. Le gouvernementalité et l'histoire du XXe siècle", in Pascale Laborier et al dir., *Les Sciences camérales*, Paris, PUF, 2011, p. 71）.

45. Joseph WILBOIS et Paul VANUXEM, *Essai sur la conduite des affaires et la direction des hommes*, Paris, Payot, 1919; Robert COURAU, *Psychologie du haut commandement des entreprises*, Paris, Berger-Levrault, 1930.

46. 關於登峰造極的首領形象參見 Yves COHEN, *Les siècles des chefs. Une histoire transnationale du mommandement et de l'autorité (1890–1940)*, Paris, Eiditions Amsterdam, 2013.

19世紀工會主義和社會主義文化與共和精神的「打倒頭目」的口號[47]。19世紀只有對領袖的崇拜屬於權威傳統主義的文化。20世紀初，尼古拉‧別爾嘉耶夫（Nicolas Berdiaev）[48]措辭激烈地揭露民主思想與世界「非個人化」運動之間的聯繫[49]。從今以後，人們從各種角度頌揚領袖的形象，走出了好政權所必要的象徵的非個人化時代。

這種頌揚有多種解釋。對有些人來說，這反映了整個19世紀民主中反覆出現的「貴族」地位的問題，在法國尤其如此。在不斷抨擊現代性並且呼籲回到秩序與權威的傳統價值的傳統主義者圈子裏，這種讚美的腔調有時確實陳腐[50]。同時對許多人來說，這具有管理的涵義。在政治上，它經常有一種反議會的色彩。但是共同傾向都是抬高執法權。執法權被重新推到最前沿，其中心地位和必要性被重新確立。

公共行動空間的擴展與法律的衰敗

第一次世界大戰以後，公共行動範圍的擴展也隨處可見，無論是在經濟、工業還是社會領域。問題不再是如何制定規則，而是如何獲得具體成果。至關重要的是「採取措施」和採用策略。因此執法權——又是通過執法權——在這種情況下地位有所上升。貝爾特朗‧

---

47. 這一口號擴展到無政府主義領域之外，雖然這是無政府主義者約瑟夫‧德雅克（Joseph Déjacque）1912年發表的著作名稱。

48. 尼古拉‧別爾嘉耶夫（Nicolas Berdiaev, 1874–1948），20世紀最有影響的俄羅斯思想家、自由主義哲學家，以理論體系龐雜、思想精深宏富享譽西方世界。——譯註

49. Nicolas BERDIAEV, *De l'inégalité (1918), Lausanne, L'Age d'homme*, 2008, p. 51.

50. 在法國，亨利‧波爾多（Henry Bordeaux）在他的著作《茹弗勒或統帥的藝術》（*Joffre ou l'art de commander*, Paris, Grasset, 1933）的銘文中寫道：「獻給那些以其死去的和活着的戰友的名義和以國家的名義呼喚領袖的戰士們。」

德·茹弗內爾（Bertrand de Jouvenel）[51] 把這種從「法律至高無上」到「目的至高無上」的過渡演變稱為以目的制取代舊有規範制模式。他寫道：「如今如果不能維持零失業率，如果國民生產沒有提高、生活價格提高、收支不平衡、這個國家與比其他國家的技術落後，那都是政府的錯。如果教育制度沒有提供符合社會經濟需要的一定數量的優質特殊人才，也是它的錯。經濟和社會政策是對未來的猜測，要不斷審核估算未來，並且有效地矯正已經採取的措施。然而這一任務需要比投票通過法律更輕便而且更靈活的方式。[52]」

於是前所未有的經濟政策由此而來；它伴隨着唯意志主義新時代的到來。從此經濟被看成有待優化的、變換而流動的制度[53]。這意味着與以前治理觀念的決裂。對於 19 世紀自由派政府來說，經濟政策矯揉造作的概念是空洞的，因為所有的矯正理應由市場的「自然」法則來調控。他們唯一關心的是讓政府不要濫用職權，遵循完善的貨幣政策，遵守預算平衡的原則。馬克思主義者們總認為資本主義「混亂的法則」帶來了不可避免的束縛，使得人和制度的改革都不可能實現，就像馬克思 1865 年在《工資、價格與利潤》中聲稱的那樣。在這樣的框架裏，「振興」或者「穩定」沒有任何位置。自由派最多承認國家在蕭條期可以通過進行公共建設阻止失業周期。信奉馬克思主義的經濟學家也是這麼認為。在他們看來，資本主義時期的負面影響是不可避免的：除非是改變制度，過渡到社會主義才能使這種狀況有所變化。

---

51. 貝爾特朗·德·茹弗內爾（Bertrand de Jouvenel, 1903–1987），法國自由主義哲學家、政治經濟學家、未來學家，也是政治生態學的先鋒人物。——譯註

52. Bertrand DE JOUVENEL, "Sur l'évolution des formes de gouvernement", *Bulletin SEDEIS*, n°785 (supplément Futuribles), 20 avril 1961, p. 15.

53. Peter HALL (die.), *The Political Power of Economic Ideas,* Princeton, Princeton University Press, 1989.

自從經濟被認為是有待優化的變換而流動的制度，它因此就能夠構成一種行動的目標。所有的經濟變數都可以在這個新框架內運行：貨幣、預算、收入、價格、供求。語言本身也反映了這一演變：「政策」一詞的運用擴展到所有領域。只是從凱恩斯革命開始，才談及價格政策、工資政策、稅收政策等。從這時起，經濟干預和結構上的行動變得互補又密不可分，重新深入規劃政府行為的領域與力量。與此相關的一種新功能出現了：調節。它改變了所有政府行動的舊觀念，使從前關於公共力量的看法變得陳腐，這樣的觀點顧及到一些私人或公共領域可能出現的問題的特性（國家應否介入貧困、交通、學校等問題？），或者關係到一些哲學原則（國家應不應該、什麼時候要取代個人？如果國家要保證社會平等，它能否考慮條件的平等？）。調節的觀念來自於這樣的分析框架：它希望有一個職能上的中心人物，一種組合的力量，這只能是執法權及其武裝起來的臂膀──國家。凱恩斯主義因此改變了我們看待政府行動最傳統的因素的眼光。皮埃爾・孟戴斯・弗朗斯 (Pierre Mendès-France) [54] 寫道：「一整套實用的解決問題的方法來自於這個理論體系。所有財政制度、預算、貸款、貨幣、稅收都有了新的意義與功能。[55]」

執法權領域功能性的擴展也與法律產生的新形態相關，無論是形式還是內容的變化。法律首先成為執法權的產物。這源於法律計劃

---

54. 皮埃爾・孟戴斯・弗朗斯 (Pierre Mendès-France, 1907–1982)，法國社會黨政治家、經濟學家。他在第二次世界大戰期間參加抵抗運動，1943 年 11 月至 1945 年 4 月在戴高樂手下先後任財政專員和國民經濟部長，任內為控制通脹而採取一些強化政策而被迫辭職。曾任國際銀行建設與開發貨幣基金組織總裁。1954 年當選為法蘭西第四共和國總理兼外交部長後即率法國代表團參加重新召開的日內瓦會議，簽訂了《印度支那停戰協定》，使法國在奠邊府戰役潰敗後從深陷六年半的印支殖民戰爭中解脫出來，並且為突尼斯實現自治鋪平了道路。──譯註

55. Pierre MENDÈS-FRANCE et Gabriel ARDANT, *La Science économique et l'Action*, Paris, Unesco-Julliard, 1954, p. 10.

提交和議會議題決定的條件。立法權的膨脹則與法律的內容本身的改變相稱。遠非「簡而不繁」的普遍的規則,法律幾乎等同於規則或者具有愈來愈具體、愈來愈有特殊目標的指令。法律變成了政府的手段之一。在這種情況下,以前被看作普遍性的立法權與被看作特殊性的執法權之間的區別一下子徹底消失了。1920 到 1930 年期間的法國尤甚。眾多的法令反映了執法權相對立法權的地位大大上升。借助於法令代表一種新的統治方式。法令的增多與立法權在執法權面前的退卻相對應[56]。但是除了這種特殊的技術之外,發生變化的是法律本身的性質,法律不再是「普遍的、抽象的,也不是永恆的。[57]」法律不再只是為作出具體決定而制定的框架,部長們開始夢想把他們的名字與法律掛上鈎,在事務發展進程中雁過留聲。

56. Georges HISPALIS, "Pourquoi tant de loi(s)?", *Pouvoir*, n°114, 2005.

57. Georges BURDEAU, "Essais sur l'évolution de la notion de loi en droit français," *Archives de philosophie du droit*, n°1–2, 1939, p. 44; "Le déclin de la loi", *Archives de philosophe du droit, nouvelle série*, n°8, 1963. 這兩篇文章是關於這個問題的權威綜述。

第四章

兩種嘗試

我們在之前的章節分析了大轉折的因素恢復了政府權力。但是這權力並沒有因此進入民主制度。當 20 世紀初執法權的必要性顯而易見時，最初要把政權特性納入民主框架的努力戛然而止。歐洲大陸上的魏瑪共和國 —— 之後我們還會提到 —— 其失敗是明顯的例子。因此無論在何處，執法權幾乎都在擺脫民主程序，並朝著兩個方向發展。一個方向是執法權的普遍化和去政治化，使其限於管理和行政範圍。這技術官僚的理念，常見於美國和法國。另一個方向是執法權走向極端和自主，在緊急狀態被認為是政治常態的地方最常見。這種觀念為納粹主義提供了支持，並且被納粹體制的大法學家卡爾·施密特（Carl Schmitt）[1] 理論化。我們當然不會因為兩者與議會代議制民主關係是相反的，就把這兩種脫離民主體系的執法權相提並論。技術官僚可能與其共存，而極端化則絕對排除議會代議制民主的。但與此同時，兩者都在迴避民主，以建構執法權。

技術官僚的理念

承認執法權的中心地位首先是以盛讚行政權開始的。第一次世界大戰以後，由於反議會主義和揭露了政治機器，行政機制獨立化被看為最有效的。這是圍繞兩大主題形成的，儘管這兩個問題在很大程度上有所關聯，還是應該區分開來。首先是從管理層面上考慮的國家合理化計劃；其次是從政治和體制意義上講，去建構從去政治化中吸取力量與合法性的行政權力計劃。這些計劃形成我們今天所稱的「技術

---

1. 卡爾·施密特（Carl Schmitt, 1888–1985），德國保守主義哲學家、法學家和政治理論家。他發表過大量關於有效使用政權的文章，提出了許多憲法學上的重要概念，例如制度性保障等。他的政治思想對 20 世紀政治哲學、神學思想有重大影響。由於他激進的反猶主義言論和明確的納粹信仰，始終被視為具爭議性人物，更被稱為「戴着第三帝國桂冠的法學家」。—— 譯註

官僚」理念的兩個方面。我們來探討一下這個思想在法國和美國的發展，先來分析「科學的」政治這個層面。

美國自 19 世紀末開始，就為建構高效的執法權而制定了實現理性化行政的目標。伍德羅・威爾遜 (Woodrow Wilson)[2] 和弗朗克・古德諾 (Frank Goodnow)[3]，兩位都是其中的重要人物。前者在 1913 年當選為美國總統，在 1887 年發表過一篇開拓性的文章：〈行政研究〉[4]。其目的是提出一種新科學，所謂的「實用政府」[5] 科學。威爾遜指出，在複雜的社會中，民主的問題不應該只限於辯論憲法、宣佈法律和組織選舉。要尊重普遍利益，就要深入到事情中去尋找具體解決辦法。這就是承認執法權的中心地位。但是他亦強調執法權的實用性。若行政在理論上只是實施政治決議的機構，威爾遜指出在現代社會中，事情會變得複雜。目標的定義其實與實行中的日常問題分不開。他既考慮到高效性，又考慮到民主要求，因此認為應該建立「行政科學」。就這樣，威爾遜在這篇具前瞻性的文章中提出了弗朗克・古德諾後來試圖解決的問題。

第四章　兩種嘗試

2. 托馬斯・伍德羅・威爾遜 (Thomas Woodrow Wilson, 1856–1924)，美國第 28 任總統。是進步主義時代的領袖級的知識分子。他曾先後任普林斯頓大學校長、新澤西州州長等職。1912 年總統大選中，他以民主黨人身份當選總統。第一次世界大戰的最後階段，威爾遜發了 14 點和平原則，從中闡述了他所認為的能夠避免世界再遭遇戰火的新世界秩序。1919 年，因他對創建國聯的貢獻而被授予諾貝爾和平獎。威爾遜秉持理想國際主義，主張美國登上世界舞台來為民主而戰鬥，被後人稱為「威爾遜主義」。——譯註

3. 弗蘭克・古德諾 (Frank Goodnow, 1859–1939)，美國著名政治學家和行政學家。他曾長期在哥倫比亞大學執教，並擔任霍普金斯大學校長。古德諾是美國政治學協會的創始人之一，任該會第一任主席。他着重研究政府機構，最有影響的著作是 1900 年出版的《政治與行政》，它確立了作者在行政學方面的地位。——譯註

4. Thomas Woodrow WILSON, "The Study of Administration", *Political Science Quarterly*, vol. 2, n°2, 1887.

5. 與此同時不應該忘記行政一詞在美國有行政和政府的雙重含義。

弗朗克・古德諾作為進步運動的知識分子代表人物，開拓了美國行政事務的新視野。他強調真正的執法權在很大意義上就是行政權。這在當時是全新的觀點。他在 1900 年針對這個問題發表了著作《政治與行政》[6]，並談到分權的經典理論，希望從實踐出發去整合。他認為政治只局限於立法和憲法工作，而行政範疇則是在本義上的執法權。他認為，如果政治建設是試圖表達普遍民意，行政則在追求高效和理性。行政確實只能在內部形態上建構其「執法的完善」。（而「立法完善」則完全依賴外部願望，即民眾主權。）因此他認為這兩者與普遍性的關係分成了行政與政治。行政的普遍性主要關心的，是要排除所有特殊性導致的錯誤。而政治程序的普遍性，是要盡可能讓更多公民表達一致的集體願望。

對古德諾來說，現實是他意識到了行政的自主權，並要確立其合理性 —— 高效和專業能力。因為民主既具有根據投票結果來作決定的主觀性，所以便需建立一種他所理解的客觀性民主。這種客觀性民主，其重點應該放在建立必要的行政管理之上。這種行政管理的高效率和理性化，確保了行政管理的客觀性，同時也是共同財產的衛士和僕人[7]。這就是為什麼 19 和 20 世紀期間，美國進步主義者建立了合理化的神話。他們把理性和高效率引入了民主的聖殿[8]。他們堅信政治民

---

6. *Politics and Administration: A Study in Government, New Brunswick*, Transaction Publishers, 2003, Introduction by A. Rohn.

7. 這種措施對威爾遜和古德諾有一種吸引力，他們認為是「歐陸模式」的力量。因此他們在文章中參照法國和普魯士。

8. 關於進步主義參閱 Samuel HABER, *Efficiency and Uplift: Scientific Management in the Progressive Era, 1890–1920*, Chicago, The University of Chicago Press, 1964; Samuel P. HAYS, *Conservation and The Gospel of Efficiency: The Progressive Conservation Movement, 1890–1920*, New York, Atheneum, 1969; Robert H. WIEBE, *The Search for Order, 1877–1920*, Westport, Greenwood Press, 1980; Judith A. MERKLE, *Management and Ideology: The Legacy of the International Scientific Management Movement*, Berkeley, University of California Press, 1980.

主思想和高效率的思想是可以相融合的。一個專家的政府對他們說來可以描繪出通向未來的積極的道路，因為「民主不是多數派的政府而是那些堅定地要為所有人服務的人的政府。[9]」

進步主義運動的重要人物之一、英國費邊社（Fabian Society）[10] 的同路人、管理科學的理論家瑪麗‧芙麗特（Mary Parker Follett）[11] 則在思考如何把「民主作為突顯民意的方法、一種科學手段」，並提出政治與民主的新世紀即將到來[12]。這幾個美國人認為一個科學的政府是秩序與民主的要素。

在法國，直接的啟動因素是第一次世界大戰，雖然衝突爆發之前已有很多人拜讀過泰勒的著作（可以說「法國社會泰勒式的轉折」[13]）。「無論國家如何，我們是得救了。[14]」這句名言完美地概括了那個時代。這使人民用積極的全新眼光來看待行政。多方發出「重整行政」和「國家工業化」的指令。泰勒在法國的追隨者法約勒發表了兩部著作——

9. Charles A. FERGUSON, *The Great News*, New York, Kennerley, 1915, p. 59. 弗格森還寫道，民主包括「政客的摧毀」（*The Religion of Democracy: A Manual of Devotion*, London, F. Tennyson Neely, 1899, p. 100.）

10. 費邊社（英語：Fabian Society）是源於英國的一個社會主義，1884 年由一群中產階級知識分子發起。社團以古羅馬名將費邊（Fabius）作為學社的名稱，意在師承費邊漸進取勝的策略。其思想被稱為費邊主義，又稱費邊社會主義。費邊社提倡務實的社會建設和互助互愛的社會服務，把自由民主政沿與社會主義相結合，通過漸進溫和的改良主義推進和平憲政和市政社會主義。——譯註

11. 瑪麗‧帕克‧芙麗特（Mary Parker Follett, 1868–1933），管理學之母，美國進步主義運動重要人物之一，在政治學、經濟學、法學和哲學方面都有極高素養，被稱為「管理學的先知」，並出版了同名書籍。——譯註

12. Mary P. FOLLETT, *The New State: Group Organization, the Solution of Popular Government (1918)*, 3e éd., London, Longmans, Green, & Co., 1934, p. 180.

13. Patrick FRIDENSON, "Un tournant taylorien de la société française (1904–1918)", *Annales ESC*, n°5, 1987.

14. Alfred Schutz, *L'Entreprise gouvernementale et son administration*, Paris Grasset, p. 90, avec une preface d'Henri Fayol.

《國家工業化的無能：法國郵電總局》(1921 年) 和《國家行政理論》(1923 年)。這兩部著為法國社會的思考定了調。他用一年時間研究法國郵電總局的運作後，提交了一份關於制度行政弊病的報告：有一位不穩定又不專業的副國務秘書任企業總裁；議員們過度干預；缺乏長期規劃；缺少人員管理和進步指標。但對於他來説，法國郵電總局只是整個病態國家機器的縮影。那藥方是什麼？法約勒認為，要「把有利於工業企業成功的程序引入國家[15]」，也就是説，根據新理性的管理原則組織行政。他的《工業與普遍行政》(1916 年) 一書使他成為這些新原則的理論家。

大西洋兩岸因此變得強調專業能力。技術官僚的觀點正因此變得合理：把數量和理性對立起來，使理性成為社會普遍性的首要條件。高效和合理化行政重提以往人們對能力的崇拜。19 世紀初，法國教條主義者就是崇尚這種能力的第一批理論家。法國和美國通過這途徑致力推行執法行政權的中心化。因為不會或不想以民主方式來思考政府模式，所以在技術官僚權力之下，大西洋兩岸的執法權從思想上找到了根據[16]。

這兩個國家對行政執法權的崇尚，與這期間甚囂塵上的反議會主義和反政治是分不開的。反議會主義和反政治有好幾個層面。兩者首先源於揭露政客的腐敗。在法國，巴拿馬運河事件的醜聞使人民排斥政界。在美國，政黨對公共事務的干涉已被千夫所指。大城市都被控制在被稱為「老闆」的執政機器下。經選舉產生的市長只不過是其下

---

15. Henri FAYOL, *L'industrialisation de l'Etat*, Paris, 1921, p. 89. (繼 *L'incapacité industrielle de l'Etat: Les PTT* 出版之後)；關於法約勒著作的影響參看 Alain CHATRIOT, "Fayol, les fayoliens et l'impossible réforme de l'administration durant l'entre-deux-guerres", *Entreprises et l'histoire*, n°34, 2003.

16. 只是在思想上，因為這種理念沒有有效地撼動行政的運轉及其地位。

屬之一。老闆指示他如何僱人、提高或者破壞其地位、掌控決策權。這種制度滋長了不少無孔不入的腐敗行為。壞政府因此象徵着 19 和 20 世紀之際，美國民主的機能紊亂，同時加劇了這種民主機能的紊亂。市政府一級執法權的去政治化，因此被認為是實現非政治化的未來之路。

在法國，那些對政界無能的譴責使許多有思想的人得出一樣結論：「隨便一個人就無所不能，我們可以無論何時把他安插在無論何地。」這是當時嘲笑任命查理斯 • 博努瓦（Charles Benoist）[17] 部長的一句名言。這種被稱為「業餘部長」的現象在第一次世界大戰後頻頻引發怨言。人們以各種口氣重提埃米爾 • 法蓋（Auguste Émile Faguet）[18] 揭露出造作的政界行為。他指責政界「崇尚無能」。他質問道：「什麼是政客？是個沒有個人思想的人、知識水平不高、認同民眾的普遍情感和激情。總之他要是不搞政治就沒別的職業可做。要是沒有了政治生涯，他就餓死了。[19]」

在美國也聽到同樣的聲音。進步主義的口號是根除助長腐敗、使公民道德淪喪的「政治病毒」。其最終目的是讓那些體現所有痼疾的老闆們下台。解決方法是首先去掉市政選舉黨徒的特點，使其擺脱黨派的層面。首先使其民主化，比如初選。還有改變市政權力的組織，把權力集中在一個有較大特殊權限的、直接向公民負責的委員會手裏。有人認為，分散在多個由老闆牽線的特殊部門之間的權力，可能就會

---

17. 1916 年 2 月 1 日上議院會議，傳引自 Joseph BARTHÉLEMY, *Le problème de la compétence dans la démocratie*, Paris, Alcan, 1918, p. 221.

18. 埃米爾 • 法蓋（Auguste Émile Faguet, 1847–1916），法國著名作家、文學批評家。——譯註

19. Émile FAQUET, *Le culte de l'incompétence*, Paris, Grasset, 1901.

因此降低。許多市政府都通過委員會來掌控政府[20]，而這種制度的引入只是改革運動的第一步。這種制度進一步在許多城市設立集中了執法權的城市管理者，而委員會則限於制定公共行動。在美國，這些管理者根據他們的專長來招聘，由選舉出來的機構任命，故被認為是客觀權力的。人們以為這種客觀權力擺脫了「黨派立場」，就可以讓民主發展下去。人們希望透過縮小政治領域、增強行政和管理權來實現普遍利益[21]。而且這個時代創造「技術官僚」這個新詞，指的是一種為了集體利益而由專家們組成來監督全民族資源的政府制度[22]。行政權因此被認為是建立在這種本質的民主形態之上。可是這種民主卻被認為不必建立在民眾參與的基礎之上！

　　1918 年的法國也有同樣的思想。與其說這種思想是出於建立無黨派立場的行政執法權的考慮，這更是人們從戰爭中吸取的教訓。法國國務院委員亨利・查爾頓（Henri Chardon）的著作非常具有代表性。亨利・查爾頓是法國 20 世紀初推行行政權憲法最為積極的律師之一。他認為過分的政治權利會帶出「法蘭西共和國機體的弊病」。他寫道：

---

20. 關這些實驗請參考三本著作：John J. HAMILTON, *Government by Commission or the Dethronement of the City Boss*, New York, Funk and Wagnalls, 1911; Clinton R. WOODRUFF(dir.), *City Government by Commission*, New York, Appleton & Co., 1911; 美國政治與社會科學學院 1911 年編纂出版的非常全的集子（*Commission Government in American Cities*）。還有最近出版的著作 Bradley Robert RICE, *Progressive Cities: The Commission Government Movement in America, 1901–1920*, Austin, University of Texas Press, 1977.

21. 關於這種制度早期的演變參考：Harold A. STONE, Don K. PRICE et Kathryn H. STONE, *City Manager Government in the United States: A Review after Twenty Five Years*, Chicago, Public Adminstration Service, 1940. 最近最好的研究是 Martin J. SCHIESL, *The Politics of Efficiency: Municipal Adminstration and Reform in America, 1800–1920*, Berkeley, University of California Press, 1977. 我們可以注意到政府各個層面僱員的職業化同時出現。

22. 這新詞應是在 1919 年創造的。參見 Raoul DE ROUSSY DE SALES, "Un mouvement aux Etats-Unis: la technocratie", *Revue de Paris*, n°6, Mars 1933.

「我們所説的政治誇張得像癌症一樣侵蝕着法蘭西：無用而不健康的細胞繁衍，使民族的生命窒息。」[23]

在《行政權》這部著作中，他指出議會權力既受黨派衝突制約，又受短暫的選舉期控制，因此不能實現普遍利益。他特別強調：「行政是存在的，而且應該在政治之外獨立行事。[24]」他認為，行政本身就體現了實現共同利益所必需的永久性和普遍性訴求。查爾頓在理論上指出公務員最好要「無私」，尤其強調他們自主權力的技術合法化。他寫道：「每位公務員不應該被看成公共部門的在任部長代表，而應該被看成民族永久利益的技能代表。[25]」他甚至説：最小的公務員在行使職權時就是「政府本身」[26]。的確，他認為政治權力還保留其用途和合法性，但只限於在合法且獨立的行政權被承認時。政治權力應該僅限於對行政行動有「最高監管」。查爾頓認為部長就是「總監」。對他來説，民主應該建築在兩種權力的平衡之上。

特殊狀態

特殊狀態的概念，有利於思考 1918 年以後的執法權。法治意味着穩定且可預測的存在，但在現實中當然不會如此。相反，更會經常出現突如其來的狀況。這也是為什麼，我們必須清楚界定執法權和立

---

23. Henri CHARDON, *L'Organisation de la République pour la paix*, Pari, PUF, 1926, p. XXVII. 關於這一分析的接受情況參見 Vida Azimi, "Administration et Parlement: la démocratie organisée de Henri Chardon", *Revue d'histoire du droit français et étranger*, vol. 76, n°4, 1988, pp. 557–558.

24. Henri CHARDON, *Le pouvoir administratif*, Paris, Perrin, 1911, p. 29. 他還論證説：「公共機構是永久而必要的，但是沒有比政治判斷更機動而更空洞的了。」(Ibid., p. 111).

25. Ibid., p. 55.

26. Ibid., p. 191. 他總結：「在這種時候，每個人在其職務允許的範圍內高於所有權威。」

法權各自的權力範圍。而是否有此界定的必要，是長期爭執不休的話題。但在極其特殊的情況下，即當公共生活的穩定被突如其來的例外打破時，這界定就是必要的。現實中的「暴虐」加速了事態發展，濃縮了現實，具體而即時的反應變得重要。例如武裝衝突爆發，或出現了天災。執法權在這些突發情況下，具有不可爭辯的最高權力，而平常的規則會被輕視——這時決策取代了準則。這樣做不無危險。假若權力喪失了應對能力，同時可能擴大特權，使公民權利和自由從此消失。

只有一個方法可避免以上的威脅——建立應對緊急狀態的組織。這是古羅馬人想完成的事情。當需要面對冒犯現存規則的新問題時，他們把特殊法官及獨裁的可能性納入國家體制中 [27]。「獨裁者」一詞源自拉丁文 *dictare*（獨裁），指人們要絕對服從其說話、所發出的命令，最重要是他能用未通過成文的法律來解決問題。這個詞對於理解這種體制的獨特性是最根本的。在古羅馬，獨裁者的權力非常大，但同時有嚴格的限制 [28]。例外狀態使這樣的特殊性能被納入政府的運作中。因此，共和國的法規沒有因獨裁的緊急狀態而被廢除或暫停執行。這個時期的羅馬憲法，靈活且高效地管控着特殊情況而不推翻現行機構 [29]。這種情況我們可以說是一種「（成功的）特例憲法化」。馬基雅維利

---

27. 這種求助於獨裁的最初形式公元前 501–202 年（第二次布匿戰爭末期）被羅馬共和國採用。

28. 獨裁有五個要點：只有在絕對情況下才能行使獨裁，就是說在日常法不適用於處理一種特定的情況下；同時，我們注意到在呼籲獨裁形式的權力和負責指定獨裁者的權力之間有嚴格的區分；羅馬共和國的許多機構是集體領導的，而獨裁者的職權是個人化的；被任命執行具體任務的獨裁者的任期根據特殊任務完成的情況而定；獨裁者不能採取任何延長任期的普遍措施，也不可能頒佈立法或憲法條例。參見 Claude NICOLET, "La dictature à Rome", in Maurice DUVERGER (dir.), *Dictatures et légitimité*, Paris, PUF, 1982; Theodor MOMMSEN, *Le Droit public romain*, t.3, Paris, Ernest Thorin, 1891, pp. 161–197; François HINARD, *Dictatures*, Paris, De Boccard, 1988; Wilfried NIPPEL, "Emergency Powers in the Roman Republic", *Les Cahiers du CREA*, n°19, 2000.

29. 證據是，第一個時期的三個世紀中共有 76 次獨裁制（其中只有六次引起內部騷亂），每一次都根據預期的條件建立和終止。

（Machiavelli）和盧梭（Jean-Jacques Rousseau）都讚揚羅馬共和國的這種制度[30]。

現代人因為沒有思考執政權，因此不能把特例憲法化[31]。事實上，他們只是從純粹目的出發來思考如何應對特殊形勢。這就產生了「救國委員會」的庇護、「秩序的重建」、「國家的穩定」或者「拯救社會」的偏差結果。美國的憲法正正參照了這些情況，模糊地提到特別權力的可能性。而1814年6月4日憲章中第14條允許了法國國王「為法律的執行和國家安全制定條例和法令[32]」。在這問題上的搖擺維持了整個19世紀。在歐洲，19世紀是和平的世紀，特殊立法的頒佈基本上回應了革命的威脅。1849年8月9日，法國戒嚴法令人震驚，並在整個歐洲引起討論。到1914至1918年的戰爭是一個轉折點，戰爭撼動了法律秩序。但是問題並沒有因此在理論和法律上更加明瞭[33]。而到了魏瑪時期，德國考慮到後果，故憲法第48條便以民主方式將特例納入其中，這是具有現代性的嘗試。但是過於模糊的說法在1930至1933年間則被用來證明制度的轉變，只為納粹統治開闢了道路[34]。在這框架內出現了另一種完全不同的特例政府。納粹根本不是要把對特殊情況的管控納入合法框架之中，而是要撤棄議會制，把特殊權力變成制度化的執法權。卡爾·施密特（Carl Schmitt）是極端決策主義的理論家。

30. 這種慣例後來被蘇拉（Sylla）和凱撒（Cesar）顛覆了，他們把這種慣例變成通向個人權利的跳板。

31. 在當代偉大的政治哲學家中，洛克（Locke）是唯一考慮到這個問題的，他建立了他的特權理論。

32. 正是基於這條款，查理第十宣佈了著名的限制自由法，這法令導致1830年7月制度倒台。

33. 這個問題參見 François SAINT-BONNET, *L'Etat d'exception*, Paris, PUF, 2001.

34. 詳見本書第二部分第五章。

施密特有句名言：「君主就是決定例外狀態的人。」[35] 他的理論全都是從政治決策者出發，與代議制政府和有審議權的民主傳統理念決裂。他在《政治概念》（1932 年）[36] 中，指責自由民主的反政治特性。在他看來，這種民主僅限於公民社會中墨守成規的組織，而忽略了自然從未停止過強加給我們繞不過去的殘酷現實，即是為生存而發生的衝突和鬥爭。對他說來，思考政治就應該回到思考人類衰敗的本性這個事實，而且政治從根本上就是由敵友關係所構成的，並在戰爭中找到真理。

施密特這種政治決策論和活力論，延伸出「執法權是決定性權力」的論點。因為他認為執法權是最直接的行動，能有實實在在的效果，是歷史性的力量和呈現世界的媒介，只有在特殊時刻才會露崢嶸。在這種情況下，決策的純粹最明顯。施密特強調，在這種情況下，「決策不再受任何常規約束，在本義上是可抗拒的 …… 同樣，在正常情況下，決策自主的可能性極小，而在特殊情況下，常規化為烏有。[37]」對於他來說，特殊情況有揭示行使獨斷意志的執法權的政治本質和作用。這種做法有可能走向專制主義。評論家也強調決策主義和專制主義之間的關係 [38]。但是施密特的意思，是要通過把他的政治眼光納入一種化身民主的視角來解決這個悖論。如果君主就是人民，那麼君權確實可以納入一種可以自詡為「民主」的秩序中。在自由派議會制的視野裏，正因為執法權受到限制，所以民主強大；而在決策論認同者看來，正正相反，民主是可以通過執法者的強權來實現。

35. Carl SCHMITT, *Théologie politique* (1922 et 1969), Paris, Gallimard, 1988, p. 15.

36. 卡爾・施密特：《政治的概念》（上海：上海人民出版社，2015）。

37. *Théologie politique*, op. cit., p. 23.

38. Olivier BEAUD, *La Puissance de l'Etat*, Paris, PUF, 1994, pp. 135–136.

施密特對執法權的吹捧，延伸到君主獨裁的理論。而古羅馬的獨裁──典型的委員會獨裁──中，宣佈緊急狀況的目的是建立一個旨在維護現存秩序的特殊臨時政權。《政治理論》的作者呼籲的是建立新秩序的獨裁[39]。他如此強調：「君主獨裁在現存秩序的整體中，看到它要付諸行動來結束現狀。它不是要根據建立在憲法之上的法律暫停現行憲法，不是要符合憲法。相反，獨裁要建立一種狀態，使它認為的真正憲法變得可行。因此它不援引現行憲法，而是提出有待建立的憲法。[40]」這種獨裁是完善了的執法權，因為它所呼應的特殊情況正是國家顯示其本質和使命之處。他寫道：「反對外來敵人的戰爭和鎮壓內部起義不是特殊狀況，而是國家權力運用瞬間的力量充分顯示其內在目的性的一種理想狀態。[41]」

　　這種君主獨裁是否處於法律之外？這與明確把特殊狀態憲法化的羅馬獨裁有何不同？作為法學家，施密特這樣回答了：一方面借助憲法權，另一方面提出重新定義標準。施密特是西哀士忠實的讀者。他在《獨裁者》（1921 年）和《憲法理論》（1928 年）中不止一次援引西哀士的話。他更閱讀了《什麼是第三等級？》的火熱文章。這個法國人表示，憲法權絕對是有創造性的權力，是意志最純粹的表達，是什麼都不能限制的力量。的確，西哀士說過如果掌握憲法權，「現實就是一切，形式無所謂。[42]」；憲法權是「我們不能令其服從任何形式、任何

39. 這個觀念與列寧的無產階級專政或者 1794 年雅各賓派的再生恐怖觀念相似。

40. Carl SCHMITT, *La Dictature* (1921), Paris, Seuil, 2000, p. 142.

41. Ibid., p. 19.

42. SIEYÈS, *Qu'est-ce que le Tiers-Etat? (1789)*, Paris, PUF, 1982, p. 71.

規定的民族的意志。[43]」西哀士把這種特殊的權力與憲法構成的權力區別開來，後者是選舉產生的代表們日常行使的主權。這種區分意味着默認憲法力量的優勢。這是施密特所理解的。他認為民族因此可隨意「不斷採取新的政治存在形式」，甚至可以是「不成形的形式。[44]」人民擁有這種憲法權，因此「在所有制度化和所有規章化之上。[45]」這種權力是在例外時至高無上的主權，表現出權力真正的創造力。

最後，在特殊情況下憲法權的復活在卡爾·施密特的理論成為對決策、對權力行使的推崇。但是這種讚頌在他手中並不只是把行動最尖銳的矛盾作為中心政治思想，就如馬基雅維利的政治哲學或者馬克斯·韋伯的統治社會學。施密特走得更遠，他認為最重要的規範來自於決策而不是公民或議會辯論。他的推論是建立在詞源學和憲法史之上的。在《世界的秩序》一書中，施密特強調：「秩序的第一層意思是由掌控來決定的。[46]」它的第二層意思是分享，指「分享與分配的行動與過程。」在他看來，準則因此來自於包含結果的決策，它首先具有直接行動的意義，然後才有監管作用。法律在政治意義上應該源於具體的意志、指令和君令（施密特在此處把重點放在「確定人民存在的形式」和「形成所有以後規範化的前提」的憲法上[47]）。他認為，特殊狀態使這種方式既是人民君主立憲的時刻，也是政治決策性被確立的時刻。他認為在與執法權（獨裁的）互動的過程中，人民真切地確立了主權地

---

43. SIEYÈS, *Quelque idées de constitution applicables à la ville de Paris en juillet 1789*, Versailles, Baudouin., s.d.m p. 30. 他還寫道：「確立憲法的權力無所不能……。行使這些權力中最大、最重要的民族在這種職能中應當不受任何限制，不拘形式。」(*Préliminaire de la Constitution*, 20 et 21 juillet 1789).

44. Carl SCHMITT, *Théorie de la Constitution* (1928), Paris, PUF, 1993, p. 127.

45. Ibid., p. 219.

46. Carl SCHMITT, *Le Nomos de la terre* (1950), Paris, PUF, 2001, Chapitre "Le sens du mot nomos", pp. 70–86.

47. *Théorie de la Constitution*, op. cit., p. 155.

位。代議制認為，議會作為法律的產物也表達了其普遍願望，在與代議制決裂的同時，他們的願望便得以實現。他所崇尚的執法權毫無保留地排斥了自由化民主。

延續與決裂

令人驚訝的是，兩者並沒有隨時間被淘汰。由於黨派執法者的無能；對民主的失望滋長之時，技術官僚不停地施展其吸引力。在第二次世界大戰後的法國就出現了這種情況。第三共和國信譽掃地，使抵抗運動者當中出現了一代高官。相對於不穩定的政府，他們實際上暗中擔起統治國家的使命，把自己當成「普遍利益的教士」。政府長期的不穩定，被認為是黨派之間操縱短暫利益的結果。而後來，因統治者的無能和目光短淺，這種技術官僚還會不時出現。它在本世紀初金融危機時又捲土重來。

在特殊情況下強化的執法權如今隨處可見。比如在 20 世紀 60、70 年代的拉美國家中，因尋求公共安全的庇護，便多次使獨裁合法化。無論是在巴西、智利還是阿根廷，所謂的「國家安全」都被軍方用來合法化他們的政變。蘇聯的俄羅斯和其他國家也在 21 世紀初形成了「主權民主」，以建立新型的極權主義[48]。美國自從 2001 年 9 月 11 日起面對反對恐怖主義的鬥爭，便試圖把例外措施納入執法權運作中。奧巴馬在國內政治舞台上被國會抵制削權，使他在把其綱領中某些重要計劃實施失敗，因此最終只能選擇不顛倒喬治·布殊建立的特殊政府機制，甚至加強了其中某些方面。在法國，在另一層面上，軍事行動

---

48. 用卡爾·施密特的話來說，「人民民主」把選民的熱情看作一種「一致歡呼」，從而給予至高無上的權力。這是重拾凱撒主義的學說。詳見本書第二部分第七章。

為衰弱的執法權重整旗鼓。雖然這並不被認為是特殊政府成為了執法權的普遍規則 [49]，但是也必定注意到這個執着的企圖 [50]。

　　遠離技術官僚和決策主義的偏差，承認「合法的」執法權只能在總統選舉制的形式下，才是民主的。因此，接下來要討論的就是總統選舉制的問題。

49. Giorgio AGAMBEN, *Etat d'exception*, Paris, Seuil, 2003.

50. 最好的例子是 20 世紀 70 年代走出獨裁的南歐國家（希臘、西班牙和葡萄牙），這些國家急於通過憲法採取措施來嚴格限制特例，阻止歷史再度歸來。

第二部分

民主總統選舉制

第五章

先鋒實驗
1848 年革命與魏瑪共和國

民主個性化總統選舉運動發生於 20 世紀的最後十年，以普選選出執法者甚至最終的民主體制是其特點之一。但與之前以選舉體現的好政權決裂不是一朝一夕而成的。三次重要的經驗所引起的排斥或者強烈的懷疑證明了這點：法國 1848 年的總統選舉導致凱撒主義復辟；魏瑪體制在納粹主義的勝利中夭折；還有最後被許多人認為更為壓制性的戴高樂制度的最初步奏。

1848 年的法國或草率的勝利

1848 年，未經真正的辯論，法國便以直接普選選出共和國總統。負責執法領袖任命方式的立憲委員會[1]，在召集會議時提出了兩個選擇：第一是由國民議會直接掌握執法權或把執法權交給國民議會代表，第二是執政官或者領導集體執法。兩種都具有革命性的。然而，當時的人們也想出一種前所未有的形式 —— 安排一個總統。這幾乎未經討論就被採納了。上文提到的兩種方式的後者，根本就是必然會被否定的選擇，因為人們對法國大革命時期（共和三年和共和八年）集體領導制所導致的不穩定、不平衡和衝突還記憶猶新。1793 年和 1794 年的委員會更令人想起黑暗時代。那時候的美國則被認為與羅伯斯庇爾式的「常規共和國」背道而馳，戴上具有共和國魅力的光環[2]。小型委員會成員中，托克維爾和居斯塔夫・德・博蒙（Gustave de

---

1. 委員會由高爾莫南子爵（De Cormenin）擔任主席。會議記錄見 Alexis DE TOCQUEVILLE, *Ecrits et discours politiques*, t.3, Paris, Gallimard, 1990, pp. 55–158.

2. 從 1820 到 1840 年，政論作者們不斷強調美國共和國建立了一個「廉價政府」，使納稅人輕鬆些。詳見 René RÉMOND, *Les États-Unis devant l'opinion française, 1815–1852*, Paris, Armand Colin, 1962; et Aurelian CRAIUTU et Jeffrey C. ISSAC (dir.), *America through European Eyes: British and French Reflections on the New World from the Eighteenth Century to the Present*, Philadelphia, Pennsylvania State University Press, 2009.

Beaumont）[3] 的地位舉足輕重。然而，建立這種新的參選資格卻引起了爭議。這爭議在委員會計劃中最後在空缺時期，期限相當於一個任期（四年）。更具爭議的是，如何任命總統。于勒‧迪夫爾建議通過國民議會進行選舉[4]。阿爾芒‧瑪拉斯特（Armand Marrast）[5] 則建議由國民議會中挑選候選人參加普選。最終通過的原則是，候選人的資格不受限制，而總統必須由 200 萬選民從公民直接選舉出來。其他形式都縮小了國家主權。

這些措施的本質會在最終的文本中再次被提起。為了衡量這個了不起的憲法單新條件，我們還要說說當時國民議會的爭論有多激烈[6]。極左派中，後來成為巴黎公社成員的費里克斯‧皮亞（Félix Pyat）[7] 甚至反對總統制。他論證說：有兩種涇渭分明的民眾意願。他肯定地說，分權不是共和的本質：「在一個共和國中只有一種權利，即人民的權利；只有一個國王，他就是人民，被一個選舉產生的國民議會所代表。這個議會因此應該像它代表的人民一樣享有主權；它囊括所有權力，靠人民的恩典統治並治理，它絕對像以前的王朝一樣，可以這樣

3. 居斯塔夫‧德‧博蒙（Gustave de Beaumont, 1802–1866），法國政治家、波旁王朝時期的檢察官。他是托克維爾的密友，1831 年與托克維爾共同前往美國考察美國刑法和監獄制度，從美國回來後發表了敍事文《瑪麗，或美國的奴隸制》，並與托克維爾合作發表了《論美國的刑事制度及其應用》。——譯註

4. 威克多爾‧貢斯德朗（Victor Considerant）捍衛同樣的立場「因為人民的教育沒有完成。」（援引 Paul BASTID, *Doctrine et institutions politiques de la Second République*, vol. 2, Paris, Hachette, 1945, t.1, p. 272）.

5. 阿爾芒‧瑪拉斯特（Armand Marrast, 1801–1852），法國政治家，曾任巴黎市長。——譯註

6. 對於這些論爭的概述參見以上著作，pp. 105–116。

7. 費里克斯‧皮亞（Félix Pyat, 1810–1889），法國記者、劇作家、政治家。經喬治‧桑推薦，他成為謝爾省總委員長，後作為該省代表進入制憲大會，提出了著名的廢除總統辦公室動議。他是巴黎公社積極的參與者，曾指揮摧毀象徵著拿破崙軍事霸權的凱旋柱、梯也爾的住宅以及為紀念路易十六建造的贖罪禮拜堂。五月流血周，他逃過了凡爾賽政府的復仇，到倫敦避難，被缺席判處死刑。——譯者

説：朕即國家。[8]」他認為，民主與共和就是從以前的王權轉換為經選舉產生的結果。這是傳統和極端的一元論觀點，即反對所有平衡和制衡的思想。然而，也是「自由化」的觀點，因為在他眼裏，通過代議機構而存在的集體領導，對公民來說保證了「權力服從於法律」。相反，如果選出一個人，而他被認為是需負責任的，他就會被賦予力量。皮亞認為這是幾乎無法抵抗的巨大力量，因此具有潛在的威脅。他如此評價：「這樣的選舉就像藍斯的油和聖路易的血一樣神聖。[9]」皮亞堅持：總之會有兩種情況中的一種。如果總統比國民議會弱，便會走向無能和無法統治。但如果總統過強，就會比不負責的立憲君主有更大權力。因此，他認為委員會提出的制度是危險的，因為從結構上來說這制度並不穩定。皮亞肯定忘記了文中提及的，部長委員會對議會負責的職能。但是合法性衝突的論點強而有力。他同時指出法國參照美國例子是不合適的，因為美國總統是一個聯邦國家的必要匯集點，這個國家還有待被鞏固。作為極左民主派，他肯定不能擯棄普選的追求，但他可以排斥相關職能的機構。他看出了法國民主發展的進退兩難。但是皮亞還是沒有提出問題的核心：如何把執法權的特殊性納入民主框架之中。

　　社會主義者則驚動了王朝的幽靈。皮埃爾‧勒魯（Pierre Leroux）[10] 譴責這個計劃「以總統的名義保留君主，由此為所有野心提

---

8. Ibid., t.2, pp. 105–106.

9. Ibid., t.2, p. 106.

10. 皮埃爾‧勒魯（Pierre Leroux, 1797–1871），19 世紀法國著名的哲學家、小資產階級空想社會主義者。他與杜布瓦一起創辦《環球報》。——譯註

供職場。[11]」蒲魯東 (Proudhon) [12] 也在《人民》[13] 中抨擊道:「你們在國家裏慫恿了飢餓的王朝⋯⋯,國家會通過王朝回應你們⋯⋯。你們的總統將是國王。」他指責不夠慎重的立憲委員會。在他看來,威脅在於對人民來説真正的權力是執法權,因為這是敏感而看得見的[14]。因此,他們尋求的是能夠控制執法權的人物而不是真正有才能的人。他對委員會成員們發難:「你們想沒想過,老百姓要把他們的女兒共和國嫁出去,他能把女兒交給你們和我這樣的土包子手上嗎? —— 卡芬雅克 (Cavaignac)、拉馬丁 (Lamartine)、勒德魯—羅蘭 (Ledru-Rollin) 或者托馬斯‧迪阿費奧茹斯 (Thomas Diafiorus) [15]?我們算老幾?一個當兵的、一個蹩腳的詩人、一個法學院畢業生,能當共和國總統!別發

---

11. Pierre LEROUX, *Projet d'une constitution démocratique et sociale*, Paris, Sandré, 1848, p. 1.

12. 蒲魯東 (Pierre-Joseph Proudhon, 1809–1865),法國政論家、經濟學家、社會主義者和無政府主義奠基人之一。蒲魯東被稱為無政府主義之父,首先使用安那其 (Anarchy) 一詞表述社會無政府狀態。蒲魯東的學説和政治活動對巴黎公社前的法國工人運動頗有影響。——譯註

13. *Le Peuple*, n°3, s. d. (octobre 1848), reproduit in Pierre-Joseph Proudhon, *Mélanges. Articles de journaux (1848–1852)*, t.1, Paris, Librairie international, 1868, p. 161 (ibid. pour la citation suivante).

14. 「請相信我,人民不怎麼擔心立法權和執法權之間的區別。對他們來説執法者就是一切。其他也許就是公證人,再其他就是未婚夫。只要總統做事又快又好,人民就認為他足夠聰明。他的男子漢氣概就是他的品德。你們的立法者不過是個太監,凌駕於虛無之上!」(Ibid., p. 62)。

15. 路易‧歐仁‧卡芬雅克 (Louis-Eugène Cavaignac, 1802–1857),法國政治家、軍事家,七月王朝時支持共和派,曾任共和國總統;阿爾封斯‧德‧拉馬丁 (Alphonse Marie Louis de Lamartine, 1790–1869),作家、政治家、法國 19 世紀第一位浪漫派抒情詩人,被譽為浪漫主義文學的前驅和巨擘,1829 年被選為法蘭西學院院士。他的主要作品有《新沉思集》、《詩與宗教的和諧集》等。法國大革命時,拉馬丁曾因保衛路易十六而被捕,1830 年七月革命後轉向資產階級自由派,1848 年二月革命後為臨時政府實際上的首腦並擔任外交部長,1848 年 12 月 10 日的總統選舉中敗於拿破崙三世。此後,他退出政壇,潛心文學創作;勒德魯—羅蘭 (Alexandre-Auguste Ledru-Rollin, 1807–1874),法國律師、政治家。他是激進共和派代表、工人領袖。他創辦的《改革》雜誌成為激進共和派的喉舌。作為 1848 年革命的積極參與者,他在 1848 年第二共和國時期加入拉馬丁政府,任內務部長和美術館館長。——譯註

瘋了！人民了解這嗎？他們在乎升官還是文憑？…… 對人民來説，他們要給共和國的是匹頸項粗壯的好品種公馬 。[16]」他甚至認為應該排除設立總統的想法。與皮埃爾‧勒魯一樣，他認為最根本的改革是重塑代議制，以職業代議的形式，把權力交給有組織的無產者。

　　保守共和派要保留的，首先是革命傳統一元論意義上的議會權力（在這點上他們與極左派殊途同歸）。他們認為，議會權力依賴的代議制，除了其他優點，最大的好處，是與民眾激情保持距離，把權力交給國家精英。但是美國模式對他們的誘惑太大了，他們並沒有排斥建立總統制的想法。于勒‧格雷維是第一個在國民議會為此發言的人，以捍衛國民議會的優勢。但是他希望通過議會監督來選舉一位政府首腦，議會也可以免去總統。他尤其提醒要小心波拿巴主義的危險：「你們難道忘了共和十年的選舉賦予了波拿巴恢復王位的力量，並使其登基嗎？這就是你們提升的權力……。你們難道能肯定沒有一個野心家會試圖實行總統終身制嗎？如果這個野心家是個很會博取民心的人；如果他是一位法國人為之傾倒的常勝將軍；如果他是個曾經統治過法國而從未明確地放棄其權利的法蘭西家族後代呢？如果經濟蕭條、民不聊生、國家正處於危機，而貧窮和絕望把權力讓給了那些隱藏在其承諾之下卻反對自由的人，你們能保證野心家不會推翻共和國嗎？[17]」因保守派的憂慮和波拿巴主義的陰影，格雷維認為要抵制普選。但是本質上的政治和憲法也同樣缺席。像社會主義者一樣，他對他反對的東西缺乏批評的智慧。

　　也正因如此，這些保留意見和抵制言論沒有多少影響力。當時無需嚴謹的法律和政治依據來反駁這些批評。這不是學術界扎實的辯論

---

16. Ibid.

17. Paul BASTID, *Doctrines et institutions politiques de la Seconde République*, Ibid., t.2, p. 109.

中，關於民主與執法權兩個針鋒相對的觀念。托克維爾負責在國民議會中為委員會的草案申辯，因此能輕而易舉地把這些對制度偏差的擔憂和人們爭權奪勢的危險一掃而光。他縮小了兩者的利害關係，堅持認為總統的權力「即使經過民選也沒剩下多少[18]」。他強調總統身邊應設立一個同樣有責權的部長會議（他忘記了這個部長會議也是總統任命的）。

《美國的民主》的作者卻不認為有必要對總統選舉這樣警惕。這選舉只不過是給微不足道的權力增添色彩而已。就好像這個「如此虛弱的存在」只能靠普選，覆蓋在「人民的巨大的影子」下才能穩固下來。「根據《憲法》，把這個影子撤掉，他就什麼都不是了[19]」，他甚至這樣說。這場選舉只是一枝拐杖或一把擦皮鞋的刷子。他認為，其原則是文明中一種不可逆轉的事實，人們可以抱怨，但是不能中斷其前進的步伐[20]。他的朋友德・博蒙言簡意賅：「顯而易見，總統選舉只能通過普選來進行。[21]」

當時的大演說家拉馬丁更是極力捍衛這個程序。他認為，當務之急要以「讓人憂慮而嫉妒的民主」為榮，要「極大限度真誠而毫無保留地賦予它所有的權利[22]」。至於回到王朝的危險？他反駁得易如反掌：

---

18. Discours du 5 octobre 1848, in *Ecrits et discours politiques*, Ibid., p. 212.

19. Ibid., p. 214.

20. 托克維爾在他的《回憶錄》裏記錄了立憲委員會的工作：「我們很難相信如此重大、艱難而嶄新的問題沒有成為任何大辯論甚至深入討論的議題。」他在第二帝國時期寫下這幾行。時過境遷，他分析道：「由人民來任命總統不是一個顯而易見的真理，而直接選舉總統的措施即新奇又危險。」（Alexi DE TOCQUEVILLE, Souvenirs【1893】, Paris, Gallimard, 1964, p. 187）. 關於這個問題參見 Arnaud COUTANT, *Tocqueville et la constitution démocratique*, Paris, Mare et Martin, 2008.

21. Lettre à Tocqueville du 10 octobre 1848, in *Correspondance d'Alexis de Tocqueville et Gustave de Beaumont*, t.2, Paris, Gallimard, 1967, p. 57.（我加的重點——作者）.

22. Discours du 6 octobre 1848, in Paul BASTID, *Doctrines et institutions politiques de la Seconde République*, Ibid., t.2., p. 111.

「共和國什麼都不怕。」群情激奮、政黨操縱或是煽動民眾？他用這句著名的巧妙地回應那些憂心忡忡的人：「可以在一杯水裏下毒，卻不能使一條河流有毒…… 一個民族如同海洋一樣無法變質。」關於權力和合法性的憲法依據？他簡單地說，他把這些「次要的或者說科學的」思想放在了一旁。縱要跳入未知領域，就像英國自由派提及普選時所說的"leap in the dark"（輕舉妄動），也絲毫不令他擔心。「在共和國裏，權力就在眾望之中，而不在其他任何地方。」這是歷史的教訓，他如是說。他因此得出結論：「破釜沉舟！上帝與人民開口吧！聽其自然。」然後他在雷鳴般的掌聲中呼籲國民議會通過改革建立一個「充滿激情的共和國…… 一個屬於法蘭西和人類的美好夢想。[23]」在他看來，這是美好願望的勝利。

許多新就職的保守派、共和派議員也不再擔心，認為普選有利於溫和的候選人。對社會主義的恐懼，使他們希望通過投票產生一個具抑制性的執法權。拉馬丁的輕狂、托克維爾漫不經心的宿命論和這些政治算盤重疊在一起，使民主歷史上一次重要的變革未經深思熟慮就這麼被決定了。這次變革也同樣輕而易舉地被逆轉，第二帝國對凱撒主義的排斥以這種方式再一次倒退，同樣無需論證。正是在雙重意義上，1848 年是民主總統制觀念誕生的「錯誤開端」。後來第三共和國採取的嚴格的議會體制證明了這一點。

魏瑪共和國憲法

1871 年，德國在普法戰爭中勝利後，俾斯麥制定的德國憲法建立了一種執法權至上的二元化制度。這是一種君主立憲制，國會通過

---

23. Ibid., pp. 111–112.

直接普選產生。俾斯麥以這種方式滿足了自由派和社會主義者的要求（私下盤算按比例選舉所產生的政治分割會削弱國會）。這個體制根本不是議會體制。皇帝可以解散國會，但是國會不能推翻首相，而首相則是服從皇帝執法權的首領。議會中政黨的代表在職能上只有控制和監督權（在財政領域例外）。而他們的分工阻止了他們在政治上以大多數表達意見。因為這種代表大多數的意見表達，會合法地建立起一種與執法權抗衡的競爭。

1918 年，德國戰敗，皇帝退位。新憲法建立了一個二元體制，但比前一個制度更穩定，執法權和立法權齊頭並進。首先是加強了議會權力。除去在立法和財政方面的特權，國會獲得真正的政治自立（它尤其可以不信任帝國首相和某個部長）。但是同時，直接普選帝國首相也加強了執法權。1919 年 7 月 31 日通過的《魏瑪憲法》[24] 標誌着這個改革。此改革與一整套民主措施分不開。對於 19 世紀初的歐洲，這部憲法具有開拓性意義：賦予婦女投票權（即使德國當時不是唯一一個婦女有投票權的歐洲國家）；如有三分之二的國會議員要求，可組織公投決定廢黜帝國總統；總統也可發起公投來否定議會的財政決定、關於稅務和公務員薪酬的法律；當十分之一的選民提交一個法律計劃時，也可組織一次公投。

我們不會在這裏分析魏瑪共和國，但是必需要來看看「通過民選，這個大家都能接受的方式，來決定執法人」這改革的成功因素。從原則上來說，這絕非易事。比如社會民主黨最初揭發帝國總統只是

---

24. 關於魏瑪共和國憲法，法語著作請參考 Christian BAECHLER, *L'Allemagne de Weimar, 1918–1933*, Paris, Fayard, 2001.

「取代皇帝」，宣佈「民選總統是真正的拿破崙式的詭計[25]」。他們更傾向於一種議會制度，政府在其中依賴人民代表。他們接受安排一位國家總統，但是他必須只是代表角色。但是當他們意識到，他們當中有一位可能佔據這個位置時，又改變了觀點。他們的領袖弗里德里希·艾伯特 (Friedrich Ebert)[26] 在 1919 至 1925 年成為了第一任總統。自由派則在二元主義中看到和他們在意的君主立憲現代形式。右派都認為總統的形象可以平衡和限制議會中的民眾聲音。他們還認為這樣的人物可以避免「討論體制」，即無能的同義詞。當時泛濫的反議會主義傾向於加強執法權。

因此，普選滿足了一方而又不會令另一方擔心。兩個相反的理由因此交集，使這項措施得以被採納。這當然不無曖昧，這種曖昧成了後來一觸即發的隱患。社會民主黨接受總統制，但他們反對由全民選舉而產生的領袖來抗衡議會。他們認為普選是民主的，同時要繼續捍衛議會制的原則 (得到了公投機制的修正)[27]。他們在這方面還是政黨民主熱烈的擁護者。其他人正相反，他們擁護強而有力地提升如此行事的執法權地位。

在普魯士佔優勢的背景下，把國家分成州的聯邦制組織說明了對執法權，特別是總統權力的恐懼。大普魯士的霸權問題因此成為憲法

---

25. 此語出自社會民主黨的元老赫爾曼·莫勒肯布爾 (Hermann Molkenbuhr)，引自 August WINKLER, *Histoire de l'Allemagne, XIXe–XXe siècle: le long chemin vers l'Occident*, Paris, Fayard, 2005.

26. 弗里德里希·艾伯特 (Friedrich Ebert, 1871–1925) 魏瑪共和國時期的同名父子，父親為第一任總統，兒子為第九任總理。這位父親指的是德國社會民主黨右翼領袖、魏瑪共和國第一任總統 (1919–1925)。——譯註

27. Karl KAUTSKY, *Parlementarisme et socialisme*, Paris, G. Jacques, 1900.

文本的兩位偉大啟迪者雨果・普洛斯 (Hugo Preuß)[28] 和韋伯要思考的核心問題。儘管他們在打破這種霸權的處理方法上意見不一——普洛斯想要把德國分成各州；韋伯預見了普魯士國家更為頑固的現實主義而想建立體制防線——兩人都認為限制議會權力是解決問題的關鍵。在他們看來，簡單的議會主義可以確保普魯士在中央集權基礎上的國會霸權地位[29]。根據同一觀點，總統不掌握國會大權是決定性因素。這也是直接普選的重要條件。

馬克斯・韋伯與公民投票的民主

　　馬克斯・韋伯超越這些有關憲法的最直接思考，在這種背景下把公民投票的民主理論化了，創造出公投選舉領袖型民主 (*Plebiszitäre Führerdemokratie*) 這個德語説法。他用這個概念説明魅力與支配沒有關聯：「合法性的魅力原則被理解為專制，也許正相反，可以理解為非專制的。[30]」他認為這種重新詮釋要推翻承認的機制。在傳統的魅力形態中，支配是首要的，卻需要受支配者承認其魅力來完成，即是説使支配合法。但是承認也可以在之前，如通過選舉來表達，因此承認也可以是合法的基礎而不是合法的結果。在這種情況下，先來談及本意上的民主。他的定義由此而來：「公投民主——由領袖領導的主要的民主形式——就其本意而言，是掩蓋在一種合法性的形式下的

---

28. 雨果・普洛斯 (Hugo Preuß, 1860-1925)，德國的律師和自由派政治家。他起草了魏瑪國民議會通過並於 1919 年 8 月生效的憲法草案。憲法基於三項基本原則：所有政治權力屬於人民；國家應該在聯邦的基礎上組織起來；而且帝國應該在國際社會上成為一個民主的法治國家。——譯註

29. 這個關鍵問題參看 Wolfgang MOMMSEN, *Max Weber et la politique allemande, 1890–1920*, Paris, PUF, 1959，尤其是關於魏瑪憲法的章節。韋伯還認為在和平談判時，一個極端中央集權基礎上的議會憲法可能難以被英俄條約所接受。

30. Max WEBER, *Economie et société*, t.1, Paris, Plon, 1971, p. 275.

魅力支配，這種合法性來自於受支配的人們的意願，他們只通過意願才存在。領袖（蠱惑者）的支配有賴於他的政黨支持者對他的忠誠和信任。[31]」他以現代史上的克倫威爾、羅伯斯庇爾和兩個拿破崙為例。但是韋伯認為，這只是新舊交替且特殊情況下的過渡模式。他因此提出，這種公投民主的表達方式，會為群體民主社會的穩定政府提供可能性。這表達方式在 1919 年憲法的起草中有根本作用。

韋伯在 1917 年發表的一系列文章中，發展出這個概念，並集結成書，命名為《重組後的德國的議會與政府》[32]。要理解這個概念，就要回想一下作為社會學家，他認為是什麼構成那個時代所有政治思考的出發點。他認為要考慮到三個決定性因素。首先，是官僚化和一貫行政自決能保證效率，也導致僵化；其次，政黨的主要作用、職業機器和政客的影響力日益強大。這點韋伯參考了詹姆斯・布萊斯 (James Bryce) [33]、羅伯特・米歇爾、莫伊賽・奧斯特羅格爾斯等人的分析。最後，是群體民主中「政治上情緒因素蔓延的可能性」表現出的危險。韋伯認為，應該疏導並且控制總是僅僅聽從內在動力行事的行政機構；要找到一個今後政黨繞不開的慣例（他已經能預見政黨無論如何都可把「街頭民主」理性化）；最後應該尊重人民主權，同時加以引導，因為普選結果是不可逆轉的。

在他看來，普選執法領袖有可能一併滿足以上三個因素。即提倡把魏瑪國家建立在合法化的兩個互補的原則之上：一方面是議會立憲的合法性，另一方面是直接民選產生的帝國總統這被稱為「革命化

---

31. Ibid., p. 276.

32. In *Oeuvres politiques, 1895–1919*, Paris, Albin Michel, 2004.

33. 詹姆斯・布萊斯 (James Bryce, 1838–1922)，英國自由黨政治家、外交家、歷史學家。先後就讀於格拉斯哥大學和牛津大學，並留學德國。重要著作有《神聖羅馬帝國》、《美利堅共和國》、《現代民主制度》、《國際關係》等。——譯註

的」合法性。這種革命化的合法性既可補救又有效：它依靠呼籲政黨挑選適合完成這項任務的領袖，同時又以這種方式滿足支持自己主權的大眾。韋伯因此認為，政黨的民主開啟了一個民主新時代。他寫道：「大眾積極民主化的結果是政治領袖候選人不再由一個狹小的顯貴圈子來決定，由他們來確認候選人已經通過考驗，他在議會的行動說明他可以成為領袖；如今他贏得的是大眾賦予的信任和信賴。就其本質而言，這意味着選擇領袖過程中凱撒主義的轉折。事實上所有的民主都具有這種傾向。特殊的凱撒主義方法就是公民投票。[34]」

　　韋伯不想把「凱撒主義轉折」描繪成「比較進步」的民主形式。他一直是個抱懷疑態度的民主派。比如他從來沒有相信過積極普遍意志的思想。[35] 作為「現實主義」社會學家，他始終認為權力必然會由寡頭政治所操縱[36]。一言以蔽之，他的民主眼光始終是工具性而非「哲學的」。自相矛盾的是，這種公投的模式是他所能想像的最低限度民主前景[37]。約瑟夫・熊彼特 (Joseph Schumpeter) 顯然受到韋伯的影響，雖然他從來不引用韋伯的話。熊彼特認為，「認證領導權是選舉權的首要職能。[38]」但是韋伯觀察到，任何地方最低限度的民主都考慮到大眾

---

34. Ibid., p. 402.

35. 「民意，真正的民意這樣的概念對我來說很久以前就不復存在了，不過是虛構。」他寫道。(1908 年 8 月 4 日給米歇爾的信，參見 Wolfgang MOMMSEN, *Max Weber et la politique allemande*, Ibid., p. 493)。

36. 「總是『少數派』的原則，也就是善於指揮的小集團居高臨下的政治操縱能力來左右政治行動。(群體國家中) 這種『凱撒主義』的色彩揮之不去。」Ibid., p. 353.

37. 他說：「在一種民主制度中，人民選擇一位他們所信任的領袖。然後那位被推選出來的人說：『現在你們閉嘴，服從於我。』過一段時間以後，人民來評判領袖的行動。如果他犯了錯誤──他就上絞架！」(Entretien de mai 1919 avec Erich Ludendorff, Laurence Morel, "La Ve République, le référendum et la démocratie plébiscitaire de Max Weber", *Jus Politicum*, n°4, 2010).

38. Joseph SCHUMPETER, *Capitalism, Socialism and Democracy* (*1942*), London, Routledge, 2003, p. 273.

民主化與政治個性化之間的聯繫[39]。我們可以說在這種意義上他是要保守地利用凱撒主義。

我們要特別強調的是，韋伯並不擔心公投民主會墮落成魅力專制（儘管他承認在原則上並非不存在這種可能性）。對他說來，現代的威脅正好相反，是黨派機制的影響日漸增強，這導致「專斷的政治活動的僵化的官僚主義日趨嚴重[40]」，使有能力的人難以掌權。另一方面他也相信這些黨派還會長期控制大眾，即使新的公投程序已露端倪。

他要不是在 1920 年去世，或許會驚訝於他最忠實的讀者之一竟是卡爾・施密特。他確實沒來得及對 1919 年憲法所帶來的問題採取全面措施。卡爾・施密特僅僅保留了韋伯反對政黨和議會行動的公投民主合法性思想，並提出了極端非自由化民主的新定義。他後來重拾這觀念，並把它推向極致，拋棄了韋伯為迫使領袖不斷表現出其「魅力稟賦」而設想的憲法內容[41]。

韋伯關於「凱撒主義的轉折」的觀點與對政治權力本質（即執法的認識）是分不開的。在《經濟與社會》的作者眼裏，執法權作為個人直接行使的權力 —— 也就是決策 —— 具有雙重特點。「這個不可避免的情形決定了大眾民主的成功，對自古希臘伯里克利時代起用以挑選領袖的凱撒主義原則作出重大讓步。[42]」相反，他認為立法權是集體的，

---

39. 參見他關於威廉・埃瓦爾特・格拉斯頓（William Ewart Glastone），以及更為廣義的凱撒主義的進一步論述。In *Parlement et gouvernement dans l'Allemagne réorganisée*, Ibid., pp. 402–404.

40. Wolfgang MOMMSEN, *Max Weber et la politique allemande*, Ibid., p. 509.

41. Ibid., p. 478. 這個問題是特奧多爾・蒙森（Theodor Mommsen）和馬克斯・韋伯的「自由派朋友們」，如雷蒙・阿隆（Raymond Aron）和卡爾・盧文斯坦（Karl Loewenstein）之間爭論的中心。雷蒙・阿隆和卡爾・盧文斯坦對於把韋伯和施密特 —— 這個「德國前希特拉時代的魔鬼靡非斯特」相提並論極為反感。

42. *Parlement et gouvernement dans l'Allemagne réorganisée*, op. cit., p. 404.

其本質原則上是否決的 [43]。韋伯作為現實主義政治理論家與 18 世紀末到 19 世紀的自由與民主體制的觀點徹底分道揚鑣，後者以立法為中心。他也意識到政治願望的社會感知不再是表達普遍願望的感知，而是對一系列特殊決策的感知，非常敏感。他清楚在此意義上，民眾的反議會主義揭露了「無能為力的意志」[44]，這是普遍遠離公民當務之急的特殊期待的議會和黨派活動的本質 [45]。因此，凱撒主義的觀點對他來說是一個新的客觀的行動時代和群眾所理解的意志。這等於接受被統治者與統治者之間無法迴避的斷層，這個斷層需要以民主來調節，與此前人民直接是立法人的烏托邦保持距離。

災難的實驗室

怎麼僅用幾年時間，一個想要建立公投民主模式的魏瑪共和國就過渡到納粹專制呢？這個極端改變是執法人權力高度集中和執法人極端個人化所引起的。這是典型的極端運動，必須了解其動機。首先，它顯然是源於議會漸被輕視。這種反議會主義與當時遍及歐洲的反議會主義相似，都是帝國時代民眾反議會傳統的延續，只是後者並沒有法國的反議會主義那麼激烈。德國沒有出現類似巴拿馬醜聞和授勳醜聞 [46] 這樣的事件。議員是制度的受益者也沒有法國那麼明顯。在法國，投票通過了提高議員薪金至 15,000 法郎的議案引起民憤，引發了

43. 他寫道：「德國議會所有的結構現在都為了純粹否定的政治而定制：批評、要求、建議、修正和執行政府計劃。所有議會慣例都與之相符。」(Ibid., p. 355.)。他多次提到這個「否定的政治」的說法。

44. Ibid., p. 366.

45. 政黨只存在於愈來愈與真實生活的關鍵問題拉開距離並僅僅是「機制」的職能中。

46. 1887 年，共和國總統于勒·格雷維的女婿、議員大衛·威爾遜在愛麗舍宮的辦公室出賣上千個勳章。這使格勒維不得不辭職。

許多針對「大腹便便的人」的俏皮話。1914 年以前，德國議員確實沒有收到任何薪酬。萊茵河對岸的確沒有任何產生反議會的「土壤」條件。共和國最初確實爆發了一些醜聞，尤其會想到 1924 年爆發的巴爾瑪醜聞 [47]。

但是自 19 世紀 20 年代中期開始，反議會主義甚囂塵上，還有其他原因。首先是關於其職能。許多國會成員同時在地方州議會中行使職權，而他們對本州的忠誠使他們不把在柏林的行動放在第一位。德國議會生活比起法國和英國要更加黯淡無光。在那裏黨紀僵化，表明立場只會在政黨機構內部而不會在議會當中。國會中沒有吸引公眾注意力且使議會成為政治唇槍舌劍的質問。完全不存在法國式的「雄辯議會」形象 [48]。會議上出現的，不過是輪流上台的冗長發言。機構沒有真正的中心。

要強調的是，議會之所以難孚眾望，最直接原因是政治—黨派。這些原因與締造共和國的政黨快速衰退有關。這衰退既反映一部分選民對政府的幻想破滅，也反映了對弗里德里希•邁內克（Friedrich Meinecke）[49] 所謂「理性共和派」新體制的依附。自 19 世紀 20 年代中葉起，議會中有幾個相當有代表性的重要黨派，愈來愈強烈地表現出對議會的不屑。德國國家人民黨就是例子。1928 年，該黨主席把議會

---

47. 于魯斯•巴爾瑪是祖籍俄羅斯的荷蘭猶太企業家，荷蘭社會民主黨成員，被判挪用普魯士銀行款項。

48. Nicolas ROUSSELLIER, *Le Parlement de l'éloquence. La souveraineté de la délibération au lendemain de la Grande Guerre*, Paris, Presses de Sciences Po, 1997; Nicolas PATIN, *La Catastrophe allemande, 1914–1945*, Paris, Fayard, 2014.

49. 弗里德里希•邁內克（Friedrich Meinecke, 1883–1954），德國自由主義歷史學家。其成名作是 1908 年發表的關於德國 18 至 19 世紀理性與文化的歷史著作《世界主義與民族國家》（中譯本由上海三聯書店出版）。魏瑪共和國時期，邁內克是一個理性共和主義者。第三帝國時期，他同情納粹政權。1935 年之後，他雖然仍支持納粹政權，但為納粹的暴行而日益困擾。邁內克最有名的著作是《德國的浩劫》（1964 年）（中譯本由商務印書館出版）。1948 年，邁內克參與建立柏林自由大學。——譯註

說成是令德意志民族窒息的泥沼，並呼籲打倒共和國以及民主制度[50]。與體制同時誕生的共產黨則激烈地揭露議會鬧劇，並宣揚要徹底決裂的革命。而納粹勢力日益強大，更表現出對國會愈來愈惡毒的蔑視。他們在 1930 年的選舉中，就不停地猛烈抨擊體制。希特拉在《我的奮鬥》中就把議會說成是一個「搖擺不定的獨立個人的多數派」，指責議員是「喪失鬥志的逃兵」和「目光短淺的玩票」，他們是「最糟糕的半圈知識分子[51]」。後來成為國會主席的戈貝爾 (Joseph Goebbels)，在 1928 年第一次參加選舉時，稱他參加這些會議讓人想到「喪心病狂的猶人人學校」，並寫道：「議會主義早就該衰敗了。我們要給它敲響喪鐘。我受夠了這個鬧劇。他們不會在他們的上議院常看到我的。[52]」

議會中被貶低的憲法也對魏瑪體制垮台有重大影響。1919 年憲法具有總統制與議會制混雜的特點，實際上給人或許應取代憲法的錯覺。第 48 條表明總統可採取「緊急法令」。這條款，用沃爾夫岡·蒙森 (Wolfgang Mommsen) 的話來說，為多數派缺席和總理無能而導致的「議會責任意識麻痹」提供了藉口[53]。通過總統權力獲得自主性因此加速了議會主義衰落。自 20 世紀 20 年代伊始，三分之二的政府中沒有一個多數派。甚至在第 48 條所規定的程序之外，1919 年國會就已經投票通過法律框架，授予政府在某些領域通過法令直接行動的權力。與此同時，總統多次根據第 48 條實行緊急法令（從 1919 年 10 月到 1925 年 1 月，弗里德里希·艾伯特實施了 36 次緊急法令）。卡爾·施密特因此宣稱要把他在《議會與民主》(1932 年) 和《獨裁》(1921 年) 中宣揚的獨裁觀點納入魏瑪憲法內。

---

50. 援引自 Christian BAECHLER, *L'Allemagne de Weimar*, op. cit., p. 296.

51. Adolf HITLER, *Mein Kampf* (1925), Paris, Nouvelle Editions latines, 1934, pp. 85, 97, 98.

52. Joseph GOEBBELS, *Journal, 1923–1933*, Paris, Tallandier, 2006, p. 272.

53. *Max Weber et la politique allemande*, op. cit., p. 475.

19 世紀 20 年代，對總統制的大變動由於海因里希·布呂寧 (Heinrich Brüning) [54] 被任命為首相而加快。因為沒有一個多數派支持，他便試圖獨立於國會來統治。議會被求助於第 48 條憲法的執法—立法權所取代 [55]。由於社會民主黨拒絕與極端派政黨（共產黨和納粹）聯合，使布呂寧倒台，他因此享有「寬容的多數」。這樣布呂寧便組成了一個「明確反議會的總統制政府 [56]」，使體制無法扭轉。自 1930 年 7 月起，興登堡（Hindenburg）總統多次頒佈緊急法令，是這變動的推動者。1930 到 1932 年期間，儘管國會縮短了他的任期並減少他的活動，他還是動用了 116 次緊急法令。解散議會增加了不穩定性。弗朗茨·馮·巴本（Franz von Papen）[57] 在 1932 年被任命為德國總理，延續了這個變動。實際上，這次明顯過分了。同時，因為這個時期出現了經濟危機（通貨緊縮、失業率急劇上升、某些銀行停止付款），更使民眾感到緊急狀態。正是在這種背景下，納粹得以在 1933 年選舉中獲勝。在嚴重的經濟危機中，人們總是期待一個強硬的執法者。故此，1918 年世界大戰勝利方強加賠償所帶來的屈辱，以及統一的承諾——「一個人民，一個帝國，一個元首」——都是納粹獲勝的土壤。在這些因素下，僅僅是「不穩定」的總統選舉就能成功轉為獨裁，對元首的歡呼聲取代了之前的合法議會。

---

54. 海因里希·布呂寧（Heinrich Brüning, 1885–1970），德國魏瑪共和國 1930 至 1932 年期間的德國總理，同時也是魏瑪共和國在任時間最長的總理。布呂寧是德國歷史上一個具爭議的人物，他使用緊急狀態法令和針對納粹黨模棱兩可的政策導致魏瑪共和國的滅亡。他於 1934 年離開德國，先後在哈佛和科隆大學任教。——譯註

55. Olivier BEAUD, *Les derniers jours de Weimar. Carl Schmitt face à l'avènement du nazisme*, Paris, Descartes et Cie, 1997, pp. 28–36.

56. Ibid., p. 32.

57. 弗朗茨·馮·巴本（Franz von Papen, 1879–1969），德國貴族、政治家，魏瑪共和國後期是興登堡總統的顧問小組成員，任德國總理。他相信希特拉一旦進入政府，就可以得到控制權。1945 年，巴本被捕，1946 年在紐倫堡審判中被宣佈無罪釋放，1947 年被德國法庭判處 8 年的勞改，1949 年從勞改營被釋放。——譯註

弗里德里希・邁內克説：「德國人還沒有為民主做好準備。[58]」如果所有選民都是為共同利益着想的理性參與者，當然很難説人民是否為民主做好準備。但令人震驚的是，黨派制度竟是德國社會分裂的關鍵。還有一點，是決定性的，即強調魏瑪時代的民主根本只被認為是授權程序，而不是根據執法民主來持續調節權力與社會之間的關係。德國歷史悲劇性地向世界展示了民主如何逆轉至反對民主。

---

58. 援引自 *Friedrich Meinecke in seiner Zeit, Studien zu Leben und Werk.* Munich, Franz Steiner Verlag, 2006, p. 116.

第六章
戴高樂特色的總統普選

戰後舉棋不定

第一次世界大戰後，在緊迫的壓力下，歐洲各處都強化了執法權，德國除外。在法國，可以說是技術性的變化。如人們對建立一個新的議會主席制度或者求助於法令法律的手段逐漸習以為常。

1945 年以後，納粹主義和法西斯的幽靈導致人們拒絕一切可能與權力個人化掛鈎的可能。德國和意大利回歸傳統的政黨和議會體制。在意大利，由此產生的長期政治不穩定引起人民許多質疑和批評，但是這些質疑和批評至少被當時的迅速經濟增長抵銷了。當時的意大利就像法國第三共和國，與黨派聯盟不斷變化的部門更迭是在相當穩定的政治框架裏進行的。政府常變，但部長的職位卻沒有變化。

「回歸議會」卻引起不少批評。比如在法國，所有抵抗運動聚集在一起，強烈譴責第三共和國時期為國家帶來痛苦的「權威危機」，從而呼籲「加強執法權」並建立「堅實的政府」[1]。其實就像我曾指出的一樣，為了回應這要求，國家被強化了。這種執法權「技術官僚式地完成」，反過來與「傳統」議會主義結合，引起許多質疑。但是這些質疑並沒有在理論上找到答案。萊昂•布魯姆在這個問題上的立場變化證明法國這種「民主的尷尬」。

1917 至 1918 年間，布魯姆大力提倡要按照他定義的「共和君主制」來重新思考執法權。圖爾大會以後，他成為社會主義的領袖，其言論變得謹慎。然而 1927 年，他在介紹工人國際法國分部的「憲法綱領」時，還是堅定強調：「我們不把議會主義與政治民主相混淆。[2]」戰爭初期他一直保持這種想法。1941 年他在布拉索勒獄中撰寫的《人性層

---

1. Henri MICHEL, *Les courants de pensée de la Résistance*, Paris, PUF, 1952.

2. Léon BLUM, "Un programme constitutionnel", *Le populaire*, 22 novembre 1927, in *L'Oeuvre de Léon Blum*, vol. 3, 1928–1934, t.2, Paris, Albin Michel, 1972, p. 74.

面》中指出:「民主與議會主義無論怎麼説都無法等同,不可互換。」甚至説:「議會主義從本質上不是民主的。」他因此推論:「結論是,議會或者代議制不是一種適合於法國社會的真正民主政府形式,因此要尋找一種更適用於法國社會的形式。」他深被瑞士和美國的模式所吸引,希望給予全民公決體制重要地位,並試圖保證執法權「獨立而持續的權威。」但與此同時,他的論據乏善足陳,因為他強調的是法國議會主義的不足,認為由於缺少有組織、有紀律的政黨,使搗亂分子得以施行各種手段。這種猶豫在法國解放以後一掃而光。1946 年,他斬釘截鐵地寫道;「在我們這裏,直到新秩序,除了組織政黨,沒有可行而穩定的民主制。[3]」他的變化表達了那個時代人們的思想。

　　第四共和國憲法的制定,證明國家的各方政治力量終於達成共識。在此回顧一下幾個基本特點。第一個,立憲計劃(立憲國民議會1946 年 4 月 19 日採納) 表明選擇了徹頭徹尾的議會主義。這個計劃預示通過國民議會(議員絕對多數投票通過) 選舉部長會議主席。共產黨和社會黨是這選舉程序最熱衷的支持者,儘管當時最重要的立憲主義者勒內•卡皮當(René Capitant)[4] 在技術層面上堅決反對[5]。如果説共和國總統保留下來了,他首先非常明確地依靠議會,因為按規定,總統只由國民議會來選舉(三分之二通過的情況下)。關於這一點,憲法委員會會議記錄顯示,沒有一位發言者提出過普選。總統的特權也減少了許多。只是在經過激烈的爭論之後,由總統來主持部長會議、國防

---

3. *Le populaire*, 22 janvier 1956.

4. 勒內•卡皮當 (René Marie Alphonse Charles Capitant, 1901–1970),法國律師和政治家。他於 1930 年開始在斯特拉斯堡大學任教,同年成為知識分子反法西斯委員會成員。第二次世界大戰期間,他參與了抵抗運動。戰後他歷任臨時政府公共教育部長、國民議會議員和司法部長。

5. Assemblée nationale constituante, élue le 21 octobre 1945, *Séances de la commission de la Constitution. Comptes rendus analytiques*, avril 1946, pp. 83–84.

會議和最高司法會議才被接受，但是總統並沒獲得豁免權。所有這些建立純粹議會制的措施，被認為是實現了民主進步，左派尤其認同。人民共和運動則持保留意見，他們在輿論中已得到回應。由於在 1946 年 5 月 5 日的投票中，反對票佔 53%，憲法計劃最終以失敗告終。一個新的草案正在醞釀中，並減少了前一個計劃中議會體制的極端性。新草案規定，總統必須通過兩院選舉產生 —— 國民議會與「共和國理事會」來協調。草案回歸到委員會主席應由議會任命的決定，總統卻沒有解散議會的權力[6]。1946 年 10 月 13 日，勉強通過的第四共和國憲法（戴高樂主義者認為這是個糟糕的文本，沒有確立國家元首，根據戴高樂將軍的說法：「兩者其實為一體。」）又把國家拉回到過去的模式[7]。建立起來的機構與大多數歐洲國家相差不遠。但是與意大利一樣，黨派制度的破碎使議會制度非常不穩定，不太適合建立清晰而穩定的多數派。

20 世紀 50 至 60 年代，議會體制似乎展示出西方民主的穩固根基。魏瑪共和國的經驗只不過是遙遠的黑暗插曲。那時，只有兩個歐洲國家 —— 愛爾蘭和芬蘭的總統是公投選舉產生的[8]。前者，這個程序的引入與 1937 年愛爾蘭獨立緊密相關，而且對於居民來說，這象徵着新公民權。芬蘭，在 1917 年宣佈獨立以後，1919 年的憲法就確立了民選，但是按照美國間接選舉的模式，它是通過指定大選民來組織

---

6. 人民共和運動建議給予他這個權力。Assemblée nationale constituante, élue le juin 1946, *Séances de la commission de la Constitution. Comptes rendus analytiques*, octobre 1946, pp. 68–75.

7. 贊成票 900 萬，反對票 800 萬，600 萬棄權，100 萬空白票，實際上只有參加投票的 36% 人贊成這憲法。

8. 還應該提到葡萄牙。1926 年軍事政變後，1932 年薩拉薩爾成為委員會主席。1933 年他建議建立權威體制，總統經公投選舉產生（那時婦女文盲很多，遠離投票箱，只有有文憑的婦女有權投票，也就是說投票團體極為有限）。而這個選舉制是一種形式，總統席位被次要人物佔據，薩拉薩爾其實掌握絕對權力。

的。這些小國家的特殊情況完全沒有建構出一種新模式，因此也沒有引起任何討論。

美國特色

美國的總統選舉並沒有可普及性。其總統選舉也沒被認為更為民主。美國的選舉形式被認為是非典型的、形勢所迫的、不是好的選擇。1787 年憲法確立的時候，通過國會任命的提議被拒絕的同時，公民直接選舉的計劃也確實被否決了。通過大選民團命名得以排除這兩種假設。最初，組織選舉的實用因素（那時候在華盛頓調動那麼多人很麻煩）和某種選票的「貴族」視角[9]不謀而合，使這形式被採納。這絕非是民選的概念，特別是各州立法者可以根據他們選擇的模式來指定這些選民。有些州是立法者指定選民，其他州則選擇直接選舉，即把領土分成區，由各區指定選民。候選人在這樣的選舉中，很早就被認為是支持包括總統和副總統人選的「選票」。直到 1832 年，比較民主的程序才獲勝[10]。

在美國，公民開始參與候選人的選舉並非一步而成的。最初，這只是由地方權力指定人物組成的核心團體。自 1824 年，變成了政黨的協議。直到 20 世紀初，初選制度才出現，開始從本質上改變了

---

9. 亞歷山大・漢密爾頓（Alexander Hamilton）這樣捍衛該程序：「我們期待直接選舉通過這樣的人來進行，他們最有能力分析什麼質素適用於這位置，而且最善於在有利於辯論的情形下，在把所有引導他們的選擇的理由和動機明智地結合起來的情形下運作。由公民在大眾中選舉的少數人更具有從事複雜的研究所需要的信息和辨別力。」（Alexander HAMILTON, John JAY, James MADISON, *Le Fédéraliste*, Paris, Classique Garnier, 2012, p. 507）.

10. 北卡羅萊納州除外。但是新州如佛羅里達在 1868 年、科羅拉多州在 1876 年回到由立法者命名。

總統選舉的意義，大選民制度逐漸幾乎與直接普選有相似的效果[11]。在 20 世紀中的歐洲觀察家眼裏，這選舉沒有使執法人變得更民主。共和黨執法人由一人擔任，是由於國家獨立的最初條件、聯邦組織及人口稀少。這一切都因此使人認為這個制度是特殊的。甚至 20 世紀 60 代初，甘迺迪與尼克遜競選時引入電視所帶來的變革，也被報道成某種美國趣味表演，而非一種民主個人化的出現[12]。

在民主發展中，戴高樂體制標誌着決定性的轉折，普選執法人成為長期以來被忽視的權力民主化的關鍵。

戴 高 樂 時 期

使總統選舉走向民主的，是法國第五共和國，總統選舉逐漸擺脫了締造國家之父的形象，斬斷了與凱撒主義的聯繫。要了解這場運動的背後動力，還得回到體制的根源。其結構性的因素：確立強而有力的執法人是戴高樂憲法草案的中心思想。「我相信民主制度下的強而有力國家更適合於 20 世紀，而不是自由派們嚮往的軟弱而分裂的國家」，一位支持戴高樂制度的人如此概括[13]。這立場十分重要：確立一個不斷發展的現代社會，必須要有能馬上行動的權力優勢。但是在獨立權力和突顯優勢的意義上，戴高樂主義分別於立法者的願望與貶低立法權的觀點有所關聯。其原因是依附黨派和最高領導。戴高樂因

---

11. 「幾乎是」。因為在這種情況下選舉產生的總統沒有獲得多數選票。2000 年喬治・布殊當選就是這種情況。兩位「少數票」總統，拉瑟福德・伯查德・海斯（Rutherford B. Hayes）和班傑明・哈里森（Benjamin Harrison）分別於 1876 和 1888 年當選。

12. 那時有不少歐洲政界人物都不以為然。

13. René CAPITANT, *Préface à Léo Hamon, De Gaulle dans la République (1958)*, repris in *Ecrits constitutionnels*, Paris, Éditions du CNRS, 1982, p. 366.

此強調，議會「匯集了各種特殊利益的代表團。[14]」相反，由於它的統一結構，執法人的自然職能就是體現普遍願望和國家統一。在戴高樂看來，這是雙重結果。首先是把國家元首的職能與化身聯繫在一起，然後賦予他超越黨派的合法性。從 1946 年開始，將軍就呼籲通過比議會更大的選舉團來選舉國家元首。他因此嚴厲地批評美國總統制，認為彼岸的選舉程序更依從於黨派機器[15]（同時由於媒體的鼓噪及不莊重）。但是他還沒有考慮普選。而且眾多抵抗運動者們起草的憲法計劃中，沒有一個提及這樣的程序。對於熟悉 19 世紀歷史的人來說，凱撒主義陰魂未散，1848 年的教訓未夠深刻。[16]

　　1958 年情況也是如此[17]。一直等到 1962 年，法國才確立全民投票選舉總統的制度。時過境遷，如何解釋確立這制度，如今看來都很簡單。那為何與戴高樂主義民主制度如此緊密相連的選舉方法，要經歷漫長的過程來完成呢？首先，受到 1958 年的技術因素造成的困難影響，國家元首既是法蘭西共和國總統，又是法蘭西聯盟主席。第五共和國憲法，因此確實有聯邦制的特點（有些人比如勒內·卡皮當甚至提出法國—非洲聯邦）。普選可能會帶來一堆有關選舉的難題：是不是所有聯盟成員都是選民？是否可以考慮在法國大都市和聯盟地區採取不同的選舉方式？還未考慮阿爾及利亞的問題。

---

14. *Mémoires de guerre*, t.3, Le Salut, 1944–1946, Paris, Plon, 1959, p. 240. 他在 1964 年 6 月 16 日巴約的講話中也提到「代表團組合」。這就是為什麼 1958 年憲法第 23 條規定部長不得兼任議員。

15. Odile RUDELLE, "président de la République", *Revue française de science politique*, vol. 34, no. 4–5, 1984, p. 695 et 700.

16. Jean-Éric CALLON, *Les projets constitutionnels de la Résistance*, Paris, La Documentation française, 1998.

17. 1958 年的憲法宣佈總統由一個議員、省議員、全法市長、鎮長、人口多的大城市的市議員組成的選舉團任命（即差不多八萬人組成）。

但還有其他原因使 1958 年這個問題沒有提上議事日程。即使戴高樂後來有好幾次機會說，他「很久以前」就相信普選是唯一的總統選舉方式，但他也承認策略和戰略因素使他不得不謹慎[18]。當他很多對手都揭露他是潛在獨裁者時，他說自己應該考慮到這些預防措施[19]。他還不無驕傲地指出鑒於他的個人氣度，關係到他的問題都是次要的。1958 年他在解釋其地位時強調：「此外，我希望在開始時自己擔任國家元首的職務，鑒於歷史原因和當下形勢，我擔任的方式只不過是手續問題，對我的角色沒有影響。但考慮到以後，我決心在我七年任期內完善這建設。[20]」而且 1958 到 1962 年期間的四次投票，漸漸替代了全民普選，實際上取代了人民與戴高樂體制[21]。

　　1962 年，非殖民化已經完成，阿爾及利亞獨立。「技術上」的障礙消除了。戴高樂因此開始考慮如何保障他締造的共和國未來。他認為他的繼任者不具備他所驕傲的「個人方程式」[22]能力，所以決定通過投票來決定是否推行改革。辯論非常激烈，左派強烈反對。共產黨在 1958 年已提出政變、軍事獨裁和法西斯主義的危險，在投票時更是怒不可遏，尤其是「個人權力」有可能贏得廣泛贊同[23]。與此同時，共

---

18. 1962 年 10 月 4 日講話，*Mémoires d'espoir*, t.2, Paris, Plon, 1971, p. 18. 阿蘭・佩雷菲特 (Alain Peyrefitte) 或羅傑・弗雷 (Roger Frey) 也曾經提到過。雷奧・阿蒙 (Léo Hamon) 認為這只是後來的推論。("La thèse gaullienne", in *L'Élection du chef de l'État en France d'Hugues Capet À nos jours*, Paris, Beauchesne, 1988).

19. 他寫道：「目前為了不使國民幾乎一致贊同的運動受挫，我認為最好對自從路易一拿破崙以來的偏激保持警覺，公民投票在許多領域引起輿論重視。如果新憲法的實踐表明最高層掌握了並不專制的權力，那麼就是向人民提出決定改革的時候了。(*Mémoires d'espoir*, op. cit., pp. 19–20).

20. Ibid.

21. Olivier DUHAMEL, *Le Pouvoir politique en France*, Paris, Seuil, 2003.

22. 參考他 1961 年 4 月 11 日講話，援引自 Odile RUDELLE, "De Gaulle et l'élection directe du président de la République", art. cité, pp. 702–703.

23. Olivier DUHAMEL, *La Gauche et la Ve République*, Paris, PUF, 1980.

產黨把自己變成傳統議會主義最激烈的衛道士。社會黨黨員則明白，1946 年戴高樂巴約講話以後，萊昂・布魯姆對他的朋友們發出警告，他那時說：「戴高樂將軍所說的真正領袖是不對議會負責的共和國總統，但這個總統掌握實權，他手下的主要部長和部長會議主席代表他或者他的觸角……這是一種不可行的觀念……這不僅製造了一種個人權力，這種權力更會強行控制所有公共生活。哪個共和派能接受？[24]」他接着說：「主權必須來自人民，應該追根溯源，也就是說像美國憲法和 1848 年法國憲法所規定的，通過普選來選舉執法領袖。這才是制度合乎邏輯的結論……但是在法國，總統權力過渡到個人權力是一種對民主的威脅，通過普選把執法權交給一個人叫做全民表決。[25]」「對公投說不」—— 1962 年，一面牆壁上寫着這個口號。

本來強烈批評第五共和國的皮埃爾・孟戴斯—弗朗斯也全力揭露普選產生的「當權總統」具有「碾壓一切」的權力。他在 1962 年 10 月初出版的《現代共和國》[26] 一書中，談到「選出的王朝把權力集中在獨自一人手中，由他決策、命令、裁決。[27]」他接着說：「這種選舉形態不可能提供一種嚴肅的政治監督的因素；它甚至試圖把選舉團非政治化，迫使它放棄，習慣於喪失主權……這也給冒險家提供一種意外的機會。[28]」他以戴高樂巴約講話為掩護來證明他的保留態度[29]。弗朗索瓦・

---

24. 援引自 Serge BERSTEIN, *Histoire du gaullisme*, Paris, Perrin, 2001. pp. 105–106.

25. Le Populaire, 21 juin 1946, repris in *L'Œuvre de Léon Blum*, vol. 6, 1945–1947, t.2, Paris, Albin Michel, 1958, p. 218.

26. 再次發表於 *Œuvres complètes*, t.4, Paris, Gallimard, 1987. 弗朗斯與其批評的態度保持一致，拒絕成為第五和總統候選人。

27. Ibid., p. 775.

28. Ibid., p. 772.

29. 戴高樂談及獨裁時說：「開始時好像很有利。一些人充滿激情，另一些人屈從，按照獨裁強加的秩序，利用一種光彩奪目的背景和一個方向的宣傳，獨裁首先顯示出與之前的無政府狀態形成鮮明對比的活力。但這是獨裁在大行其道。」

密特朗 (François Mitterrand) 更加強烈，在他後來發表的《永恆的政變》[30] 中尤其言辭激烈。他談論着：「12 月 2 日的再現 [31]」、「完全被馴化的執法權」、「獨裁」、「被奴僕團圍繞的君主」，甚至「極權宣傳」。對於那些不久要去參加 1965 年總統選舉投票的人來說，戴高樂代表着這個國家的「波拿巴主義根深蒂固」，他是「熱衷絕對權力」的人物。自由派評論家們的批評同樣激烈。雷蒙・阿隆 (Raymond Aron) 在 1948 至 1952 年間曾經是法國人民運動聯盟的積極分子。他談到「專制憲法」、「一種凌駕於自由之上的神秘的合法性的創造」；[32] 在提到戴高樂時，更以「君主」相稱，説他是「典型的波拿巴主義行為風格」。他的結論是，建立這種體制只是「從根本上臨時的」[33]。

　　支持法屬阿爾及利亞的右派則激烈反對一個恥辱性的總統選舉模式。至少三分之二的政界呼籲反對 1962 年的選舉 [34]。但是當時有 62% 的法國人贊成改革，也就是説有很多人沒有在這個將於 6 月 18 日獲選的人身上看到獨裁者的身影 [35]。這個結果説明選舉人從這改革中看到了民主的進步，因為人民又被賦予了重要的特權。而相反，反對派沒有

30. François Mitterrand, *Le coup d'Etat permanent*, Paris, Plon, 1964; rééd. Paris, 10/18, 1965.

31. 指 1852 年 12 月 2 日路易・拿破崙・波拿巴通過普選以拿破崙三世的名義加冕為法國皇帝。——譯註

32. Raymond ARON, *La République gaulliste continue*, Preuves, no. 143, janvier 1963.

33. Raymond ARON, *Démission des Français ou rénovation de la France*, Preuves, no. 96, février 1959. In Raymond ARON, *Une histoire du Xxe siècle. Anthologie*, Paris, Plon, 1996; Frédéric LAZORTHES, *La libéral et la Constitution de la Ve République. Aron et le complexe français du pouvoir exécutif*, Droits, n°44, 2007.

34. 還不算國務院，它超越它通常干預的法律框架發表意見反對關於共和國總統選舉的法律計劃。我們也注意到左派對議會主權的捍衛通過原則上反對監控法律的憲法性而延伸。

35. 戴高樂自己顯示他深深打上了第三共和國初期反波拿巴主義的烙印。如果説他是「救國共和派」，他絕不同情凱撒主義。參見 Claire ANDRIEU, "Charles de Gaulle, héritier de la Révolution française", in *De Gaulle en son siècle*, t.2, Paris, Plon, 1992.

在一個民主政府領域裏試圖增強什麼。要麼他們像密特朗一樣只滿足於模棱兩可地揭露「虛晃的民主」[36]，要麼他們只是老調重彈，在承認代表與被代表之間默認的等級之上建立議會主權。這愈來愈讓人聽不下去。這就是為什麼法國會逐漸接受總統制。從公民的角度來看，首先是通過直接普選國家元首。開始時因捍衛這種制度被孤立的左派陣營，注意到各大黨逐漸站到他們這邊，公民願意介入總統選舉並對大選前的宣傳感興趣（那個時代電視正好興起），故這種選舉程序很快被合法化。1981 年，社會黨候選人當選使這程序在法國完全被接受。自 1962 年投票選舉 50 年以後，各政黨基本上以正面態度提及戴高樂主義傳統，這傳統最終成為共和體制的基石。

總統選舉的擴展

戴高樂一直受到國內一部分反對派的質疑，而在國外則被認為是個異類。現在回過頭來看，他開闢了民主歷史上的新時代，使馬克斯·韋伯所說的「形成慣例的公投民主」擁有了第一張個人面孔[37]。

20 世紀 60 年代初，戴高樂將軍在法國建立的制度非常特殊，深受開創者的個性及他重新掌權後引起的不安影響。沒人會考慮以此作為預示民主制度整體發展的一種模式。總之，這種制度在歐洲是非常孤獨的。我們在本書前言裏提過，這是因為歐洲大陸君主立憲的傳統，也因為兩次大戰災難留下了不可磨滅的記憶。但是一切都逐漸改變，及至全世界。

---

36. *Le coup d'Etat permanent*, op. cit., p. 240.

37. Laurence MOREL, "La Ve République, le référendum et la démocratie plébiscitaire Plébiscitaire de Max Weber", art.cité, p. 34.

非洲的去殖民化運動向歐洲大陸發出了擴大總統選舉的第一個訊號。一開始建立在法國模式之上的大部分憲法中，沒有直接普選執法人的原則。根據 1962 年在法國大都市採取的改革，直接普選逐漸宣傳開來：馬達加斯加於 1962 年，塞內加爾和中非於 1963 年都引入了普選。情況當然很複雜，因為許多國家獨立時都是一黨制，導致民選的原則與多黨制完全脫節。脫離殖民統治 50 年後，非洲的內戰和政變此起彼伏，一直動盪不安。但除了摩洛哥的君主制之外，其他地區的總統制度呈現出民主「自然」而令人期待的前景。21 世紀初，總統制更廣泛地被推廣。

　　在亞洲和拉丁美洲，走出獨裁和議會制度的演變引發了同一方向的運動。這些大陸像非洲一樣，最高執法人的普選背景，有真正的民主、凱撒主義的變種，甚至個人魅力型的民粹主義領袖，五花八門。但事實是，總統選舉被當作好的體制。僅以拉丁美洲為例，20 世紀 80 年代初，只有三個國家總統是通過公投競選的 —— 哥倫比亞、哥斯達黎加和委瑞內拉。30 年後，這種程序普及了（古巴除外）。而在歐洲，則出現了巨大的變化。這裏指的不是「老歐洲」，議會的形式在這塊變革土地上一直佔主導地位。而蘇聯解體推動了蘇聯陣營的國家走向總統選舉制[38]。

---

38. 應該指出，這種選舉不都是執法人總統制選舉。

超越總統制的總統制

1974 年，莫里斯・迪韋爾熱 (Maurice Duverger) [39]，當時法國憲法的主要人物之一，發表了一部帶有挑釁性的著作《共和王朝》[40]。他解釋在法國，一個人掌握統治權，普選的光環使這個人具有至高無上的合法性，他作出或者決定所有重要決議，領導國家政治—— 是一位君主。但他是位共和君主，因為他是經過公開投票選舉出來的，其授權是有時間性的，在某種程度上亦受到議會監督。他的話與 60 年前萊昂・布魯姆在 1917 年所言非常接近。布魯姆以此描述一種高效而有組織的政府，這個政府應該建構民主制度的未來。這個觀點在 20 世紀 70 代初的法國說出來，對許多人來說都是顯而易見的，因為戴高樂主義體制就是因為這而受到指責。但是迪韋爾熱不是想加入這個批評大合唱。他強調的是，所有民主體制正在超越形式上的不同，朝這個方向演變。在德國、加拿大、英國或瑞典等，最高執法人確實不是直接選舉產生的。但他認為，這些國家的執法選舉在本質上已是總統選舉，因為首相都是通過「遮掩的選舉」得到權力。他說：「我們觀察這些國家的議會時，把這些制度定義為多數派議會主義；但是看看他們的政府，我們得說這是共和王朝。[41]」布瑞恩・費雷爾 (Brian Farrell)，一位愛爾蘭學者也有同樣的觀察：「在幾乎所有政治制度中，執法權的至高無上並通過一個領袖而被個人化正成為政治生活的中心問題。[42]」

---

39. 莫里斯・迪韋爾熱 (Maurice Duverger, 1917–2014)，法國法學家、社會學家和政治家。他研究了不同國家的政治制度演變和運作。—— 譯註

40. Maurice DUVERGER, *Monarchie républicaine*, Paris, Robert Laffont, 1974.

41. Ibid., pp. 63–72.

42. Brian FARRELL, *Chairman or Chief? The Role of Taoiseach in Irish Government*, Dublin, Gill & Macmillan, 1971.

有兩部開創性的著作在此 40 年後發表，所謂民主制度中執法權個人化的社會政治運動並非一時的傾向，在憲法上通過民主總統選舉而完成。但與此同時，必須強調這些超越體制的特殊性。對於執法權趨同的最初分析，比此前對於個人化現象的理解走得更遠 [43]。這些分析通常與政治領域視聽媒體迅速發展相關，視聽媒體使傳統意義上的領袖的地位膨脹。個人化的觀點在過去也從沒用於理解民主體制。我們在前文已有很詳細的回顧。歷史上是指，最高領袖被認為具有專制體制的特性，與權力個體化（權力不合法的私有化和非自由化的同義詞）相重疊。民主制度中談及個人化，意味着在思想上與此前崇尚的非個人化決裂。

　　這種個人化總統制有多種形式 [44]，或是因為特殊憲法框架，或是因為每個國家元首特殊的性格。如果一位偉大人物可使人聯想到這種模式的出現（比如戴高樂將軍的氣概既是一個形象也是一個屏幕），經驗顯示，個人「氣概」愈來愈微不足道，民主總統制從今往後與執法人個人的「常規化」並駕齊驅。因此，後戴高樂主義的第五共和國可被定義為「沒有天才的凱撒主義 [45]」。因此個人化總統制的政治形式與其社會體現之間的差距愈來愈大。政治形式愈發膨脹，而社會體現則隨着「正常的總統」上台而日益縮小。我們還會提到，為贏得選舉需要的優點與一個好政府的優點之間的區別，也加大了政治形式與社會現實之間的差距。

43. Léo HAMON et Albert MABILEAU (dir.), *La personnalisation du pouvoir*, Paris, PUF, 1964.

44. Thomas POGUNTKE & Paul WEB (dir.), *The Presidentialization of Politics: A Comparative Study of Modern Democracies*, Oxford, Oxford University Press, 2005.

45. Olivier BEAU, "A la recherche de la légitimité de la Ve République", *Droits*, n.44, 2007, p. 88; Olivier DUHAMEL, "Vers une présidentialisation des institutions?" in Pascal PERRINEAU (for.), *Le vote de rupture. Les élections présidentielle et législatives d'avril-juin 2007*, Paris, Presses de Sciences Po, 2008.

這些不同的思考，使我們能更寬泛地理解總統治理的模式。這種模式建立在三個範疇之上：即功能、體制和憲法。前兩者對於所有現代體制來說都是共同的：個人化（功能的範疇）和執法權的優勢（體制的範疇）。就嚴格的憲法意義而言，反差則要大得多。總統體制並不是所有地方都存在的，而且總統無論是就其權力還是就其權力建立的形態而言都是多樣的。但如果從執法領袖出發來理解憲法問題，而且如果考慮到「被遮掩的選舉」這可能性，還有一種在憲法上一致的形式可以使總統治理模式的普遍化提到議事日程上來。

第七章
不可迴避與不確定性

總統制的民主動力

除了 20 世紀 60 年代經常被分析的政治個性化媒體運作[1]，個人化總統制還具有實質上的民主動力。有以下三個層面。

首先，總統制回應了社會的問責要求。民主制對於國家元首來說是一種責權制度，選舉只用來考驗民主制。承擔責任包含一種觀念，即是統治者依賴於被統治者。承擔責任只有在權力個人化的條件下才有意義，因為要確定是誰負責任，而一個議會從結構上而言是負不了責任的。雅克·內克爾 (Jacques Necker)[2]，現代第一位真正思考執法權的思想家非常強調這點。他在談到大革命議會時說：「一個權威無限的集體、一個活生生的集體瞬間變成抽象的集體，不需要同情，不需要憐憫，不擔心被判決也不用擔心被審查，我們怎能不害怕？[3]」政治立場與內克爾相悖的《人民演說家》主編弗雷隆 (Louis-Marie Stanislas Fréron)[4] 也有相似的分析。革命第三年，他呼籲議會同仁把執法權從他們「不可被侵犯的手中」撤出，交到「負責任的人手中[5]」。在他看來，責任肯定與民選相關。那時沒人聽得進這兩種對議會體制的批評，因為非個人化原則是不可置疑的。但是水到渠成，公民們確實感

---

1. 尤其是總統制與其個性化過程中，電視發展有決定性作用，特別是在總統選舉中。

2. 雅克·內克爾 (Jacques Necker, 1732–1804)，銀行家，曾任路易十六的財政總監。1781 年雅克·內克爾發表了他最有影響的著作《致國王財政報告書》。它是第一份王家財政公共報告。報告書的意圖在於教育公眾，讓公眾對政府的收支感興趣。公眾對政府財務的關心和意見對法國大革命的爆發具有重要作用。——譯註

3. Jacques Necker, *Du pouvoir exécutif dans les grands Etats*, t.1, s.1., 1792, p. 355.

4. 讓·路易·弗雷隆 (Louis-Marie Stanislas Fréron, 1754–1902)，法國記者，法國大革命時期的激進共和派，主張極刑處死路易十六及其王后，煽動了 1793 年圖倫血腥大屠殺。——譯註

5. Gazette nationale, *ou le Moniteur universel*, 24 floréal an III.

到傳統貴族代議制政府中的權力被收繳了。因為一切都在封閉的政黨圈子裏和議會的安排下進行。相反，執法領袖選舉的原則強化並且集中了職責。這個原則吸引了通常對於時局發展無關輕重的大眾（當候選人是即將離職的掌權者時尤其如此）。

其次，總統制還滿足了社會期待。政治化的總統制使社會的意願清晰起來。這首先隨着革命思想的消失而逐漸加強。無論是哪種表達方式，都是要把改變世界的計劃納入更廣闊的願景中。長期以來，為左派政黨提供了想像的馬克思主義就是依靠這類結構嚴密的理論。根據這種理論，歷史提出了民主現代化的基本意願。每個人都可以表達這意願，加入到伴隨並加快這歷史進程的組織中去。革命前景的消失導致了失落和絕望，從而把願望寄託在「偉大的當選人」身上。

第三，民主制度的個人化總統制符合公眾希望決策機構與機制更加透明的要求。在一個機構和機制極其複雜而且匿名的官僚機制日益龐大的世界裏，個人化總統制滿足了希望政界簡單而透明的期待。執法領袖的形象無所不在，所有言論都能發表，與以前政治行政制度不明朗的氛圍形成鮮明對比。因此，在公民眼裏，他們可以通過總統制重新把握政治。

總統制的這三個民主因素使這運動無法逆轉，但與此同時也引來質疑。因每個因素都自相矛盾。職責的確更明晰，但同時有可能出現空頭支票。直接表達意願可能會退化成「誠意表演」，導致巧舌如簧等同行動指揮。機構更透明的可能性最終可能只是幻影，是傳播的效果。民主的總統制因此既被質疑又不可迴避地推行。但我們不能只停留在如此粗略的判斷上。為了進一步分析，應該在這些被質疑的特點上，辨別出是執法領袖的機構和其合法化的問題、選舉的問題還是總統制度本身有問題，即執法權凌駕於立法權之上引申的問題。

通過選舉合法化的特殊限制

合法性的經典理論是權力授權理論，這理論使指揮權可以被接受。馬克斯・韋伯就是以這種方式建構著名的幾個類型，區分了合法統治即法定的、傳統的和魅力型。古列爾莫・費雷羅（Guglielmo Ferrero）[6] 在世界性衝突中深思熟慮，在《權力 —— 城邦看不見的天才》一書中也是這樣理解的。他強調：「合法性的原則就是權力的合法化，也就是指揮權。在人類諸多不平等中，沒有任何一種不平等像權力建立起的不平等這樣如此需要在理性面前為自己辯解。[7]」他認為，現代社會中，如果權力是自上而下的，合法性則是自下而上的，因為它包含了「那些來自應當服從的人的積極或者被動但真誠的贊同。[8]」贊同是以民主選舉來表達的。韋伯從邏輯上推斷：「民主的關鍵詞是直接選擇一個領袖。[9]」這確實是我們能給授權的民主下最言簡意賅的定義。所有當代關於民主領導力的思考，最終總歸結於韋伯關於魅力和民眾選舉之間的理論。擴展到全球範圍的執法人普選都證明了這是顯而易見的。但與此同時，這觀點不斷受到反對和質疑，因為選舉似乎不足以解決被統治者和統治者之間的問題。在沒有其他選擇下，選舉最終還是被接受，儘管經常是由於聽天由命。

問題在通過普選界定的合法化在總統制的背景下尤其明顯。執法領袖的選舉加劇了整個制度固有的壓力。壓力有四方面。

---

6. 古列爾莫・費雷羅（Guglielmo Ferrero, 1871–1942），意大利歷史學家、記者兼小説家，《羅馬偉大與衰落的作者》的作者。費雷羅把他的著作奉獻給古典自由主義。他反對任何一種專政和大政府。他在六年內被 20 次提名諾貝爾文學獎，1908 年曾被羅斯福總統邀請訪美，在美國做了一系列演講。——譯註

7. Guglielmo FERRERO, Pouvoir. *Les génies invisibles de la cite*, Paris, Plon, 1945, p. 18. 他區分了合法性的四個原則：可選舉的、繼承的、貴族的和民主的。

8. Ibid., p. 269.

9. Max WEBER, "Le président du Reich" (1919), in *Oeuvres politiques*, op. cit., p. 506.

首先是選舉中有兩種因素：挑選程序和合法化模式，而決定結果的是唯一的判斷形式，即多數派的原則。但是這兩種因素與這原則的關係是不對等的。這個原則輕易變成了指定競爭勝利者的四則運算，因為數字可以讓所有人達成協議。但是從因多數而獲得合法結果的角度來看卻是不同的。挑選過程的成功確實被未完成的合法化打了對折。在沒有真正的普遍意志下（這種普遍意志在公民表達之前從沒有存在過），兩者之間的差距在代議制議會的選舉中是有限的，被選舉者的數量和多樣化必然導致多種不同利益和意見[10]。但是總統選舉卻沒有這種特點。選出一個人並不啟動一個議會選舉框架內代議制修正的元素。選舉決定的受益者因此要特別經得起合法化的考驗。這種不足從數學上來說，在很多人棄權的情況下，表現為選民給當選者投票的數量最終不到登記人數的 20 至 25%。無論通過民意測驗還是社交網絡調查，意見分歧馬上顯出，民眾整體上通過這些形式來表達。社會人民與選舉人民之間的差別尤其明顯。

其次，選舉與理想候選人的優點和有效治理國家應有的優點之間的不同相關。好的候選人應該有能力吸引選民，他要做的是吸引人，顯示出親民一面，把不同民眾凝聚在一起，因此要做出各種承諾，儘管有一部分是相互矛盾的；或今天這麼說，明天那麼說。當然，各人的程度有所不同。而統治必須明確選擇，不可能長久地以不同的道路前進。統治就是要做出決定，不可能不撕破試圖永遠編織下去的政治謊言。因此，從制度上看，這種分裂會引起失望，導致對政界的排斥。但是如果只是選舉代表，這種分裂就不那麼明顯。如果代表們是反對派，他們一開始可以繼續持候選人的言辭。等到他們成為多數

---

10. 投票和黨派「代議制的特點」是這種有代表性的糾錯方式的兩個變種。

派，他們可以與他們組成的多數派中產生的政府作出的決定保持一定的距離，但是他們的立場固定在一個團體中。

　　第三，一場選舉要經歷相近原則和獨特原則之間的對峙。一方面選舉要顯出代議目的，當選者們要具有社會體現的功能。他們為此要靠近選擇他們的那些人，要符合這些人所尋求的形象，替他們分憂，要成為他們的代言人。當選者顯示出的優點應該是在任何情況下都是積極的。但是另一方面，人們又指望選出專家，要有區別於大眾的卓越天賦。用法國大革命時期常用的語言來說，代表們應該是「選舉出來的貴族」。就期待效果而言，選舉因此在有代表性的民意測驗或者抽籤的概念（兩種表達的技術方式）和競爭或考核的概念（具有挑選性質的層次劃分程序）之間徘徊[11]。相近與獨特的原則在由不同個性的人共同組成的代議制議會中，還可以找到一種平衡的形式；並同時想像加強兩種原則的程序和機構[12]。民選執法人的特點是沒有任何代議形象。不同的是執法人可以聲稱是全民族的體現，但是他又不能是隨便一個人[13]。這下子對手便能攻擊他的與眾不同之處，特別是他應對所有社會要求時引起的兩極分化之時。他全力抵擋，機械地成為「救世主」，步步設防。這只能加強他作為候選人時，承諾要改變世界的語言效果。人們只會更強烈地感受到，從選舉戰役中勝出而成為統治者的候選人，在實際中的無能與失敗。

　　總統選舉，因此以這三種方式呈現出與地方選舉或者代議制議會選舉結構上的不同。但是除了這種結論，執法領袖可能再次當選的問題也是在特定條件下提出的，這是第四個不同之處。為了更好地衡

---

11. Pierre ROSANVALLON, *Le Peuple introuvable*, op. cit.

12. 比如多種借助抽籤的建議和/或通過公民評審機構使得專家職能民主化的建議。

13. 看看所有法國關於奧朗德總統的「平常性」的討論，這是他作為 2012 年選舉候選人時自稱所具備的優點。

量這個特點，我們必須強調選舉的理論總是包含再次當選的思考。最後，這視角被認為是被代表者與代表之間的關鍵。再次當選的可能性確實會引導代表們預測選民的判斷，當下要如何表現就要考慮到再當選的可能性[14]。這是一種促使當選人遵守其承諾的方法。因為選舉者會根據候選人以往的行為來作出決定：這是所謂的回顧性投票[15]。就像離任的候選人不再有特權一樣，引入再次當選的前景和選民動機回顧這兩個特點已經確立[16]。這些因素與候選人長期的政治生涯相關，在地方選舉中有很大作用且通常是管理層面的關鍵，但是這些因素在更為純粹政治化的總統選舉中漸沒有那麼重要。最根本的原因是，在這種情況下，投票的否決性更為突出，同時給第一候選人實質性的好處，他的競選語言並不一定要與政府的行為相悖。在通常的選舉中，回顧性判斷和前瞻性判斷的效果被全面審視，因此在政治上、以統計的方式對每次特殊投票的特點修正，卻又不能對執法領袖的選舉有所作用。

總統制和非自由主義傾向

所有的投票選舉都是通過把唯一地位交給執法人來突顯，執法人選最終使這種過程走向極端。執法人有別於其他權力的合法性，提高了由此產生的當選人特殊個人地位。由於當選人與選民建立了直接聯繫，即可不通過政黨組織來賦予當選人「超級合法性」，這種超級合法性自培育出非自由主義。這種表現出不同黨派分歧、從本質上分離

---

14. 這已在 *Le Fédéraliste*, op. cit., article 10 中強調過，見 Bernard MANIN, "La réitération de l'élection", in *Principes du gouvernement représentatif*, op. cit.

15. Morris FIORINA, *Retrospective Voting in American National Elections*, New Haven, Yale University Press, 1981.

16. 美國政治學關於這個問題的著作非常多，關於這問題的綜述參考：Jeffrey M. STONECASH *Reassessing the Incumbency Effect*, New York, Cambridge University Press, 2008.

出來的微弱合法性立法權，與本質上以個人體現的強大合法性執法權之間隱含的高低之分，是戴高樂主義觀點的中心。戴高樂為此作了長篇大論的解釋[17]：「新憲法的精神是保留一個立法議會，使權力不再是黨派的事，而直接來自於人民。這意味着全民族選舉的國家元首是權力的來源並掌握權力。」這是在隱悔地批評，嚴格分權的美國總統模式，他認為這模式不適合在黨派僵化的法國實行。他在思想上更進一步，認為這種總統制就是使權力集中合法化。他沒有含糊其辭，給大家留下深刻印象。他強調說：「顯而易見，人民把國家不可分割的國家權威完全交給他們選出的總統，除此之外不存在其他權力，無論是部長、民事的、軍事的還是司法的。」在他看來，在日常情況下，國家元首的職能與行動範圍和總理責權之間的區分只為了方便管理。

總統制潛在的非自由化由此而來。這種潛在的可能性並不直接來自於極端個人化，而是來自於這種現象與民主制狹隘的多數觀念。多數規則的問題——我還要回到這點——把證實的原則與決策技術疊加在一起，而兩者的性質不同，產生的後果也不同。作為程序，多數派原則的數學層面很容易被接受，因為所有人都同意 51 比 49 多，採納這原則可以無可爭辯地強加一種選擇，賦予民主「最終話語權」。但是從社會學角度來說，我們不能說多數就代表全民，多數只是指定了人民中的一派，即使這派是佔主導地位的。然而，通過投票產生的權力合法化，總是讓人以為這就是普遍意志[18]。其實只是貌似最大多數的人在表達願望。民主選舉的表演是建築在這個虛構基礎上的。這個虛構在技術層面是有道理的，但是我們要記住虛構的特性。因此，考慮以

---

17. Conférence de presse du 31 janvier 1964, reprise in Charles DE GAULLE, *Discours et messages*, t.4, *Pour l'effort*, août 1962–décembre 1965, Plon, 1970, pp. 162–182. 下面的引文是這一會議講話的片段 (pp. 164, 168)。還有戴高樂在 1967 年 5 月 16 日記者招待會上的講話。他把執法人選舉貶低為「地方競爭」，而他自己是「全民族選舉出來的」。

18. *La Légitimité démocratique*, op. cit.

這種方式獲得的權力合法性受到限制。比如說，這種限制採取了承認個人不可觸犯的權力形式。這種限制還通過建立權力的平等，使選舉賦予的權力合法性不等於權力的所有行動和決策都自然生效。普選執法領袖根據選舉的特性提供嚴格的功能意義上的超級合法性，因而強化了民主假像。凱撒主義則建立在功能的超級合法性（它導致權力的等級化）與以表達普遍願望為基礎的民主正當性之間的模稜兩可之上，總統選舉框架內包含了假設的民主正當性。凱撒主義把這種含混不清延長，根據代表人數的原則衡量所有的社會表達。拿破崙第三因此認為有理由限制報刊自由，說是報刊沒有任何代表性，記者們只是表達他們各自的意見，因為他們不是被選出來的，而權力則有這種特點。因此，在他眼裏報刊是「公共權力的不合法的競敵」[19]。

在戴高樂主義時代，如此鮮明的地向非自由主義的傾斜言論在某種程度上緩和了，變得收斂，故此法國仍是一個法治國家。但是在邏輯上，這很可能是在為真正的專制政府辯護。比如俄羅斯普京總統的支持者、土耳其埃爾多安總統的擁護者或如今各大洲一帆風順的「獨裁當選者」所捍衛的「主權民主」教義中的「原教旨」。

關於「不可能倒退」的觀念

凱撒主義的幽靈引發了對民主總統制宿命般的恐慌。說到不可逆轉的現象時，人們表達的就是這種恐慌。「我們不能倒退」——這的確

---

19. 一位體制的擁護者寫道：「它（媒體）無權選舉，卻試圖引導選舉；無權躋身於辯論團，卻試圖影響辯論；無權進入君主顧問委員會，卻試圖引發或者預期政府行動；沒有接待過來自省、區、鎮、村的任何一個代表團，卻要統治國家。總之，它試圖用它的行動取代所有已經建立起來的平等權力行動，卻實際上沒被授予任何真正的權力。」(Bernard-Adolphe GRANIER DE CASSAGNAC，我曾在《未完成的民主》一書的關於凱撒主義和自由主義民主的章節中引用。pp. 214–215)。

是那些詬病總統制時常用的說辭，與此同時，這也是為他們對民選執法領導制度的建立持保留態度的辯解。這是迴避問題的方式。這種不可能性的性質到底是什麼？由於習慣？根據使反對意見很難提出來的蠱惑人心的論據？就是說，普選一旦被採納，這就是個「不可抵抗的」事實，必不可能再批評普選。回想 19 世紀後的幾十年，歐洲保守派最終正是以這種方式思考普選的。這種不可抗拒的回憶，使他們得以在思想上貶低這種選舉，同時在實際上同意實行普選。他們贊同的是一種「無能的睿智」[20]。我們如今不能再持這種態度。總統選舉應該從原則上被證明是正確的，而不只是對歷史讓步。論證的根據是總統選舉動員了公民，賦予他們重要性和尊嚴[21]，使他們對政治感興趣。即使如此，我們也看到普選加劇了所有選舉帶來的危險、疾病與局限。真正的藥方有雙重效果。首先是把總統制當作體制來組織，可以控制政府向非自由主義傾斜；其次是把它當作民主政府來思考。

---

20. *Le Sacre du citoyen*, op. cit, pp. 324–338.

21. 第一輪選舉制度使得公民參與選擇候選人，加強了政治歸屬感。

第八章
非自由主義準則

如何為繞不過去又無法抵抗的總統選舉制度，制定規則來避免走向邪路？曾被提及的有三個方向：制定選舉框架、重新制定民主議會制、回到非個人化權力。

制定選舉框架

在所有選舉中，執法領袖的選舉是大多數憲法中限制最嚴格的選舉。憲法因此普遍預先限定了當選次數或者規定連任條件——規定總比議會或地方選舉更為嚴格。當在任總統嘗試修正有關這種限制的憲法時，體制便開始走向專制[1]。

為了向當選人施加壓力，讓他們信守選舉承諾，也會經常提出引用罷免條款的可能性。關於引入這程序的辯論歷史悠久，我們在古代就能找到蛛絲馬跡。在討論法國大革命或者美國憲法時，也有相關辯論。巴黎公社的例子經常被提及——馬克思關於這個問題的著名論述，還有 1917 年列寧關於蘇維埃政權組織的承諾[2]。但是必須強調的是，比起詳細討論如何落實罷免程序，這個問題更常在民主理念的浪潮下被提起。

罷免的觀念比表面上看起來要複雜得多。在歷史上，它屬於三個不同的範疇。

首先，這是針對罷免公職人員的法律程序而實施。比如美國的彈劾，有好幾次是在指控總統。罷免程序非常繁複，開啟程序的條件相

---

1. 修訂憲法規則的重要性就在於此，因此選舉中簡單的大多數原則可能有所不足。

2. 1917 年 11 月 9 日關於工農政府組成的法令，這個法令賦予蘇維埃會議和中央委員會以罷免人民委員的權力。（LÉNINE, *Œuvres, Paris-Moscou*, Éditions sociales, 1958, t.26, pp. 270–271）．

對模糊，有道德和政治兩個不可分割的層面。美國的彈劾制度是英國一個傳統程序的複製，特別是在採取嚴格分權的背景下，被美國的建國之父們作為「通過立法機構束縛執法人的韁繩」（漢密爾頓的說法）。就其根源而言，是一種「古老」的方法。在沒有執法人行使責任的特殊制度下，是一種平衡機制，就像歐洲面對議會部長責任制的概念[3]。除了重大罪行，這個程序現在變得難以考量，因此絕對不能等同於某些西歐國家存在的召回制度，當然也不能等同於面對議會的政治責任制。

其次，罷免可能來自強制性授權，因此是對當選人沒有信守選舉承諾的懲罰[4]。在 19 世紀這個概念經常被這麼理解的。這種懲罰可以通過兩種方式來實現。一種是投票通過罷免的重新選舉；另一種是以法律形式，選民以當選人不遵守承諾為由起訴他們。在這種情況下，政治授權被認為與公民授權相同。從 1880 到 1890 年，法國經常在討論這兩種方法的眾多法律建議[5]。這些建議都以牽涉到保護當選人的自由代議制政府傳統觀念為緣由，並且由於實際操作有困難而被否決了。

要求罷免最後可能僅僅是由於當選人的行為或行動引起的負面政治結果。在這種情況下，它與民眾發起的公投有關。美國的 19 個聯邦州的召回程序就是如此，其中只有七個州需要特殊原因來開啟這項程序[6]。在這些州裏，許多當選人，從州長到下屬都可能被涉及到（這些程序在這兩種情況下都會導致州長辭職）。通常在這種情況下確實會提到

---

3. 《憲法》預定的發起一個行動的動議：「叛國、賄賂或其他重罪和輕罪」，來自古老的英國法律。

4. 這一現象有別於「政治遊牧」，後者是選舉後當選人改變了政治聯盟。

5. *La Démocratie inachevée*, op. cit., pp. 255–266.

6. Thomas E. CRONIN, *Direct Democracy, The Politics of Initiative, Referendum and Recall*, Cambridge, Harvard University Press, 1989. 比如在喬治亞州召回程序限於挪用公款；在羅德島州僅限於當選人違反道德法。至於啟動程序的條件，舉例而言，加州是收集了佔最後一次選舉 12%（最低限度）的投票人的請願，這個比例在堪薩斯州上升到 40%（平均值為 25%）。

罷免的可能性。在這方面正如在公投的組織中，普遍原則不是微不足道的，程序的細節非常重要。如果啟動罷免公投只需要一定數量的選民發起（比如 5%），而且可以隨時啟動，包括在大選不久之後，這種動議就沒有任何意義。相反，如果組織條件非常嚴格，這就會成為一種與特殊情況相關的求助工具。比如魏瑪憲法第 43 條，就是針對這點而寫的，這條法律預見帝國總統可以通過民眾投票被廢黜，但是民眾投票只有在三分之二的議員要求下才能進行投票。有兩個國家，伯利茲和委瑞內拉，都在實行這種機制。在委瑞內拉，如果 20% 註冊選民要求舉行罷免公投，程序就會被啟動。如果贊成票數高於之前當選總統所得票數，此外至少 25% 的註冊選民參加了投票，總統即被罷免。2004 年，在這個限制非常嚴格的基礎上舉行的推翻查韋斯總統投票就以失敗告終。罷免伯利茲的條件就更加苛刻。

　　法國通過 2007 年憲法修訂引入的罷免總統程序（第 67 和 68 條）是這種政治方法的微小變異。根據改革發起人的報告，其目的是要在關係到國家首腦地位時，不僅僅推行「不可忍受的」司法豁免權，停留在「不會幹壞事的國王」的理論上[7]。報告提到引入「保險裝置」。但是這種廢黜程序的司法性質並沒有清晰界定。在強調並不是要「引入一種政府必須服從的政治責任」時，它同時指出這可能是刑事責任，即採納了「把國家首腦的責任置於政治領域」這樣的模糊表達。其實，這是要

---

7. Pierre AVRIL, *Rapport de la Commission de réflexion sur le statut pénal du président de la République*, Paris, La Documentation française, 2002, p. 5. 以下引文來自同一報告。

建立面對特殊情況的特殊程序[8]。這被認為是一種總統制疾病的平常調理方式。

總之，要強調的是，無論哪種形態，罷免程序是選舉修正的重要部分，這程序啟動後便要求組織新的選舉。因此，這程序屬授權民主的範疇，以選舉作為完成民主大業的基礎。

重新建立議會主義民主？

民主的總統選舉幾乎都伴隨着理性的議會主義[9]。這種形式旨在通過制定防止長期政府不穩定的危機措施為議會活動制定框架。這種長期的不穩定來自於 19 世紀和兩次大戰期間，建構的議會主義理想會議體制。這些體制從根本上通過採納限制議會運作程序機制（解散議會、規定提交審核動議的期限、從嚴實施一項動議的多數通過條件等）或者通過有利於絕大多數表達的選舉技術（比例限定，進入第二輪選舉等），使啟動部長責任制更為困難。無論如何，目的是要以立法權「保護」執法權，說白了就是限制議會推翻政府的可能性。第一次世界大戰以後，德國是第一個朝這個方向發展的歐洲國家。當時制定了非常苛刻的審核動議條件，只有在反對派能夠形成合理多數的條件下才能審

---

8. 共和國總統「不對既成事實負責」（《憲法》第 67 條），但是如果他「不作為，顯然不稱職，他可能被罷免。」（第 68 條）罷免由最高法院議會宣佈。除了屠殺或者背叛，報告舉了以下例子：「顯然濫用憲法特例為組織機構造成障礙，比如一再拒絕頒佈法律、召集部長會議、在部長會議中簽署法令、認可條款，甚至在條件不具備的情況下決定執行第 16 條。」Olivier BEAUD, "Sur le soi-disant impeachment à la française. Réflexions sur le projet de loi constitutionnelle instaurant une responsabilité politique du président de la République", *Recueil Dalloz*, n°39, 2003.

9. Philippe LAUVAUX, *Parlementarisme rationalisé et stabilité du pouvoir exécutif*, Bruxelles, Bruylant, 1988; Pierre AVRIL, "Le parlementarisme rationalisé", *Revue de droit parlementaire*, numéro spécial, 1988.

核。在英聯邦，求助於解散議會成為加強執法權的決定性手段，這實際上使執法人掌握了選舉日程的決定權。法蘭西第四共和國，還有意大利，卻一直停留在傳統議會主義之中[10]。而法蘭西第五共和國則標誌着與之前體制決裂。《憲法》第 49 條確定了政府面對議會的政治責任，引入了把此前議會主義「理性化」的機制。尤其是必須經大多數議員通過才能採納審核動議，這改變了政府被置於少數派的必要條件 (不確定者的棄權不計在內，這相當於加強了大多數的必要性)。還有「承擔責任」的制度 (49-3)，允許政府通過不經投票處理的文件，除非 24 小時內通過一項審核動議[11]。解散的權利則補充了執法人和議會之間力量對比的反轉。這些措施，與其他國家的模式都近似，使政府成為第五共和國政治的中堅機構[12]。

而這個問題是否存在法國特色？法蘭西第五共和國是否一種非常具有威脅性的超級總統制的典型？法國人對凱撒主義的記憶猶新，因此非常警惕民選可能帶來的病毒。戴高樂主義居高臨下的詞語也加劇了滑向獨裁主義的恐懼。但是從國際視角來看，法國的總統模式從根本上其實已逐漸步進常規[13]。法國正像其他國家一樣，議會的政治角色在國家領導中是次要的[14]，執法人的地位已上升，議會監督、評估和質詢的作用同時被加強。2008 年一個大規模的憲法改革，便根據這個方

---

10. 在法國，好幾個抵抗運動組織制定了計劃。1945 年以後，尤其戴高樂陣營和保衛共和聯盟的陣營捍衛理性議會主義的原則，而社會黨和共產黨則爭先捍衛傳統議會主義。

11. 實施這條文經常被批評，2008 年限於某些領域的條文 (財政法、社會保險資金法) 並且在其他領域減少到每次議會一次。

12. 美國分權制度從此成為例外。

13. 我們不談法國獨有的執法二元制，其運轉根據情況而定，總統選舉和議員選舉相繼舉行，任期相同 (五年)，不足以使組織規範化。我們稱之為「混合憲法」。

14. 每個國家程度不同，但是實質相同。

向修正了憲法第 47 條 [15]。推動改革的報告提到:「通過加強議會權限和作用,使機構達到新的平衡」,並且強調「鬆動合理化議會主義老虎鉗」的迫切需要 [16]。但是新引入的議會權力特別加強了監控能力和諮詢義務 (關係到某些任命或者金融方面),組織內部有更大的自由,制定立法框架更為靈活,反對派的作用得到承認。這些都是職能的「重新議會化」,迫使執法權更透明,使議會更警醒。但是重新議會化並沒有把統治機構相對於議會在政治上的優勢顛倒過來,甚至強化了總統相對於總理的地位 [17]。

專制和/或民粹主義的超級總統制在世界上很普遍。在這種情況下,狹隘的「多數派選舉制」盛行。我們上文強調過,盛行的體制基礎和修辭都與第二帝國時期法國模式相似。民主君主制顯然有別於普通總統制,歐洲還存在着七個這樣的國家。但是如果這些國家的執法領袖是通過上文所說的「掩蓋選舉」來指定,哪怕只是憲法意義上的、不掌握實權的世襲君主實際上改變了制度特性,權力個人化的傾向使君主被社會支持所制約。

這些區分當然不是為了對總統制固有的弊病視而不見。重要的是,懂得民主制擺脫這些弊病並非要通過政治意義上民主制度的「重新議會主義化」。本世紀初,那些曾經在法國宣揚建立「第六共和國」

---

15. 2008 年 7 月 23 日憲法即第五共和國機構現代化。Jean-Pierre CAMBY, Patrick Fraisseix et Jean GICQUEL (dir.), *La Révision de 2008: une nouvelle constitution?*, Paris, LGDJ, 2011.

16. Edouard BALLADUR, *Une République plus démocratique*, Paris, La Documentation française, 2007, pp. 4, 6.

17. 現在確實這樣注明:「總統決定國家政治」(而總理只是「實施」)。然而總統權限減少為兩個任期,每個任期五年。

的人最初就是這樣思考的 [18]。他們希望借鑒「英式首相制體制」，而與第五共和國決裂。在這種情況下，他們建議的不只是一個更活躍的議會，而且要使議會成為制度的中心。在這些改革者的計劃中，總理由總統任命，但是總統要「考慮到全民和國民議會大多數的意願」(計劃第9條)。也就是說，總統能任命在選舉中獲勝的聯盟領袖，卻不能罷免他。由此加強了這位更有自主權的總理權力：由他挑選並任命部長；決定部長會議的議題(哪怕他不主持會議)。為了不重蹈第三和第四共和國議會制政府的覆轍，他要掌握一定權力；有一定的施展空間來推行其政策；有解散的權力；可以為所有法律計劃舉行公投；可以借助當前法律第49-3條措施來推進採納特殊財政法。這位不是由人民選舉產生的總理，對國民議會負責。這個計劃維持總統普選(任期延長至七年)，但是他被置於「裁決職能」的地位，不再有統治的特權(甚至在外交事務上，因為他只是被「告知」所有關於國際協議的談判)。因此他成為一種立憲君主。但這是選舉產生的君主。這是最敏感的地方，因為這個前景完全沒有提到被削弱的總統普選導致的合法性衝突，而總理只享有「掩蓋的選舉」的合法性。這就是為什麼對當代總統制最嚴謹的批評，最後要麼提出裁決總統的議會選舉，要麼是讓一個軟弱但世襲的國王上台。

18. 社會黨人阿爾諾・蒙特布赫 (Arnaud MONTEBOURG) 和左翼黨讓・呂克・梅朗松 (Jean-Luc Mélenchon) 都支持這種看法。見 Bastien FRANÇOIS & Arnaud MONTEBOURG, *La constitution de la 6e République. Réconcilier les Français avec la démocratie*, Paris, Odile Jacob, 2005.

非個人化的新道路

　　如果説與非個人化的舊世界決裂，是民主總統制的主要特點之一，新的非個人化的形式卻與此同時在當代政界出現了——這些形式對非自由主義傾向非常糾偏。民主制日益增強的憲法化是明顯的。如今正是在這種模式的基礎上，回歸到法律至上的古老理念正在形成。我們驚訝地發現，憲法條款中令人滿意的特點，正是指望從 18 世紀法律中得到的——簡潔明瞭、穩定且條文不繁瑣。最大的區別是負責監督遵守法律的機構不只是被動地執行。在對內容理解有爭議的情況下，解釋法律條文的是憲法法院。假若憲法法院決定了機構集體行使權力的這特點，讓人想起古老的執法觀念，這些憲法法院卻是極其活躍的。從今以後，憲法法院的自主權就是防止政府滑向專制主義的最有保障防線[19]。

　　獨立監督與調節的權威機構監管愈來愈多的經濟、社會甚至政治（如選舉組織）生活，其民主地位還沒有理論根據。這種權威顯示出另一種回到非個人化的形態。這些同樣建立在集體領導模式上的機構，其特點是公平。這些機構處理罕見現象；監督某些市場運作；捍衛權利；避免徇私、控制、歧視、專斷；避免權利平等、個人自主權或某種公共資源遭到破壞。它們行動的客觀並得到社會承認。這些機構通過留意競爭機制的運作和保持共識來維護這客觀性。如今民主制中「客觀的」權力就是在這個形態之上再生的。這樣的權力與特殊職能及界定清晰的干預範圍相關。這些權力的建立既是公民施壓的結果，也是政府部門讓步的結果。這些權威的發展豎起另一道抵擋非自由主義的牆。因此在民主總統制時代，其生命力變得像立憲法院一樣重要。

---

19. 我們還注意到大多數民粹主義或者反體制政黨呼籲取消憲法法院，民主制對他們來説只是授權的主要程序（他們也因此對公投情有獨鍾）。

這種生命力不應等同於去政治化。這兩個範疇的機構其實不是在民主視野之外的，它們甚至是核心。但是它們符合實現普遍願望的其他形態，而不是來自於選舉多數派的判斷。它們的確是納入了「有實力表述」普遍利益的體制[20]。這些機構監管並調節統治機關，但不敢取而代之。它們在所有領域發生衝突且需要裁決時，有很大的討論餘地，比如在經濟管理、公共政策、法律觀念等領域。

這些機構因此不具有明確的反政治和反民主的思想，這種非個人化暗含經濟憲政主義的觀念。比如詹姆斯·布坎南（James Buchanan）[21]延續哈耶克（Friedrich Hayek）的著作，把這個觀念理論化[22]。這些作者回到18世紀只由市場調節的烏托邦，這個烏托邦被認為表達了最客觀的規則，即自然法則。哈耶克根據這種觀念把「市場論」作為可與民主競爭的典型，人的意願在其中沒有任何影響，因為人的意願被認為是武斷專橫的，無論是由於信息不全還是黨派的原因。芬恩·基德蘭德（Finn E. Kydland）[23]和愛德華·普雷斯科特（Edward C. Prescott）[24]的研究描述了這前景。他們論證出，執行一個穩定的規則比由政治決定產生的效果要好得多[25]。在他們或詹姆斯·布坎南或哈

20. Dominique ROUSSEAU, *Droit du contentieux constitutionnel*, 9e éd., Paris, Montchrestien, 2010.

21. 詹姆斯·布坎南（James Buchanan, 1919–2013），美國著名經濟學家，1986年獲諾貝爾經濟學獎。——譯註

22. James BUCHANAN, Constitutional Economics, Oxford, Blackwell, 1991; 我的文章："Le mirage de la constitution absolue", in *La Légitimité démocratique*, op. cit., pp. 238–242.

23. 芬恩·基德蘭德（Finn E. Kydland, 1943–），挪威經濟學家，2004年諾貝爾經濟學獎獲得者。——譯註

24. 愛德華·普雷斯科特（Edward C. Prescott, 1940–），美國經濟學家，2004年諾貝爾經濟學獎獲得者。——譯註

25. Finn E. Kydland & Edward C. Prescott, "Rules rather than Discretion: The Inconsistency of Optimal Plans", *The Journal of Political Economy*, vol. 85, n°3, 1977. 他們於2004年獲得諾貝爾經濟學獎。

耶克看來，自動調節機制的規則甚至可以排除選擇另一種的可能性。這是一種極端的非個人化，而不是與獨立權威機構和立憲法院的活動相符合的非個人化。

與這種職能的非個人化有所不同的，還有「人數決定的政府」[26]的治理方式。舉例說明第一點，這個例子是每天的頭條。歐盟國家在2013年1月1日開始實施的關於穩定性的條約裏，規定了可接受的預算虧損額、經濟和貨幣聯盟中的協調與管理。所有歐盟區的居民知道被允許的赤字最高額度是國內生產總值3%，因為這是每天討論的話題。這個標準經常被質疑，如何實施也在沒完沒了的談判。我們稱之為「自動調節」[27]。但是在這種情況下，這不是布坎南和哈耶克所指的經濟憲政主義。其實只是在政治上統一的歐洲缺乏一個憲法，而在相關國家沒有真正的共同財政管理下，這些數字只是用來作為最低限度的替代標準。當我們在其他問題上都無法協調時，至少可以在自動調節這點上達成一致。治理的概念也是一樣的。它是指相互調節和決策的模式，把錯綜複雜而延綿不斷的談判和妥協進程中的多種因素（國家、非政府組織、個人行動）聯繫在一起，而這些因素並不在一個標準等級化的領域裏。在微觀經濟的層面上，這相當於權力分散和參與管理。在國際層面上，我們想到氣候大會。這也是在沒有世界政府的情況下，東拼西湊的合作範圍內的替代制度（可惜效果微弱）。這種通過管理和數量決定的政府，並沒有明顯顯示出非個人化。這是一種準政治和準民主之間的形式而已。

26. Alain SUPIOT, *La gouvernance par les nombres. Cours au Collège de France* (2012–2014), Paris, Fayard, 2015.

27. R. Kent WEAVER, "Setting and Firing Policy Triggers", *Journal of Public Policy*, vol. 9, n°3, 1989.

本章很快地瀏覽了限制總統制非自由主義的不同潛在危險及其關鍵作用，但是沒有列出關於民主權力在日常實行中的條件。這些問題將在下章探討。

第三部分
掌握民主

第九章
被統治者與統治者的關係

問題的出發點是：如今沒有政府行動的民主理論。我們已解釋過這個問題的歷史原因。但是我們還可以更進一步 —— 從來沒有真正的政府理論。所謂的執法權確實一直存在，但它只被理解為執法人的任務。對於掌權者來說權力本身就是合法的。他們要知道如何讓人服從，傳遞動力，疏導不滿情緒，操縱力量，排除對手。對他們說來，統治就是運用力量、詭計、誘惑力來獲得並保住地位。因此，這種民主理論對他們說來毫無用處。指揮人並且操縱思想足夠幫助他們完成這些任務，當然還有那些在強人身邊觀察其成功經驗和失敗教訓的人的建議。一本為領導撰寫的關於權力運作的讀物反映了這事實。在思考如何創立一個關於民主政府的理論之前，要先留意這種讀物，哪怕只是為了掂量有多少工作有待完成。為此，我們來看看 16 世紀馬基雅維利和德・科明尼斯 (Philippe de Commynes)[1] 的著作，那些闡明國家理性的經典思想。那時歷史在加速發展，政府深感政權岌岌可危。政權的不穩定與伴隨着法國民族國家的崛起，或意大利各公國之間的對抗外部動盪有關。但是其脆弱也有內部因素：領導意大利城邦內反對意大利大家族統治的民眾或者管理法蘭西的領土擴張。因此，在當權者耳邊吹風的大臣們探索各種可能條件，掂量着「權宜之計」和「微妙之處」，使他們得以保住且鞏固統治。他們感興趣的不是法律和重大原則，而是執政的藝術。對他們來說，統治的重心就在於此[2]。

---

1. 菲利普・德・科明尼斯 (Philippe de Commynes, 1446–1511)，文藝復興時期法國作家、外交官、政治家和歷史學家。他被稱為「第一個真正的現代作家」和「古典時代以來哲學史學家」。他的法國君主時代的編年史以《回憶錄》(1524 年) 被翻譯為多種語言，影響至今。——譯註

2. 我們注意到馬基雅維利筆下經常出現「執行」這個動詞。

主宰者的理性

　　從 16 世紀中葉開始，歐洲各地的宗教戰爭分裂社會，使權力變得脆弱。這是內部大規模衝突出現的直接原因，也就是人類學上的原因。因為對抗浮出水面的改革觀點的結果是改變了個人與權威的關係，使絕對服從的關係變得鬆散，同時增強了獨立意識的權利。總之阻斷了對現存政權的絕對服從。1576 年，讓・布丹 (Jean Bodin) [3] 發表了《共和國六論》，從憲政的角度對這種脆弱作出了回答。他的理論是，把國家作為強大的主權，把統治者與被統治者分開，在掌控兩者之間的距離和權力集中的基礎上建立公共秩序。他認為，這種主權是永恆而絕對的，使所有子民處於同一隸屬關係之中，是保證內部秩序與和平的條件。布丹提出的加強制約權的手段，以及前所未有的國土與人口管理形式，使他成為現代國家形式發展的主要奠基人。但是這種主權的思想不足以實用地解決指揮和服從問題。此後，還要界定日常政府的形式，組成政府的人不能僅僅倚仗力量或者神聖不可侵犯的權勢。第一個提出真正開放性政治新時代的是荷蘭萊頓的哲學家朱斯特・李普斯 (Juste Lipse) [4]。他強調：「用一個大腦來抓住並限制那麼多大腦，而且把如此龐大的、令人不安的、不和諧而躁動的群體置於服從的統一桎梏下，是多麼繁重的任務啊。[5]」他像布丹一樣，由衷地呼籲要建立一個能保障秩序和安全的國家機器。但對他說來，指揮的能力

---

3. 讓・布丹 (Jean Bodin, 1530–1596)，法國法學家，曾任王室檢察官、亨利三世的宮廷法律顧問。他是近代西方最著名的憲政專家，他的《共和國六論》被譽為西方關於國家主權學說的最重要論著。——譯註

4. 朱斯特・李普斯 (Juste Lipse, 1547–1606)，荷蘭人文主義學者，被蒙田認為是最有學問的人。他創立的新斯多葛主義思想影響了許多同時代思想家，被認為是文藝復興時期最偉大的學者之一。——譯註

5. Juste LIPSE, *Epître dédicatoire* (1589), 見 Michel SENELLART, *Les gouverner. Du régime médiéval au concept de gouvernement*, Paris, Seuil, 1995. p. 232. 這本書與 *Della ragion di Stato de Giovanni BOTERO* 同年出版。

同時屬於特殊才幹：君王要表現出能審時度勢，知道靈活省力，會吸引並且安撫。幾十年以後，國家理性的理論家們提出一套有系統地解決問題的方式。

　　沒有人比布里扎克 (Daniel de Priézac) [6] 在《統治的秘密》中把他們的規劃闡述得更清晰。這本書的書名本身就是一個綱領。他寫道：「統治人民的技巧總有許多對常人來説深藏或者未知的理性，如果不求助於這些理性，國家既無法保留其形式，也不能更加完善。無論國王們多麼偉大，具有怎樣的強權，他們甚至沒有最微不足道的雕塑家的特權。雕塑家可以把手中的材料塑造成他們以為不錯的形象，但是人經常比大理石還要堅硬頑固，經常顯出他們是為了偉大的自由，而不是為了服從而生。所以他們冥頑不靈，抵制理性，以造反對抗指揮。因此，必須借助於國家秘密和被亞里士多德稱為詭辯的新花樣，這些新花樣通過似是而非的假像拴住人民的精神，令他們眼花繚亂。[7]」

　　提出這種新統治藝術的決定性著作是加布里埃爾・諾德 (Gabriel Naudé) [8] 的《關於政變的政治思考》[9]。他也呼籲超越必要的「法律加強」來思考政治。他所謂政治學包括國家之間的關係和統治者與被統治之間關係的管理，是建立在人類關係被認為是現實的觀點上的。加布里埃爾・諾德採用了巴爾扎克 (Jean-Louis Guez de Balzac) [10] 的説法。後

---

6. 布里扎克 (Daniel de Priézac, 1590–1662)，法國作家、法學家。——譯註

7. Daniel DE PRIÉZAC, *Des secrets de la domination, ou de la raison d'Etat, in Discours politiques* (1652), Paris, 1666, p. 202.

8. 加布里埃爾・諾德 (Gabriel Naudé, 1660–1653)，近代圖書館學理論的創始人之一，法國歷史學家、哲學家。——譯註

9. Gabriel Naudé, *Considérations politiques sur les coups d'Etats*, Rome, 1639. 這裏引用的是 1667 年的版本：ed. par Frédérique Marin & Marie-Odile Perulli, Gallimard, 2004.

10. 巴爾扎克 (Jean-Louis Guez de Balzac, 1597–1654)，法國作家，以書信散文聞名於世，他是法蘭西學院的創始人之一。——譯註

者認為人與人之間存在一種「騙子和蠢貨的交易[11]」。他贊同尼祿責備他的大臣們時所説的「提出建議就好像他們在柏拉圖的共和國裏，而不是在羅馬城下卑賤而卑劣的群氓中。[12]」因此統治的藝術隱含着把政治與道德徹底分開，正式告別從前所有理想主義的觀點。對於諾德來説，要把拯救國家放在第一位，這屬獨立的秩序，通過特殊的規則來約束。他為聖巴泰勒米大屠殺[13]和宗教裁判辯護，因為他認為這是「由於公共利益的過分的共同權利。」這是君王們「為應付棘手的事件而絕望時不得不採取的冒險而特殊的行動，這些行動違背共同權利，甚至沒有保持任何法律秩序與形式，冒險用特殊利益取代了公共利益。[14]」政治的本質因此就在於征服並保住權力，這是目的本身。

16 至 17 世紀在歐洲被理論化的現實主義的統治技巧的基礎是遮掩。「不善於遮掩的人不會統治[15]」──是至理箴言。在《政客的枕邊書》一書中，馬扎然 (Jules Mazarin)[16]也如此言簡意賅地為統治者諫言：「一、裝模作樣；二、不露聲色。[17]」要學會這樣做，不是沉浸在書

11. Cité par Étienne THUAU, *Raison d'Etat et pensée politique à l' époque de Richelieu*, Paris, Armand Colin, 1966, p. 323.

12. Gabriel Naudé, *Considérations politiques sur les coups d'Etats*, op. cit., p. 83.

13. 聖巴泰勒米大屠殺，是法國宗教戰爭中天主教勢力對基督新教胡格諾派發起的一系列恐怖暴行，開始於 1572 年 8 月 24 日聖巴多祿茂紀念日，從巴黎擴散到其他一些城市，持續數月。由此又引發了一場曠日持久的宗教戰爭，直到 1598 年南特赦令頒佈後才停息。該事件成為法國宗教戰爭的轉折點。──譯註

14. Ibid., p. 104.

15. Ibid., p. 87.

16. 儒勒·馬扎然 (Jules Cardinal Mazarin, 1602-1661)，法國外交家、政治家，路易十四時期的宰相及樞機。他反對哈布斯堡王朝，介入 30 年戰爭。由於持續的戰爭，向人民徵收重稅，導致起義。他利用事件平息了叛亂，破壞了貴族勢力，加強了王權。他在經濟上實施重商主義，同時贊助文化藝術事業，創建了四民族學院和王家繪畫雕塑學校，將意大利歌劇引入法國。留存至今的馬扎然圖書館於 1643 年向學者開放，成為法國第一個公共圖書館。──譯註

17. Cardinal MAZARIN, *Bréviaire des politiciens* (1684), Paris, Arléa, 1996, p. 123.

本中 [18]，而是要懂得人類本性並去操縱它。諾德想要構造的「王家科學」是統治實用而現實的藝術，要運用激情、迷信和懼怕來保障政權。對他說來，國家只有永不停息地工作才能生存。像在他之前的科明尼斯和馬基雅維利一樣，諾德強烈感覺到危在旦夕。「世界上的一切無一例外都是會經過革命的⋯⋯」他寫道。「科學、帝國、邪教、世界本身都免不了經歷興衰。[19]」在他看來，統治是君王與社會之間不斷變化的相互影響的形式。維持國家需要多次「政變」，這總是些特殊且異常的維繫權力行動。

　　這種學問當然只有統治者才能具備。他的特質使他在普通人面前要戴着面具。因此，諾德只希望他的《關於政變的政治思考》首印 12 冊。因為廣泛發行這種「分析君王的行動，把他們每天千方百計遮掩的東西暴露於光天化日之下」的著作很危險。束縛思想的方法、蠱惑或者操縱盲從者的策略、遮遮掩掩的技巧的確不能透露給他們要征服的烏合之眾。根據這種觀點，行使權力就要保持距離，如何做到的秘訣不可泄露，要使民眾在心理上接受這種距離感，認為這是與生俱來的。但是這些「帝國的秘密」得在知情者範圍內流傳，被那些與眾不同、不與俗人為伍人的分享，以形成「高人一等」的圈子。國家理性的契約也用於構建一個不同領域的社會精英階層，這個階層配合對被那些統治者的掌控。

　　國家理性的理論家們所指的掌控，似乎補充了社會學意義上的合法化。這是因為民眾被視為流氓，是一時激情的群體。用諾德的話說來，他們是些「非常殘酷的、善變、騷動、爭吵不休而貪婪的動

---

18. Gabriel NAUDÉ, *Addition à l'histoire de Louis XI* (1630), Paris, Fayard, 1999, pp. 24–29, (1630), Paris, Fayard, 1999, pp. 24–29.

19. Ibid., avertissement.

物……[20]」在他們看來，用他們任意命名的方式來統治群體，是必要且公正的。他們的犬儒主義令人擔憂，有些人通過社會學的假設加入他們的行列。17 世紀，為了讓精英們接受「國家的理性」，思想自由的博學者以「貴族理性」起了關鍵作用。他們把對庸俗的批判變成所有進步的方法[21]。皮埃爾・沙龍 (Pierre Charron)[22] 在《論智慧》(1601 年) 中；弗朗索瓦・拉莫特・勒瓦耶 (Francois La Mothe Le Vayer)[23] 在四部《模仿古人的對話》(1630 年) 中都進一步強調了這層意思。兩人都是 17 世紀思想自由的博學家。後者意味深長地寫道：「我總是想，我們應該把我們的主要力量用於抵抗這種泥沙俱下的激流。馴服了人民以後一切都迎刃而解。[24]」這種對群體的蔑視把他們與諾德等人聯繫在一起，使他們理直氣壯地捍衛他們以救世主姿態盤踞奧林匹斯山巔的地位。

20. Gabriel NAUDÉ, *Considérations politiques sur les coups d'Etats*, op.cit., p. 155. 他繼續寫道：「這個群氓被比喻成隨時遇到風暴的大海；比作可以變成除了白色之外的各種顏色的變色龍；還有下水道和髒水坑，家裏亂七八糟的東西都流向那裏。他們最精彩之處是變幻無常，同時贊成並反對什麼東西，從一個反面走向另一個反面。輕信，動輒反抗，總在抱怨和嘀嘀咕咕：總之他們的思考只是虛榮，他們所說的一切都是假的和荒唐的，他們不贊成的是好的，他們贊成的是壞的，他們讚美的是糟糕的。他們所做的和進行中的都是瘋狂的。」

21. René PINTARD, *Libertinage érudit dans la première moitié du XVIIe siècle (1943)*, Paris, Slatkine, 2000. 在這點上，這本傑作具有參考價值。

22. 皮埃爾・沙龍 (Pierre Charron, 1541–1603)，法國天主教神學家，17 世紀新思想的主要貢獻者。他提出了引起爭論的懷疑論形式，並將倫理學作為一門獨立的哲學學科從宗教中分離出來。他由此而聞名。他的主要著作是《三個真理》和《論智慧》。——譯註

23. 弗朗索瓦・拉莫特・勒瓦耶 (Francois La Mothe Le Vayer, 1588–1672)，法國哲學家、語言學家和歷史學家，法蘭西學院院士。法國王后曾指定他為王子 (日後成為法國國王路易十四) 的私人教師，他以其教育經驗為基礎，撰寫了一系列關於王子教育的著作。包括地理、修辭、道德、經濟、政治、邏輯和體格等方面。他是懷疑論者，也是 17 世紀放蕩思想代表人物之一。他是莫里哀的密友，莫里哀的許多戲劇作品深受其影響。——譯註

24. Cité dans l'anthologie d'Antoine ADAM, *Les Libertins au XVIIe siècle*, Paris, Buchet-Chastel, 1964, p. 124.

這些著作的犬儒主義使這些著作在人民主權的世代無法發表。但是與此同時，在實踐中，現代政治領導者們一直在根據這些告誡行事，就好像只關係到無需思考的實用而日常的迫切需要。普選的出現對於統治者來說，甚至只是更加強權力脆弱的感覺。他們今後不得不顯出自己是新主人的僕人。極具吸引力的競選演講和接近人民的時代，將與依賴保住權力和操縱數量秘訣的時代分道揚鑣。

施展魅力與操縱的世紀

統治者掌控被統治者的社會，從此與媒體專家們有系統地研究如何施展魅力的技巧聯繫在一起。施展魅力的技巧是在選舉中展示並且完成的。懂一點歷史就能看出從根本上他們什麼也沒發明。公元前 64 年，大演說家西塞羅（Ciceron）的弟弟昆圖斯・西塞羅（Quintus Cicero）在古羅馬為給那些考慮從政並要參加兩總督競選的人起草的《競選手冊》中，創造了第一個取得競選勝利的技巧，這種表達方式我們保留至今。這些建議是有用的，因為西塞羅在公元前 63 年當選了。我們在這個手冊中學會如何結下友誼；如何「討好選民並且鍥而不捨[25]」；如何爭取輿論並且「爭取給盡可能多的人灌輸有利於他的聲音」。比如昆圖斯・西塞羅建議他哥哥試着根據競爭對手的性格，找出他們有損其名譽的嫌疑（如罪行、荒淫或貪腐）。他還建議他哥哥展開一場「宏大、輝煌、轟轟烈烈而受民眾歡迎的」競選，使他能脫穎而出，成為不可或缺的人物。昆圖斯提醒西塞羅，他的雄辯是決定性的武器，因為「這樣才能把人留在羅馬，吸引他們，防止他們礙手礙腳或者起破壞作用。」

---

25. Paris, Arlea, 1992, p. 41（以下引文：pp. 48–50).

這個領域吸引的常規幾乎沒有什麼變化，這些常規的目的總是要粉飾太平，新聞有意無意地配合。拿破崙第三的對手莫里斯‧若利（Maurice Joly）[26] 在《馬基雅維利和孟德斯鳩在地獄裏的對話》中，第一次批評了媒體操縱輿論[27]。這本小冊子之所以有意思，是因為它不像許多人一樣只是激烈地揭露體制的極權特點。他提出了這個體制如何與報刊建立前所未有的關係。除了審查之外，若利還描述了新聞權力的膨脹。他在書中以馬基雅維利名的義回答拿破崙第三：「既然新聞的力量如此之大，您知道我的政府會怎麼做嗎？它自己成為記者，將是新聞的化身。[28]」他接着說：「像毗濕奴一樣，我的報刊有上百隻臂膀，這些臂膀給整個國家所有千差萬別的輿論一隻手。人們站在我這邊，卻不意識到。那些自以為在說自己語言的人其實在說我的語言，那些以為走在自己旗幟下的人其實走在我的旗幟下……在這些公共報紙藏而不露的忠誠幫助下，我可以隨意指揮關於內外政策問題的輿論。我煽動或者麻痹人們，安撫他們或者讓他們焦慮不安，我宣稱利弊與真偽。[29]」他最後總結：「運用報刊，運用所有形式的報刊，這就是如今想

---

26. 莫里斯‧若利（Maurice Joly, 1829–1878），法國著名律師、記者、作家，以撰寫政治諷刺文章著稱。他曾因《馬基雅維利和孟德斯鳩在地獄裏的對話》一書被指控「煽動對政府的仇視和蔑視」而被判 15 個月監禁。——譯註

27. Paris, Calmann-Lévy, 1968. 這本書於 1864 年出版，也因被一本反猶太小冊子《郇山隱修會間人的協議》（Protocoles des sages de Sion）的作者抄襲而出名（對拿破崙第三的馬基雅維利主義的指責被反過來揭發猶太人的一個陰謀）。

28. Ibid., p. 112.

29. Ibid., pp. 114–116.

要生存的權力法則。[30]」一個世紀以後,漢娜・阿倫特在《從謊言到暴力》[31]中揭露了政府的操縱:「麥迪遜大道的發明」為他們所用[32]。阿倫特指的是那個時代紐約麥迪遜大道上集中的廣告與傳媒公司。這批評仍沒有過時!

如果說自政治現代化最根本的革命以來代議制機構或者參與的形式可能演變了,統治的技巧卻依舊如此之固化而原始。同樣的秘訣、同樣的伎倆和同樣的語言還在引導着一心只想保留權力的統治者,媒體和後來的電子時代的到來僅僅增加了操縱的工具。讓政府進入民主時代,首先意味着與所有這些蠱惑人的話語決裂,以便在現實中審視被統治者與統治者之間的關係。

思考被統治者與統治者的關係

被統治者與統治者的現實關係,從結構上就決定了兩者之間的距離。人民雖然嚮往成為立法者(通過投票選舉),他們卻不能自我統治。事實上,不同於代表與被代表者之間的關係,被統治者和統治者

30. Ibid., p. 120. 他接着說:「要廣泛了解我的制度,就要看懂我報刊的語言被要求來協助我的政治的官方文件:我想,我假設,出台某個關於國外或國內複雜情況的解決辦法;多少個月以來,報刊以自己的方式影響公眾思想,提出這個解決辦法,某一個早上就變成官方事件了。你知道在重要的時刻,官方文件應該是怎樣審慎而巧妙地起草出來的:在這種情況下,要解決的問題是讓所有黨派都滿意。那麼好吧,我的報紙各有千秋,都試圖說服黨派,當局作出的決定對他們是最有利的。官方文件沒寫出來的,我們通過解釋的途徑說出來,僅僅提及的,非官方報刊則更公開地闡釋,民主和革命報刊大聲疾呼。大家爭執不休,對文件給出五花八門的解釋時,我的政府總能對所有人和每個人作出答覆:你們把我的初衷理解錯了,你們沒有認真閱讀我的講話,我從來沒想說這說那。最重要的是絕不要自相矛盾。」

31. 中文譯本為《論暴力》、《政治中的謊言》。——譯註

32. Hannah ARENDT,*Du mensonge à la violence. Réflexions sur les documents du Pentagone* (1969), Paris, Calmann-Lévy, 1972, p. 14.

之間存在着一種非對稱的結構，這種結構從理想上來說，只是職能性的 —— 這點必須明確。

在民主制度中，人民直接是他們要所服從的法律制定者，或者經常間接地通過其代表的是這個法律的制定者。「人民服從於他們自己制定的法律，」《社會契約論》的作者如此強調。這是否指民主制等於服從自我？或者，更確切地說，人們是自己在統治自己？自治在這裏當然是政治詞彙意義上的，而非狹義上的自己管理自己行為。這個問題也許有兩種理解方式：社會學視角和制度視角。

從社會學意義上來說，制定法律的人民與要服從於人民的自治政府的人民之間不重疊，而人民的自治政府與這個事實相抵觸。制定法律的人民是公民團體的人民，從根本上是統一的（儘管他只是由多數派權力想像來構成的），而服從於自治政府的人民是社會的人民，特點是由於條件不同而具有多樣性、實際上更傾向於個人行為。兩者不吻合，甚至相互對立。盧梭在《社會契約論》關於政府的章節中特別強調這點。當中的第三卷第四章最後關於民主的句子十分著名：「如果存在一個神一樣的人民，他們會民主地自治。如此完美的政府不適於人。」這個說法很容易被理解。這不是說，盧梭最終承認他懷疑政治解放的可能性。他是要通過這些話強調，如果立法者在執法時有修改法律的自由，法律的普遍性將受到威脅。在執行時，他其實離開了公民團體的普遍性，只是個特例的管理者，亦可能試圖偏向特殊利益[33]。神不被二元性所威脅，因為祂們總保留着基本存在。這就是為什麼盧梭呼籲把主權（毋庸置疑是指人民的主權）與政府分開。他認為，政府應該由被認為不可能被腐蝕人或者小組來掌管。主權應該是民主的，而絕對

---

33. 他說：「制定法律者執法，人民團體把注意力從普遍觀點轉移到特殊事物，這很不好。」（*Du contrat social*, op. cit. p. 404; 我加的重點）。

處於從屬地位的執法人權力用不着是民主的。他因此通過把執法人置於次要的地位，把其置於民主迫切需要之外來解決這個問題。

即使我們不接受盧梭的推理，社會人民和公民團體人民之間的差異還是存在的。在這個框架裏，政府不僅是執行法律的權力，具有18世紀思想中這個概念所包含的機制的特點，它還應該是積極介入兩種人民之間的管理層。這是甚至應該是政府成立後的第一個目的（這包含選擇與裁決）。我們因此不能（在政治上）自治，因為有兩個無法吻合的自我：公民的自我（自身具有普遍性）和個人的自我（具有特殊性）。個人從來不直接是公民，因此他應該被統治。由此存在着相對於個人來說的權力不容置疑的外在性。職能性的考慮延長了社會學的契約，以便把執法權與其結構上的反轉性分開來。

被統治者和統治者之間，還有另一個結構性的差異：議會辯論意味着一個集體的存在，決策必須集中。執法權，無論其生效的條件如何，從根本上是一體的[34]，而社會總是多元的。因此，執法權成為發起動議的一端。多重性在職能上總是一體的關注對象。一體因此不僅是理想化或者完成的形式，更反映出反思的必要性。

自我管理、自治政府和自治機構

這種反思清楚地區分自我管理的概念和自治政府的概念[35]。一個特殊團體總可以自我管理。共同物主、一個工作集體的成員、一個協會的成員或者一個小區的居民，因此可以組織起來，作出與他們利益相關的決定。過去和今天這樣的「會議制度」的例子比比皆是。它們

---

34. 我們將在後面討論集體行使的執法權帶來的問題，特別是責任問題。

35. Pierre ROSANVALLON, *L'Age de l'autogestion*, Paris Seuil, 1976.

的活力只是受到物質條件的限制，比如團體的大小或者成員的時間限制。但是其組織也與另一個基本的特殊性相關：它們的性質是具嚴格職能性的。這實際上是一些橫向的團體，其目的是管理一種財產、一項活動、一個計劃。在這個框架內，每個參與者與其他人處於相同關係中。一種迫切性把他們聯繫在一起。相反，政治範疇的特點是，公民的共同範疇有賴於五花八門的個人角色，以及由此產生的矛盾與緊張關係（納稅人與公共部門稅收使用者之間、生產者與消費者之間，等等）。在這個框架內，個人不僅是「人民的一份子」：由此產生了政府機構的行為所回應的一種必要的反思形式。在政府更加嚴格的管理任務之外，政府機構的工作特點是組織不同範疇的社會生活，組織參與者之間做出必要的讓步談判。

如果說自治政府的概念有問題，民主的特性則是建立在社會自治機制原則之上的 [36]。這個原則表達了最基本的人民主權。首先是以全民投票表決的方式通過憲法。法國大革命是這方面的先驅。1793 年憲法和第八年的憲法就是以這種方式生效的 [37]。那個時代，當代議制描繪出一個被認為是政治組織不可逾越的前景時，就是承認這種投票方式的特殊性和象徵意義。這種憲法中意義上的人民的具體化，今後會通過

36. 我借用 Cornelius Castoriadis 的概念。Bruno BERNARDI, "En marge de Cornelius Castoriadis, sur le concept d'auto-institution de la société", in Nicolas POIRIER (dir.) *Cornelius Castoriadis et Claude Lefort: l'expérience démocratique*, Lormont, Le Bord de l'eau, 2015.

37. Melvin EDELSTEIN, *La Révolution française et la naissance de la démocratie électorale*, Rennes, Presses universitaires de Rennes, 2013. 我們也注意到波拿巴 1797 至 1798 年在意大利建立的「姐妹共和國」的憲法，也是通過組織相關民眾投票表決通過的。美國 1787 年的憲法是 13 個州選出的特殊制憲會議批准通過的。

承認自我決斷的原則延伸[38]。這種人民自行決定的權利為第一次世界大戰的結局做出了貢獻。其次，自治機構可以在商榷民主之下更持久存在。這種民主的雄心，是要讓公民永遠參與關於共同生活中重大問題的公共辯論（關於互助與司法機構、世俗化原則的實施等等）。這種情況下的表決不包括公民權：公民權來自所有人在論壇上發言的可能性，每個人在與他人的交鋒中存在。

承認被統治者與統治者之間的距離不應該與甘心情願地服從於外部權力相混淆。這是嚴格職能層面上的，與積極而無條件的自治機構和自我管理是兼容的。

無法廢除的外延性

被統治者與統治者之間的差異在職能性上的特點可以説是負面的，顯示出擺脱束縛思想導致的僵局，這思想的基礎是廢除政府的計劃，前文已有詳盡的闡述。拒絕把執法人作為統治機構來思考，是來自於 18 世紀思想家們對於法律的崇拜。但是在 19 世紀又拒絕並以其他形式出現——詞源意義上的無政府主義。蒲魯東最先表述了這種拒絕原則。從他的出發點來看，他的想法其實與傳統的革命觀點很接近，比如他 1848 年講話中的某些觀點。「應該由國民議會通過其委員會組織來實施執法權，就像它通過共同辯論和表決來實施立法權一樣。」他這樣寫道。「部長、副國務卿、部門領導等與代表們一起等於雙重就業，他們無所事事、精神渙散、野心勃勃，整天在搞手腕。

---

38. 1791 年阿維尼翁和孔達—維耐辛依附於法國引發了關於人民自己表決的權利的法律和政治辯論。見 Jean-Jacques CLÈRE,"Le rattachement d'Avignon et du Comtat à la France: Approche juridique (1789–1791)", *Annales historiques de la Révolutionfrançaise*, n° 290, 1992. 在 19 世紀 60 年代，經過相關地區民眾投票表決，尼斯和薩瓦也歸並到法國。同時期，意大利統一運動中不同的政治派別也是用這程序來決定意大利統一的。

這始終是行政管理進退兩難、社會糟糕的法律和國家支出浪費的一個原因。[39]」但是蒲魯東的觀點還不止於此。他拒絕的是所有政治隸屬關係。因此，他認為社會主義應該被理解為「政府主義的反面[40]」。解放全人類的革命計劃，包含廢除所有突出主導地位的機構。「我們不接受人剝削人，也不更能接受人統治人[41]」他寫道。財產和代議制政府在他眼裏就是社會外延性制度化的兩個基本形態：「我們所說的政治上的權威類似並相當於我們在經濟上所說的財產。這兩種思想是完全相互適應而且相同的。[42]」

　　蒲魯東提倡在「把權力無政府化」的同時，要把財產社會化[43]。權力無政府化就是消除高低之分，這意味着必然用直接的、權力分散的形式來取代權力 ，通過人與人之間合作和協會的形式來組織共同生活。這與 1851 年「社會民主派」潮流推崇的直接政府截然不同。他強調說：「革命的慣用語不能再是直接立法、直接政府或者簡單的政府：革命的提法超越政府。[44]」蒲魯東以他的方式重新回到 18 世紀愛爾蘭哲學家的觀點。這種觀點的目的是要用公民社會的直接秩序取代世界上的政治組織[45]。但是這些哲學家把市場機制被認為是客觀的、中立而匿

39. *Le Peuple*, n°4, pp. 8–15 novembre 1848, repris in Pierre-Joseph PROUDHON, *Mélange*, Paris, Librairie internationale, 1868, t.1, p. 190.

40. Ibid.，「主僕之間沒有社會」他補充道。

41. "Qu'est-ce que le gouvernement? Qu'est-ce que Dieu?", *La Voix du peuple*, 5 novembre 1849, repris ibid., t.2, p. 261.

42. *La Voix du peuple*, 26 décembre 1849, repris ibid., p. 53. 我們還會強調他用同樣的說法分析宗教。

43. *Carnets de P.-J.* Proudhon, t.3, Paris, Haubtmann, 1968, p. 216.

44. *Idée générale de la Révolution au XIX siècle* (1851), Paris, Rivère, 1923, p. 199 (voir toute la quatrième étude, "Du principe d'autorité").

45. 我們還注意到他像這些哲學家一樣對盧梭毫不猶豫地提出嚴厲批評：「盧梭思想的流行使法國比三個最令人厭惡的朝臣 (La Châteauroux, La Pompadour, La Dubarry) 統治時代付出更大代價，流了更多的獻血，蒙受了更大的恥辱。」(Ibid., p. 195).

名的秩序神聖化了，而他更強調作為社會領域中心人物的生產者，必然出現這社會學現象。他提議用「契約統治，換句話說用經濟與工業統治」取代「法律統治的老制度」。他概括到：「契約的思想是排斥政府思想的。[46]」政治支配因此被廢除，它其實分散在經濟規則中，人與人之間的聯繫減少到他們只是在自我管理而已。蒲魯東因此拒絕承認政治的自治與特殊性，因這個領域存在着不能縮減為合作機制的共同機構的工作。

在 20 世紀，建立沒有任何「外來支配」權力的社會的計劃是通過人類學東山再起的。在法國，專門研究瓜拉奇印第安人（如今的巴拉圭）的皮埃爾・克拉斯特（Pierre Clastres）[47] 以此為參照，充實了 1968 年後反極權主義的社會思潮。他通過他出版的著作，尤其是《反國家的社會》和《政治人類學研究》[48] 中的文章，強調他在瓜拉奇人觀察到的主要契約現象：首領不行使任何實權，是通過周圍的人對他的尊重或者佩戴某些飾物而成為首領。作為首領，他沒有任何強制能力、任何決策權、不能發出使人必須服從的命令。在此框架內，「政治權力」把不可爭議的合法性與非常有限的統帥能力結合在一起。克拉斯特曾經假設這種衰弱的權力不是與瓜拉奇社會雛形相吻合的未完成狀態，或是一種缺陷，相反是來自有意識且深思熟慮的集體意願，因他們不

46. Ibid., p. 187.

47. 皮埃爾・克拉斯特（Pierre Clastres, 1934–1977），法國人類學家和民族學家。他以在政治人類學領域的重要貢獻而聞名。他通過在巴拉圭的田野調查工作，研究土著人的權力和酋長權限，尋找替代西方社會等級的選擇。他的代表作是論文集《反國家協會》、《瓜拉奇印第安人紀事》、《偉大的談話》和《暴力考古學》。由於他英年早逝，一些作品未完成。——譯註

48. Paris, Minuit, 1974; Paris, Seuil, 1980.

願看到一個團體突出主人形象[49]。他進一步拓展其說辭，指出所謂原始社會遠非不成熟，古老而不具備自主國家政治範疇的憲法，而恰好相反，所謂的原始社會睿智因而抵抗這種誘惑。這幾乎成了未來自由秩序的模式。這就是為什麼他的著作《反國家的社會》獲得成功。

克拉斯特的論點曾經在人類學家中引發眾議[50]。人們主要指責他把瓜拉奇社會的觀察不恰當地擴大了，抹殺了許多原始社會也同樣被專制而粗暴的首領或祭司統治的事實，他們掌握服從於這種絕對權力的男男女女的生殺大權；主人和子民處於最極端的關係。但是最有意思的是，這些評論者都強調瓜拉奇社會中的法律力量。他們發現，首領的權力受到限制，因為法律不可置疑地規定了共同生活的規則。法律不容置疑，因為它被認為是超越一切的，是如祖宗和神祇般存在的法則。對於瓜拉奇人來說，要做的就是嚴格遵守這些祖傳下來的規則。如果這些規則被觸犯，社會的存在就變得危險，因為它是過去經驗的產物，而這些經驗植根於超自然的始創之中。因此，人要好好生活，沒有什麼可新發明的。原始社會只能否定一切變化。它是絕對保守地在思考。在這個框架內，政治概念本身沒有位置，因為政治的職能正是要一直重新評價並調整社會生活的規則。行使權力就是有能力修正這些規則，根據意外情況做出調整，統領則總在以某種方式強制推行自己的法律。

瓜拉奇首領不用控制群體，只需要不斷提醒人們古老的法規，法規與賦予團體認同的創世紀神話相同。從嚴格意義上說，他只不過是這法規的代言人。克拉斯特說：「從首領口中發出的，不只是限制統

---

49. 「掌握權力，就是行使權力；行使權力就是統治被權力管理的人：這正式原始社會不想（不曾想）做的事情，這就是為什麼那裏的首領沒有權力，為什麼權力沒有脫離社會團體。」(*Recherches de l'anthropologie politique*, op. cit., p. 108.)

50. Jean-William LAPIERRE, "Société sauvages, Société contre l'Etat", *Esprit*, mai 1976.

領與服從關係的字眼，還有關於社會自身的講話，社會通過這些講話宣佈自己是不可分割的團體，並且表達保留這不分割的願望。[51]」如果沒有嚴格意義上的政治範疇和國家範疇，這是因為社會在內部排除了衝突和分裂。它只能把自己想像為一個和諧社會。如果瓜拉奇人中出現不同看法，這個人將會被團體排除。神和祖先的法規是絕對一致的法規。如果首領口中只能發出個人決定的命令，他的命令是神聖的。「首領在他的講話中，從不表達他個人隨心所欲的想法或者説出他個人的法則，而只是社會不要分裂的社會學願望和一個無人確定的法規文本，因為他所説的不是人類的決定。[52]」

因此，瓜拉奇人只有盲目地服從他們完全無法掌控的法規才能逃脱一個首領的統治。他們從人類政治權利中解放出來是以絕對服從神與祖先的法則為代價的。年輕人參加入門儀式時，這種依附被紋在他們身上：「社會把法規紋在身體表面。」克拉斯特寫道：「因為法規建構了部落的社會生活，誰都不能忘記。」法規的永恆和所有人對法規的平等的依附通過這些儀式被神聖化。統治因此實際上完全被一個沒有權力的社會的表面內化並遮掩了。人的自由因此只剩下對必要性的領悟，意願等同於對自然與神的統治的敬畏。

一方面是蒲魯東，另一方面是瓜拉奇人。這是兩種截然不同、回歸到法律至上、否定政府的方式。一方面是通過把這種法律隱藏在日常契約和自我組織的形式中，另一方面是通過極端的超驗性。政治控制的幽靈和權力的不對稱因此只能在否定它們的幻覺中被驅除。

---

51. *Recherches de l'anthropologie politique*, op. cit., pp. 106–107.

52. Ibid., p.192. 如 Jean-William LAPIERRE 所言：「首領沒有因為壟斷了運用合法的話語而壟斷合法的暴力，沒有人能反對首領的話而不被公眾一致指責為褻瀆神靈。」"Société sauvages, Société contre l'Etat", art. cité. pp. 996–997.

控制與不對稱

　　相反，這關係到確定統治者不對被統治者控制的條件，同時承認他們之間的不對稱關係。這界定清楚地提出沒收權力的人物會一直出現的危險。這是民主政府定義的問題，但有些人認為這不可能。這是民主寡頭理論發展出來的悲觀主義，其中有兩個主要表達方式：一種是貴族民主的理論，這是在法國大革命期間形成的，建立在作為區分的運作選舉機制之上；另一種是所謂精英理論，即相信所有政治體制自然會讓一個小領導團體行使權力[53]。羅伯特・米歇爾因此認為有一種組織的冷酷法律（「組織本身就有寡頭的傾向」）；維勒弗雷多・帕累托（Vilfredo Pareto）[54] 則認為，社會生活基本上被一場統治團體的變革運動烙印了（「歷史是貴族的墳墓」）[55]。這些不同於現實的理論通常被作者理解為建立的客觀法律，要逃脫這些法律是妄想。但我們也可從另一角度去理解這些理論，找出威脅到民主的危險和傾向。在這方面，這些觀點在民主理論中有其位置。低估或者試圖用魔法完全消除這些危險和傾向，就等於以某種方式迴避，從而無法辨別或者看不到控制。

53. 雷蒙・阿隆概括道：「我參照的是今天人們稱之為馬基雅維利主義的理論，我們在很多著作中找到這種表達方式。帕雷托（Pareto）的《社會學總論》、莫斯卡（Mosca）的《領導階層》或者伯恩漢姆（J. Burnham）的《馬基雅維利主義者》等。這些著作的中心思想用我的話來說 —— 但這是他們解釋的說法 —— 就是所有的政治體制都是寡頭的。他們說所有的社會至少是複雜的，社會都由極少數人統治；體制根據少數具有權威的人的個性而有所變化。」（Raymond ARON, *Démocratie et totalitarisme*, 1965, Paris Gallimard, 2005, p. 1303）

54. 維爾弗雷多・帕累托（Vilfredo Pareto, 1848–1923），意大利經濟學家、社會學家，經典精英理論的創始人，社會系統論的代表人物。他的理論影響了墨索里尼和意大利法西斯主義。——譯註

55. Robert MICHELS, *Les Partis politiques, Essai sur les tendances oligarchiques des démograties* (*1911*), Paris, Flammarion, 1971, p. 33; Vilfredo PARETO; *Traité de sociologie générale* (1916), Genève, Droz, 1968, p. 2053.

為了衡量政府進入民主計劃的條件，必須明確指出那些可能與統治者與被統治者的關係銜接的統治方式的特點。我們只能通過馬克斯·韋伯和皮埃爾·布爾迪厄所研究的不同統治來了解。按照韋伯的說法，是地位的控制。他描述了不同類型：傳統的、理性合法的和魅力型，定義了被承認的且合法的權威形式[56]。在每種情況下都有一種同意服從於權力機構的關係。在韋伯的觀點中，贊同意味着假設民眾與精英之間的差異不可縮小。布爾迪厄（Pierre Bourdieu）則對通過什麼機制控制者成功地讓被控制者接受他們的標準和價值更感興趣。在這種情況下，這是一種調節的控制使得這些標準和價值內化成「自然的」或者「客觀的」，使之合法化[57]。因此，韋伯分析的是機構，而布爾迪厄分析的則是社會與文化現象。

　　民主制度中統治與被統治的關係則沒有進入兩個框架中的任何一個。它確實建築在不對稱之上。但是由此可能產生的控制關係並沒有建設性。這種關係不在於「政府形式」本身。因此，要談的應該是通過剝奪、保持距離、排除的現象反映出來的控制效果，這種效果能改變不對稱的特點，賦予它從屬性。這就要對做法、行為、組織的方式和決策機制提出反思。一個不透明體制因此產生控制的效果，即使其負責人是選舉產生的；一種蠱惑人心的語言降低了公民地位，同時聲稱在為公民加冕；缺少對民眾日常的關注等於否認代議制原則；悄然做出的決定就是回到專制。

　　韋伯和布爾迪厄所說的控制在概念上包含一種必要的關係，而民主制度中統治與被統治的關係只有在民主不運轉的情況下才會產生真正的控制效果。同樣，代議制關係中只有在操縱情況下才會轉為針對

---

56. 他把這種統治的形式劃分為「根據權威」、「根據利益的形成」（比如經濟壟斷）。

57. 這是通過在精神上納入某種社會觀點和他稱之為習性的傾向而進行控制。

被代表人的權力。此外，與兩位社會學家描述的現象相反，當統治者偏離他們應有的樣子時，並不存在被統治者贊同統治者行為的可能。在民主制度中，公民不接受政府表現得像父親、主人或者神。被接受的實際指揮並沒有帶來對等的認可。況且政府的地位總是岌岌可危的，其決定經常被質疑。被統治者不斷抗議，其內心完全沒有認可其高人一等的形式，甚至蔑視他們自己選出的人。

在統治者與被統治者的關係上，掌權的思想因此並沒意義，因為在某種意義上權力已通過選舉被掌握。這種思想也不能說是在不可能的自治政府下形成。只有通過把行為、各種行動和組織規範化，權力才能實至名歸。應該重新從實用的角度來思考如何解放民主解放。

民主的好處

如果民主制度是政府，而不是體制，它應該通過獨有的權力行使方式來被界定。執法權的特點應該通過其行動來被界定，不應該只是通過執法權的資格和功能來理解，比如通過機構。這點是決定性的。資格決定了形成的條件、組成的形態和職能的規則。職能要明確規定目的、行動範圍和界限。資格和職能是決定機構或權威的要素。從這樣的標準出發，我們才能恰當地界定立法權或者法律權威的特點。但是執法權不能用這些定義來描述。執法權形成的方式、行使責任的條件、與其他權力相關的規則，及其職能的原則當然都要通過憲法來確立的。但是，這種政權的生命力和實際存在也根據其他難以確定的因素而定。這些因素關乎時間和實踐。

法權的行使，因此要通過其決策的方式而不是僅僅通過決策內容來理解。這樣，管理者和公職人員的合法性指的是對這些公職人員行

為的評估職能。很多研究顯示，公民是這樣理解的[58]。公民們希望他們的意見能被聽取、被認真對待。他們有知情權，希望得到尊重，且決策與他們相關。在這種條件下，他們甚至更容易接受對個人來說不太有利的公眾選擇。相反，如果統治者未真正諮詢民意，就制定並實施似乎不合理的決議，公民們會在原則上懷疑統治者推行的政策是否站得住腳[59]。

公民們並不夢想要在技術層面直接民主，雖然他們希望在一些特殊問題上舉行公投。他們希望的是統治者有能力、忠於職守，為普遍利益着想而不是只追求他們的政治生涯。他們接受統治者與被統治之間的工作分工，但是要求根據嚴格條件而進行。公民們滿足於臨時選舉產生的最高權力，滿足於被稱為「隱形民主」的政權，但是厭惡政界人士首先表現出他們是所屬政黨的代表[60]，而且更為他們經常封閉在自我小天地裏而感到遺憾。他們渴望的，是他們的最高領導人永遠開放式地治理國家。因此，這種關係的狀態才是界定一個政府的民主品質的要素。從其中能分辨出三種品質：明晰度、責任和反應力。我們會在之後章節論及統治者特有的品質 —— 講真話和正直。這三種品質確定了民主的輪廓。

---

58. Tom TYLER, *Why People Obey the Law*, Princeton, Princeton University Press, 2006.

59. Susan J. PHARR, "Official's Misconduct and Public Distrust", in Susan J. PHARR et. PUTNAM (dir.), *Disaffected Democracies*, Princeton, Princeton University Press, 2000.

60. R.HIBBING et Elizabeth THEISS-MORSE, *Stealth Democracy: Americans' Beliefs about How Government Should Work*, Cambridge, Cambridge University Press, 2002.

第十章
明晰度

現代性的到來和推行，與使人類活動更為明晰而可測的方法密不可分，在經濟領域尤其明顯。因此，早在 14 世紀，支出與信貸相聯的會計學就出現了。這個學科隨着商品經濟和資本主義的進步廣為流行。除了作為財務管理的工具，會計確實可以使商人或製造者的活動更透明，可以客觀地體現借貸人或者投資人的關係，也可跟蹤且評估其債權[1]。會計這個名詞早就有雙重含義 —— 純粹被動的記帳與積極理性的交出帳目。Accountability 的概念從詞源上來說有雙重含義，其詞根是盎格魯—諾曼語，至 11 世紀曾被征服者紀堯姆的官員們與法語混雜。他要奠定新的王權，因此要根據王國財產所有者公佈的財產數量徵稅[2]。這個現代政治關鍵詞在歷史上的出處，還提出了權力與帳目核實之間的問題。如果權力即行動，監督行動的權力也是其中之一。而且，民主的願望正是在這種形態上形成的。古希臘時已是如此。那時除了行政長官，還要選出公務員：調節員、帳目聽證員、監察員，還有公共律師等[3]。在後來中世紀歐洲的教區和市政團體中，帳目監督也是權力的關鍵所在。在日後現代議會機構發展中，這也是慣常做法。

議會對政府的監督

英國是這歷史進程的主要實驗室，甚至早在循環往復的革命之前，國王的宰相已於 1610 年公佈收入與支出的帳目，這是個決定性年

---

1. 關於這個問題的著作不勝枚舉，比如 Jacob SOLL, *The Reckoning: Financial Accountability and the Rise and Fall of Nations*, New York, Basic Books, 2014.

2. Vivian Hunter GALBRAITH, Domesday Book: *Its Place in Administrative History*, Oxford, Clarendon Press, 1974; David ROFFE, *Decoding Domesday*, Rochester, The Boydell Press, 2007.

3. Pierre FRÖHLICH, *Les Cités grècques et le contrôle des magistrats* (IVe-1er siècle avant J.-C.), Genève, Droz, 2004, et "Remarques sur la reddition de comptes des stratèges athéniens", Dike, vol. 2000.

份。在衝突時期，比如 1665 至 1667 年英荷戰爭期間，國家增加收入的必要性使王權接受議會對公共財產更為有組織的監督。這場戰爭促進第一個審計委員會的誕生[4]。當然，要注意不能以過於簡單和樂觀的眼光看待議會主義。且不說國王的大臣們持保留意見，議員們有時也猶豫是否要建立這種審計責任。保守派從這計劃中聽出政治革命的回聲，因為這計劃與內戰時期國家必須進行的現代化運動有關聯[5]。1644年，審計委員會草案出爐，這個草案比之前的草案賦予審計委員的權力要大得多。在之後整個 17 世紀中，其權限不斷擴大。其他議員擔心政府監督財務加強了它與參議院的聯繫，會導致更重要的財政需求這反作用。建立一個更需要彙報財務的政府，在人們心目中與大政府的思想聯繫在一起。而且，這種關聯在物質上體現出來 —— 18 世紀英國的稅收是法國的兩倍。建立一種議會體制確實會使稅收與可估算的開支預算聯繫起來[6]。而法國專制體制的秘密則導致人民反抗稅收。

英國是問責制的實驗室，但是法國首先把財政透明的好處理論化。這要歸功於雅克·內克爾。1781 年 1 月，他發表的《給國王的報告》引來轟動。這本書第一次把可用來估算國家開支和公共債務狀況

4. Paul SEAWARD, "The Cavalier Parliament, the 1667 Commission and the Idea of Accountability", in Chris R. KYLE PEACEY Jeson PEACEY (dir.), *Parliament at Work: Parliamentary Committees, Political Power and Public Access in Early Modern England*, Woodbridge, The Boydell Press, 2002.

5. Paul SEAWARD, "Parliament and the Idea of Political Accountability in Early Modern Britain", in Maija Jansson (dir.), *Realities and Representation: State Building in Early Modern Europe and European America*, New York, Palgrave Macmillan, 2007.

6. 這一點請參考 Peter MATHIAS et Patrick O'BRIEN 開創性文章："The Taxation in Britain and France, 1715–1810: A Comparison of the Social and Economic Incidence of Taxes Collected for the Central Governments", *Journal of European Economic History*, vol. 5, no. 3, 1976.

的資料結集起來[7]。這本充斥着艱澀圖表的著作，引起全國廣泛的好奇心。在法國全國總售出了八萬冊，成為當時的暢銷書。在引言〈給國王的一封信〉中，內克爾列出這部著作能為國家帶來的好處。「這樣的機制長久下來將帶來最大利益，」他強調說。「將所有行政公諸於眾的責權將是影響財政部長職業生涯的第一步。」在他看來，公佈公共帳目因此限制了行政管理，也因而保護行政管理。內克爾指出：「人們對信息公開的渴求使那些晦澀文字無足輕重，有人試圖用這些文字使一位行政長官無法心安理得。這些文章的作者確信，高尚的人不會反駁他們，所以利用其沉默並通過謊言來影響公共輿論。」

這種透明，對於行政管理是有好處的，他認為透明度具有政治效果，並有益於社會。他強調：「這種機制可以影響公信度。」他說的「國家財政的神秘」引人懷疑。通過透明度來產生信任，是這個日內瓦人筆下經常出現的主題。他在其代表作《論法國財政管理》一書中，論述過這分析，首次提出信任的認知與跨時代的層面：「這種把未來與現時結合的珍貴感受，讓人想到財產的持續性和困擾的終結。」他解釋說：「在此意義上，國家像那些老人，常年的錯誤經驗和對人的不公平使自己變得可疑、不被信任。」如果一切是透明的，「困擾消失，人們會相信行政長官的意圖。[8]」內克爾是個親英派。他敬佩英吉利海峽彼岸的制度，故此他的對手需面對他的強烈指責。但在 17 世紀 80 年代，英國審計委員會遭到拖延，他一下子比他同時代的英國改革派走得更前。他的文章在歐洲引起巨大的迴響。內克爾強調，要把文件大量印

---

7. Jacques NECKER, *Compte rendu au Roi* (1781), in *Oeuvres complètes*, t.2, Paris, Treuttel et Würtz, 1820, pp. 1–5.

8. Jacques NECKER，*De l'administration des finances de la France* (1784), introduction, in Œuvres complètes, t.4, Paris, Treuttel et Würtz, 1821, pp. 10, 16. 出於同樣的原因，內克爾強烈支持建立省行政機構的計劃，更多透明度可以重塑公信力。

刷並公之於眾。他是從享有「公共盛譽[9]」的企業中提取盈利這觀點的理論家，初步形成一種公共民主。在這種民主中，信息公開擴展了代議制。

法國大革命後，提出了決定性的原則。1789年的《人權和公民權宣言》強調「社會有權要求機構公務人員報告其工作。」（第15條），而且所有公民有權關注稅收的用途（第14條）。1791和1793年憲法中重申了以上兩點。1792年，為實施這些原則而成立的審計委員會實際上並沒有實現的雄心，但是已經起到推動作用[10]。

19世紀是議會對政府睜大眼睛的世紀。隨着代議制政府和民主的進步，國家財政進一步透明，自由派鬥爭的目的從推動議會制度發展到改變預算討論。投票通過各領域預算的問題，在法國大革命中成為推動關於代議制政府意義討論的重要因素。在1827年，按部門建立預算的原則有其標誌性；1831年，投票通過了制度化各領域的預算。1814年，投票通過了7個部的預算；1827年，投票通過了52個領域的預算；1831年，投票通過了116個領域的預算；1877年通過了400個；1911年通過了933個：這些數字證明了全國議會制度的進步。在這進程中，公共財政的現代制度被建立，投票通過了財政法，支持ㄠ數字反映國家活動。這個制度具有束縛力，象徵着國家稅收制度化。規則的建立，通過公佈數字加上政治規則，使財政預算成為公眾辯論的中心議題之一。甚至在議員的小圈子外，參議院關於財政法的討論確實會在全國引起評論和質疑，報刊會對預算進行分析，多如牛毛的小冊子反映出社會重新掌握國家。

---

9. *Compte rendu au Roi*, op. cit., p. 3.

10. 帝國時期的重點放在了國家內部監督上。如果拿破崙一世談及「積極監督」公共財產用途的必要性，他是把這項任務交給了審計法院（1807），議會因此不再有監督作用。

人民對代表的監督

　　法國大革命伊始，議員對政府的嚴格監督與公佈人民代表活動的訴求並行。甚至在三級會議讓位於國民議會之前，布里索就已呼籲通過辯論，使「公眾得以監督他們的代表」[11]。他認為，把活動詳情公開，相當於一種參與。當右派的成員提出「讓外人離開」，使議員可以安靜討論時 [12]，有人激烈反駁：「外人！我們當中有外人嗎？難道你們榮幸地被任命為議員，就忘記了他們是你們的兄弟和你們的公民嗎？難道你們忘記了自己只是他們的代表、受他們之託？當你們欠他們一份你們的舉措和思想的報告時，你們卻要躲過他們的目光？但願我們的同胞圍繞在周圍來督促我們，但願他們在場能啟發我們並讓我們活躍起來。[13]」這個憤怒的回答，首先説明一個關鍵詞彙 —— 無論在法國還是英國，議會一直用「外人」來特指那些允許坐在聽眾席上旁聽的公眾。這種稱呼暗示議會階層從一開始就帶有團體先於人民的偏見。

　　支持公眾出現在議員圈子裏，因此成了代議制的重點，而與社會不斷進行深入交流成為議員們的任務。要強調的是，從這個時期開始，代議制民主作為了嚴格的代議制政府和直接民主之間的媒介。法國大革命中，沒有投票權的婦女在觀眾席有重要作用，是要顯示出她們對擴展代議制的貢獻。身處聽眾席的象徵意義和政治重要性由此而來。羅伯斯庇爾在 1793 年 5 月 10 日，關於代議制政府的著名演講

---

11. Jacques-Pierre BRISSOT, *Plan de conduite pour les députés du peuple aux États généraux de 1789*, avril 1789, p. 13.

12. Pierre-Victor MALOUET, Intervention du 28 mai 1789, Archives parlementaires, t.8, p. 55. Dans les premiers mois de la réunion des États généraux, le public se mêlait souvent aux représentants.

13. VOLNEY, Intervention du 28 mai 1789, ibid.

中:「接受幾百個觀眾在狹窄而不方便的地方待着」是不夠的[14]，他認為「整個民族都有權了解他們的授權代表。」他甚至說:「如果可能，人民代表大會應該在全體人民面前辯論。立法團開會的地方應該是能面對 12,000 名觀眾的開放場地。在如此眾多的證人面前，貪污、陰謀、奸詐都不敢冒出來；只有普遍願望受到重視，只有理性的聲音和公共利益被聽取。[15]」為了顯示信息公開的效果，羅伯斯皮爾還談到形象化的責任。在現實中，出於實際考慮，這個時期的聽眾席只能容納幾百名聽眾。

法國大革命使政府的很多方面徹底暴露在公眾面前；而英國的發展則比較緩慢。1650 年內戰時期，有明確規定的外人嚴禁進入議會的條例，之後的兩個世紀被延續了七次[16]。自 1845 年開始，公眾才被允許列席下議院的辯論，人數限額為議員數量的一半。威斯敏斯特議會大廳的建築設計，確實阻礙了更多人數的列席。然而，直到幾年後婦女還是被排除在外的，她們被要求留在指定長廊中，不能被人看見[17]。

在 19 世紀的國家中，看台的位置和規模一直被討論。與此同時，議會建築象徵並反映出大眾為第一主權的地位。20 世紀末，澳大利亞和德國重建參議院，證明這個問題一直被關注。而當時電視轉

---

14. *Œuvres de Maximilien Robespierre*, Paris, Société des études robespierristes, 1958, t.9, p. 503. 同時參考他 1792 年 2 月 10 日的講話 (ibid., t.8, p. 174)。他衷心希望在巴士底獄的廢墟上建造一個「雄偉的大廈，以便人民能夠舒適而自由地傾聽並觀看他們的授權代表。」

15. Ibid., t.9, pp. 502–503.

16. 公眾可以進入威斯敏斯特議會大廳，但不能進入會議大廳。Chris R. KYLE & Jason PEACEY, "Public Access to Parliament and the Political Process in Early Modern England", in Chris R. KYLE & Jason PEACEY (dir.), *Parliament at Work*, op. cit.

17. 我們注意到邊沁在公之於眾很多方面都有看法。1816 年他在《協商政治會議的策略》(以後會做出評論) 中特別為婦女被排除在外辯護。「雄辯和可笑的誘惑是政治會議中危險的方法，」他寫道。「接受婦女，你們就使誘惑上升了一級。」(*Œuvres de Jeremy Bentham*, t.1, Bruxelles, Hauman, 1829, chap. 34, "De l'admission des étrangers").

播辯論，幾乎已成了公眾在場的替代條件。20世紀80年代初的坎培拉，建築師們被要求朝兩個方向思考改建計劃[18]。從嚴格的職能意義上來說，要確定執法者和立法者在同屋簷下相處，這重新組合反映這兩種權力日漸重疊。首先，要承認配給空間的優越性，強調了議會不應該被單純認為是監督執法者的機構；或只是個維持權力的團體[19]。當時還特別強調，議會應該顯示出「人民之家」這特點。贏得投標的建築師，根據這種精神決定在大廈上面加一個對公眾開放的觀察台，公眾可以在上面來回走動，而代表們就坐在他們之下。更重要的是，建築的內裏設計得十分寬闊，公眾的目光可以一直深入大樓內部，體現出大廈是對觀察者開放的。

幾年以後，兩德統一，柏林再次成為德國首都，德國國會大廈需要重建。具有威廉二世風格的龐大建築保留下來了，但是上面加了一個公眾可乘電梯到達的平台。其獨特之處是辯論大廳上方的平台罩着一個巨大穹頂，參觀者們可以直接看到他們的代表。穹頂中央直接通向半圓階梯會場的棱鏡加強了透明效果，為所有觀眾提供了會場的全景視野。像比利時弗拉芒地區議會和英聯邦威爾士地區議會一樣，德國和澳大利亞這些改動受到多次批評。但這兩座大樓的贊助者，都明確要求建築師在建築上展示開放政府（open government）的概念。

除了建立可讓人接近的環境，發表議會辯論也被認為是最根本的要求。在法國，公佈的原則在法國大革命初期就被接受了。1789年11月24日發表的第一期《通報》，就自稱是「議會的歷史學家」[20]。但那時候還沒有發表會議的全部報告。直到1835年，才能發表議會辯論的

---

18. Terry FEWTRELL, "A New Parliament House: A New Parliamentary Order", *Australian Journal of Public Administration*, vol. 44, n°4, 1985.

19. 在澳大利亞部長還是議會和參議院成員。

20. *Gazette nationale, ou le Moniteur universel*, 24 novembre 1789, extrait du prospectus.

全文（雖然經常模棱兩可）。直到 1848 年，議會才有為發表忠實會議記錄而設立的速記部門。自第三共和國初期開始，所有議會中傳閱的文件（法律建議、關於這些計劃的報告、調研）都同時發表在《議會年鑒》上。

　　海峽彼岸的英國，要到 18 世紀末議會辯論才有被詳細陳述。在此之前，還是有些關於議會活動的報告流傳，但這些報告非常簡單，如只涉及投票或者議事日程，幾乎只會在議員間傳閱。17 世紀時，甚至曾禁止議會工作人員做筆記。而在 18 世紀初，因某些議員不夠審慎而流傳的隻字片語會議記錄傳入報界，但是報道是出自哪位演說者之口卻不得而知。下議院對最初流出反應十分強烈，並於 1783 年提出對記下辯論的人實行最嚴厲的懲治。這似乎頗有成效，因為 17 世紀 60 年代的議會甚至被稱為不被報告的議會[21]。對於要把議會辯論公開，這種如此充滿敵意的要求原因何在？這不是因為守舊，如在同時期法國的國家理性理論家們也提倡保密。無論是上議院還是下議院的議員，都認為這是他們的獨立表達[22]。議院是有特權的團體，也就是説議院議員擁有不與人分享的特權[23]。他們的自主權被認為是神聖的，是在革命中經過艱苦鬥爭得來的。當然是與最高王權的爭來的。但是更廣闊來説，尤其是與可能施加壓力的一切進行鬥爭。因此被批評的，不是公

21. Courtenay ILBERT, *Parliament: Its History, Constitution and Practice*, London, Thornton Butterworth, 1929; Erskine MAY, Law, Privileges, Proceedings and Usage of Parliaments (1844), 23e éd., London, Lexis Nexis UK, 2004.

22. 1689 年的《權利法案》第 9 條承認在議會之外任何地方或法院的「議會程序」不被「彈劾或質疑」的權利。Erskine MAY, *Treaties on the Law*, op. cit., pp. 108–115.

23. Jack R. POLE，*The Gift of Government: Political Responsibility from the English Restoration to American Independence*, Athens, The University of Georgia Press, 1983, pp. 93–113.

開的原則本身，而是報界公佈的方式。代表們自認為是要履行憲法職能 24，而不是與他們的委任者保持聯繫。

　　然而這兩種原則之間不乏衝突。但這不是保密權利和公佈權利之間的對立，也不是議院的特權與印刷的自由（指那些發表從各方收集來的報紙）對立。1771 年，下議院就這個問題展開大辯論。那個時代為獲得更廣泛自由而不屈不撓地奮鬥的約翰·威爾克斯（John Wilkes）25 成為捍衛報刊印刷者的急先鋒。但是他沒有獲得同僚們的贊同。然而這一頁翻過去了，報刊印刷者不再被追究。但還要經過幾十年的漫長等待，會議辯論記錄才能真正自由地被傳閱。到了 1832 年《改革法案》問世，公開議會活動才被正式承認。與此同時，代議制原則被重新思考。議院因而要採取必要的措施使報刊工作者可以有效地工作，他們與《議會議事錄》協調，以便獲得準確材料。到 1909 年，兩院才決定自行公佈文件，對他們特權的尊重和將信息公開的民主思想因此融合。

邊沁與民主的眼睛

　　邊沁發表了第一篇真正關於公開議會行動的論文，並收在他的《協商政治會議的策略》26 一書中。自從福柯 1975 年發表《監督與懲罰》

---

24. John P. REID, *The Concept of Representation in the Age of the American Revolution, Chicago*, The University of Chicago Press, 1989; et Jack R. POLE, *The Political Representation in England and the Origins of the American Republic*, Berkeley, University of California Press, 1971.

25. 約翰·威爾克斯（John Wilkes, 1725–1797），18 世紀英國政治家，著名報刊人。1762 年創辦《蘇格蘭人雜誌》，大膽報道議會新聞，曾因批評國王而被捕。由於他的努力，終於解除了對議會新聞報道的限制，並廢除總逮捕狀制度。——譯註

26. Op. cit. 這是本書的第三章，英文題目為 Essay on Political Tactic.

後，這位功利主義者創始人經常與圓形監獄掛鉤。福柯確實從「權力的眼睛」看到了一種新紀律權力的典型模式。但是邊沁在他的時代還是提倡必須把「人民的眼睛」變成民主現代化主要因素的人。他在這觀點中看到公開原則的四個合法理由。

他認為，公開信息的第一個功能是形成民主壓力，讓代表們恪守職責。他寫道：「政治權力面對愈多的誘惑，就愈要給掌權者強而有力的動力來抵禦誘惑。但是沒有什麼比公眾監督更堅實更具有普遍性。公眾團體成了法庭，一個勝過所有法庭總和的法庭。」一個機構不能自我監督，它不能是自己的法官，因為它是根據黨派劃分所組成的，因此缺少了公平原則。這種輿論監督不可替代的功能一直都在，還給代議制引入了補償，而選舉必然具有間斷性。

公開信息的第二個效果是「讓人民有信心，贊成立法措施」。邊沁認為，這是加強權力信譽和加強其措施的方式。「在開放而坦誠的政治中，行政官員多麼有信心且安心。」他強調說。他認為公開信息加固了這種政治。首先是消除疑團。「懷疑總是圍繞着神秘產生的。一個有秘密的地方就會被認為有罪惡，懷疑很少出錯。如果不怕被看到，為什麼要遮掩起來？純潔在光天化日之下，不正直總被黑暗包圍着，擔心會被對手抓到。」當相互矛盾的辯論自由展開後，便會出現對形勢的評估。因此他認為：「反對意見，包括謠言都被駁斥：要求人民作出犧牲的必要性被公開質疑。反對派不是對當局有害，而主要是竭盡全力幫助他們；在這種意義上，我們可以說是抵抗者就是支持者，因為在國家見證兩黨一場鬥爭以後，一種措施的成功和公眾的贊同使政府更有保障。」

第三，《協商政治會議的策略》的作者認為，公開信息是選舉制良好運作的基本條件。它「使選民們在知情的情況下作出選擇」。如

果選舉就是選擇，只有在知情下才能作出最好的選擇。如果信息不被公開，人們只能聽憑偶然和一時衝動而行動。缺少信息打斷了把理性與民主連結起來的理想，因此「在瀆職的危險之上又加上不合邏輯」。最後，公開信息使代表和統治者們要「利用民眾的明智」。「人民當中太多人自己行動，也許會被迫把權力交給議員們；但是這個議會是否聚集了國家的所有智慧？」他這樣問道。他最後得出結論：「這些當選者能制定法律嗎？哪怕從各方面來看，他們都是國家最有頭腦、最有能力、最睿智的人，掌握所有他們的職位所要求的普遍的和地方知識。這種選舉的奇跡是空想。」這種全面的判斷具有社會學的意義。他認為，在那個時代最傑出的知識分子很少想去從政或有辦法從政。只有公開信息，才能使政界能利用他們的思想和建議；這是「一個收集國家所有智慧的方法，因此可孵化出有用的思想」。他認為反對公開政治信息的人，只會是三種不太值得稱道的人——要躲過法官眼光的壞人、懼怕公眾輿論的獨裁者和那些不停地以公眾搖擺為說辭的無能之輩。

具知名度的帝國和可憐的明晰度

我們如今發展到什麼程度？邊沁提出的原則似乎被民主制度普遍接受了。除了一些詞彙的區別（在本書第四部分第十五章還會提到），透明度被理解為對「開放性政府」的期待。關鍵是，這個概念被擴展了許多。在歷史上，明晰的必要性主要與預算和財政相關，後來則變成要求公開所有公共行動，包括外交、國防或情報等。這些領域一直被認為是國家理性的聖殿。美國被稱為「秘密國家」，但也被要求要向國

會和社會提交報告[27]。公還希望深入所有公共決策的「黑箱子」，無論是涉及各部的運作還是代表機構的行動。如今在許多必要的領域上，民主理想加強打擊不透明，直至其徹底消失。

與此同時，不僅僅有着秘密與透明的對立問題，還有能否辨別是否透明的問題，包含解釋各種關係。即使愈來愈多的信息把我們壓垮，世界還是可以被辨析，而我們與政治人物高企知名度的距離也愈來愈大。政治人物的「知名度」的確一直在加強。知名度具有「名人效應」和傳媒效果，政治人物的形象通過製作和媒體被鋪天蓋地被傳播。他們渴望看到並被看到，知名度當然是很膚淺的方式，卻成功縮窄公民與掌權者的距離。但與此同時，機構在公民眼裏卻變得不透明，決策體制愈來愈摸不準，政策更難以評估。一句話，政治領域的明晰度在下降，牽動着不認可公共事務的情緒。知名度不斷拓展的帝國和不斷降低的明晰度之間有着巨大差距，滋生了懷疑與理想幻滅的壓力。這種形象與從前的民主社會相反。在從前，公共行動的動力似乎看得更清楚，更容易被理解，而政治人物卻很少出現[28]。

在舊制度裏，王權被精心導演，而國王與內閣的行動也遠離公眾視野；秘密處理。明晰度與知名度已被有意分開來。路易十四是最合適的例子。沒有任何一位王室像他那樣展現在公眾面前。從起床到睡

---

27. Voir, en français, Romain HURET, *De l'Amérique ordinaire à l'État secret. Le cas Nixon*, Paris, Presses de Sciences Po, 2009; et Alexandre RIOS- BORDES, Les Précurseurs sombres. *L'émergence de l' "État secret" aux États-Unis* (1911–1941), thèse de doctorat, EHESS, 2014.

28. 關於這段變化的歷史，參考 Fabrice D'ALMEIDA, *La Politique au naturel. Comportement des hommes politiques et représentations publiques en France et en Italie du XIXe au XXIe siècle*, Paris, De Boccard, 2005.

覺，他沒有一時一刻是私人的；甚至他的情婦們都為人所知。「我們不是個人，」他這樣說自己：「我們的一切都屬於公眾。[29]」這種知名度的確有距離感，刻意而為的，是帕斯卡爾所說的「想像的符號」[30]。但必須強調的是，與隱藏在這種炫耀行徑下的，是對決策制定絕口不提。路易十四經常出現，卻很少說話。在他身上，炫耀與沉默；曝光與神秘並存[31]。當時法國兩家最出名的報紙《法蘭西信使》和《法蘭西公報》報道君主活動的方式反映了這種並行性。公之於眾的都是社交時間表，只用幾句話提及：「國王今天早上去做彌撒」、「宮廷現在馬廄裏」、「國王、王后和這位或那位王室成員來巴黎做這個或那個」…… 隻字不提王國的對外政策或者財政管理，更不會提起內閣會議。

把重點放在這種分離及其歷史上，是要強調在民主憲法中明晰度的政治重要性。機構和政策要被理解才能被認可。民主在這種可能性中存在，而明晰度相等於一種充公的權力。懂得權力、其運作的程序是一種「取得」的權力，這是一種最迷惑人的政治表達（因為權力不是一件東西而是一種關係）。與保持距離相反，被控制就是服從於不透明且複雜的機構，相當於喪失公民權。在之前提到的，公開信息的最初兩個歷史階段 —— 即議會監督統治者的階段和公民監督議會活動的階段。之後，在這前景下，出現了更為嚴格的第三種信息公開的方式 —— 公民自行獲得公共機構運作信息的可能性。甚至在這種情況下，這是一種直接民主的當代表達。再次強調，這裏所要求的不只是信息而是更加明晰，這包含解釋事實、理解事情的進展等。這種明晰度，以後成為共和理想的關鍵之一。

---

29. Cité par Joël CORNETTE, "Versailles, architecture parlante de l'État absolu", *Cahiers de Malagar*, n°16, Septembre 2007.

30. 它們與「必要的符號」相對立。

31. Joël CORNETTE 很中肯地稱之為專制主義的「雙重特性」。

透明度自然會產生幻滅和拒絕。歐洲機構的例子最能證明這點。對明晰度的失望是歐洲懷疑論發展的直接原因，布魯塞爾和斯特拉斯堡議會選舉時棄權票比例大幅度增長就是歐洲懷疑論最明顯的表現之一。這也由於關於歐洲政治的講話，經常針對的是一個並不存在的歐洲，對這個歐洲的期待似乎不能在國家層面得到滿足。期待一個在全球化中起保護作用的歐洲；期待中等歐洲國家難以在外交上舉足輕重的強勢歐洲；期待一個可以規範市場的歐洲。在歐洲公民的眼中，歐洲無足輕重，好像不存在。歐洲是代表着這些期待幻滅的名詞；代表着與龐大的官僚機構模糊不清的名詞。我們只看到這個機構頻密會談後產生的交叉稅收制度。然而，歐洲最基本的不是這些，也不是一個未完成的議會民主制。歐洲建設的發展事實上是圍繞着三大機構進行的：委員會、法院和中央銀行。但這些組織對於公民們來説，乍看只是「黑箱子」，好像與外界無關，它們的運作是不透明的。

行使基本權力，作出決策並制定許多持久規則的，是領導這些「獨立機構」的專家、法官和官僚。但被稱為「默認的歐洲模式」卻是暗中逐步摸索形成的，並沒經過深思熟慮。説這是「轉瞬即逝的策略」和「看不見的斗篷」是很中肯的 [32]。歐洲機構的確是逃脱了所有監督非個人化權力的一種負面表達近乎純粹的典型。這就是為什麼「民主缺失」的感覺在泛濫。但是由於無法辨認權力形式，且對布魯塞爾權力行使模式缺乏了解，這種感受只能通過要求實施傳統議會表現出來。當時確實有過朝這個方向努力的改革，如 2009 年歐洲議會通過里斯本條約擴大了專有權力。但改革卻受到牽制，因為仲裁權在由國家元首組成的歐洲理事會手中，歐洲的公民投票不能任命執法人。因此，一方

---

32. 這些表達參考：Antoine VAUCHEZ, *Démocratiser l'Europe*, Paris, Seuil-La République des idées, 2014.

面是根據只能部分運行的傳統選舉代議制[33]表達的民主期待,歐洲並沒朝着聯邦國家的方向發展[34];另一方面是掌握實權的不透明三大機構的「自主」發展——兩者形成二元制。

歐洲民主化,包括衡量這差距、描述這些機構的運作效果,使歐洲公民能夠看懂這些機構,甚至通過展開關於機構使命和授權的辯論來重新清算帳目;打開他們決策和統治模式的「黑箱子」;迫使他們解釋清楚其選擇;並接受公眾不同意見,從而令這些機構民主化[35]。就他們目前的狀況而言,民主化的關鍵不是普選這些機構領導人,而是歐洲公民通過公開信息和辯論,來監督這些機構的運行和決策。只有通過批評和理解這些機構行使的權力,才有可能把它們納入國家辯論的範疇。

除了這典型的不明晰和被質疑的非個人化政治代價外,還可舉出許多具有這些特點的機構作為例子,無論是關係到嚴格意義上的機構,還是關係到公共政治。但是,不透明還有更惡劣的後果,就是助長了對民主構成威脅的陰謀論世界觀的出現。

不透明的惡魔

邊沁和貢斯當都強調,通過公開信息來消除懷疑。前文也引用過邊沁的話。貢斯當則強調,避開公眾眼光的行動不可能是有道理的,

---

33. 這正是 2005 年關於憲法計劃的公投的重要象徵意義所在,也是採納一個簡單的條約導致的民主被否定的感受。

34. 歐洲預算自從 1957 年羅馬協議以來幾乎沒有變化,保持在相當於所有成員國內總產值 1% 的水平。

35. *Démocratiser l'Europe*, op. cit., p. 10.

在權力中秘密制定的決策總會有「陰謀詭計的感覺[36]」、「讓危險遠離目光並不會避免危險」。他接着說：「相反，用黑夜包圍危險只會強化危險。黑暗中的事物會膨脹。在陰影中一切都顯得充滿敵意而龐大。」特別是兩個世紀以來，關於這個問題的思考一直在變化。在一個信息、虛報、揭露和醜聞無處不在的世界裏，懷疑統治者是安全感的新來源，尤其是從前對體制原則上的尊重坍塌了。隨着其他「看不見的機構」[37]衰落，從前對權威的贊同變成對原則的懷疑。

眾多公民對不透明性和公共力量的軟弱有所感受，同時也嘗試把想像合埋化。用陰謀論的眼光看世界，就像在一個讓人無法辨析威脅的世界裏嘗試修復和諧關係一樣[38]。這些陰謀論聲稱，政治或者經濟的不透明以及複雜關係背後，實際隱藏着非常簡單而合理的權力秩序。陰謀論使人自覺在事件中成了玩偶、被操縱的棋子或者無能為力的看客。這些理論重整了混沌的世界，通過揭露隱藏主人來提出重新掌握事物進展的要求。不明晰也因此就等同是遮掩那些控制或者／並且剝削普通人的組織。就其影響力而言，這種掩蓋行為普遍被認為是世界性的；被認為是詮釋歷史的真正動機[39]。在合法機構的煙幕後有一定數量的強權機構（如三邊委員會、美國中央情報局、光明會、猶太教長老會

---

36. Benjamin CONSTANT, *De la responsabilité des ministres*, Paris, Nicolle, 1815, p. 53.（以下引文同。）

37. 三個「看不見的機構」是指權威、信心與合法性。

38. 關於這問題的著作很多，關於歐洲參看 Pierre-André TAGUIEFF, Emmanuelle DANBLON & Nicolas LOÏC (dir.), *Les Rhétoriques de la conspiration*, Paris, CNRS Éditions, 2010; 關於美國部分參看 Peter KNIGHT (dir.), *Conspiracy Theories in American History: An Encyclopedia*, Santa Barbara, ABC-CLIO, 2003; 關於阿拉伯世界參看 Matthew GRAY, *Conspiracy Theories in the Arab World: Sources and Politics*, New York, Routledge, 2010.

39. 這種觀點當代法國的例子參看 Alain SORAL, *Comprendre l'Empire. Demain la gouvernance globale ou la révolte des nations*, Paris, Blanche, 2011（這是法國亞馬遜網站上被評論最多的著作之一。）

等）在全面操縱。只需披露幾個真實的操縱例子，就能使人們相信並以這種觀點來分析局勢。根據這種理論，公民應該意識到這是由帶着面具的精英們編織的大騙局，而且別再被現代政治展示的表面民主所迷惑[40]。在此意義上，這使陰謀論成功影響政治、扭轉人們被剝奪的感受和彌補人類的不幸。這種效果更是心理層面的──它們可以為相互提出問題並找到答案。托克維爾因此已指出：「在這個世界上一個錯誤、清新而簡潔的思想總比一種真實而複雜的思想更有力。[41]」

變化的時代和決裂的時刻尤其有助陰謀論的繁衍和謠言的散播，就像事件永遠超出我們所能理解的程度。18 世紀的法國是這種政治形勢最好的研究對象。阿爾萊特・法勒日（Arlette Farge）指出，那個時代的民間謠言如何與下層民眾希望了解公共事務的願望相關，這是一種接近宮廷神秘權力與秘密的方式[42]。謠言因此加強並擴大了集體恐懼、期待和怨恨[43]。馬克・布洛赫（Marc Bloch）[44] 在分析 1914 年大戰期間的假新聞時，也有過同樣的分析和想法。他注意到，假新聞在出現

166

好政府

40. 他們強調：「陰謀主義試圖指出民主權力空白地帶真正權力的出現」。(Emmanuel TAÏEB, "Logiques politiques du conspirationnisme", *Sociologie et sociétés*, vol. 42, n°2, 2010, p. 275.)

41. Alexis DE TOCQUEVILLE, *De la démocratie en Amérique*, t.1 (1835), op. cit., p. 126.

42. Arlette FARGE, "Rumeur", in Michel DELON (dir.), *Dictionnaire européen des Lumières*, Paris, PUF, 1997, et *Dire et mal dire. L'opinion publique au XVIIIe siècle*, Paris, Seuil, 1992. 中譯本：阿萊特・法爾熱著，陳旻樂譯，《法國大革命前夕的輿論與謠言》（香港：文匯出版社，2018 年）。──譯註

43. François PLOUX, *De bouche à oreille. Naissance et propagation des rumeurs dans la France du XIXe siècle*, Paris, Aubier, 2003.

44. 馬克・布洛赫（Marc Bloch, 1886–1944），法國歷史學家，年鑒學派創始人之一。1929 年他與費弗爾（Lucien Febvre）合作辦《經濟與社會史年鑒》，標誌着年鑒派史學誕生。布洛赫的早期作品著作包括《法蘭西島》、《國王和農奴》、《創造奇跡的國王們》、《為歷史辯護》等。布洛赫的後期研究成果主要體現在《法國農村史》和《封建社會》兩部重要著作中。第二次世界大戰中，他參加抵抗運動被蓋世太保逮捕，遭酷刑後被槍決。──譯註

以前就已在人民的集體意識中誕生，變成一面以集體意識來審視自己特點的鏡子[45]。

法國和美國鬧革命時，亦是陰謀論盛行的時期。在法國，為了解釋革命計劃為什麼流產或被惡意歪曲，共濟會、貴族、投機商、吉倫特黨人輪番遭到譴責。通過這些譴責，國家面對的困難找到了簡單的解釋，民主理想的舉棋不定被掩蓋。1760 至 1770 年期間，在大西洋彼岸，這種思想也在蔓延。與英國王室的緊張關係，只會導致兩國的邪惡勢力計劃反對自由[46]。為了解釋 18 世紀 70 年代普遍存在的不滿情緒，愛德蒙・柏克甚至提出可能在暗處存在反對人民的「第二內閣」[47]。

20 與 21 世紀之交，這些陰謀論大肆回歸。在簡單分析上述幾個因素後，這回歸並不難理解。戰爭、金融危機、恐怖活動勾勒出一個不可預料且具威脅性的世界。比起東西方對峙的世界秩序和法則，歷史變得不那麼容易辨認了。全球化的發展又形成一種沒有面孔的統一，頂着「市場」這頂有無窮力量的皇冠，同時伴隨着各種未經選舉產生的權力出場。這一切使事件難以辨別，職責界定變得不清晰，更難以確定權力的真正所在。與此同時，行動的可能性縮小了，被拋棄的感覺在增長。這一切都有利從前魔法般的陰謀論死灰復燃。

如今，網上大批源源不絕的信息也強化了陰謀論合理性和可信度，更產生了相反的闡釋。某種信息混亂，確實導致了客觀的資料、

---

45. Marc BLOCH, *Réflexions d'un historien sur les fausses nouvelles de la guerre*, Paris, Allia, 1999.（這是 1921 年發表在 *Revue de synthèse* 上的一篇文章。）

46. Gordon S. WOOD, "Conspiracy and the Paranoid Style: Causality and Deceit in the Eighteenth Century", *The William and Mary Quarterly*, vol. 39, no. 3, 1982, et de Richard HOFSTADTER, *Le Style paranoïaque. Théories du complot et droite radicale en Amérique* (1963), Paris, Bourin, 2012.

47. *Thoughts on the Cause of the Present Discontents* (1770), in *The Works of Edmund Burke*, 5e éd., Boston, Little, Brown & Co., 1877, t.1.

簡單的觀點能和謠言並存，甚至被置於同一層面來討論[48]。因此，當務之急是使決策機構和機制更易懂，從而驅走魔鬼，因它正在摧毀使公民清醒而具批判性的能力。

知情權與明晰的機構

在個人與機構的關係中，爭取信息的戰鬥一直具決定性的。如今仍舊如此，權力不僅僅關乎「所屬權」的問題，而是一個機構的領導與其跟從者之間的性質問題——員工與老闆的關係、下屬與官員的關係、被統治者與統治者的關係。比如在經濟方面，工人運動總帶着廢除（作為從屬社會形式的）工資制的口號，致力於改善關於工資、社會保障、工作條件，還有企業措施等方面。自 20 世紀初，「工人監督」運動就把以上的最後一點作為訴求核心。那時候，英國的口號是「打開帳本」(Open the books)。這個運動與想要評估企業真實情況與前景的股東和投資者的運動（美國的 1930 年法令第一個在這方面向前邁出了一大步）並駕齊驅。隨後在 19 世紀 60 年代開始，在不同社會領域也出現的整套公民監督組織。這方面的革新在美國尤其突出，人們開始提及良好的政府組織或者律師事業（從法律上捍衛公共利益）。正在此時，拉爾夫・納德 (Ralph Nader)[49] 發起了他的公民公共運動，以捍衛消費者的利益。「共同利益」(Common Cause) 組織則積極推動國家改革，聚集了 40 萬名會員，訓練他們以進行公民監督、遊說、收集材

48. Pierre ROSANVALLON (dir.), *Science et démocratie*. Actes du colloque de rentrée du Collège de France 2013, Paris, Odile Jacob, 2014; Gérald BRONNER, *La Démocratie des crédules*, Paris, PUF, 2013.

49. 拉爾夫・納德 (Ralph Nader, 1934-)，美國工藝事務組織主席、律師、作家、公民活動家、現代消費者權益之父，曾催生汽車召回制度，曾五次參加美國總統競選，2000 年攪局，使艾伯特・戈爾敗於小布殊。——譯註

料並起草論據。其後在選舉運動、財政改革還有要求提交帳目等方面都有重大成功。規模較小的「人民輿論」(The People's Lobby) 則利用了加州的直接民主來改革地方政治的組織[50]。

那些年，歐洲內陸並沒有如此規模的運動。客觀原因有以下。那時候政黨比較接近公民，捍衛他們的利益，比在美國更具代表性，而美國政黨更成了競選機器。要徹底改變社會的思想更傾向於政治總動員而忽視企業改革。後者被認為是次要的。因此，歐洲對透明度的要求首先是在經濟領域發起的。消費者施加壓力並要求獲得產品的成分、可靠性和安全性等信息。企業要公佈詳細的帳目的、完善審計證明和評語制度、公開領導層收入、制定社會工作及產品標籤——企業必須提交不斷增多的信息。當然，揭露出來的醜聞、關於生產條件的各種問題和提供的信息質量不足，都反映這些行動還是不夠。但是戰場的範圍已經清晰劃定了。但對於公共機構和政治體制來說，則另當別論。

政治透明顯然落後於經濟發展，尤其是因為各政黨的表現僅局限於選舉，所以沒人期待奇跡發生。這種落後有諸多原因。從社會學而言，這涉及到在政治領域建立較量關係的條件。經濟領域信息透明這進步與不同的強大壓力團體有關。僱員工會、消費者團體、股東協會（及其股東大會的作用）、專業媒體、稅收機構、審計專業人員等，都朝着一個方向而努力；但政治領域卻不同。由於政黨不是在政治舞台上就是在野，因此與公民從不在同一陣線。相反，它們作為政治階層中有組織的力量，本身就是不透明的主要原因。連公務員工會也是如此，其成員經常把信息傳遞作為次要的工作，甚至損害信息自主的空

---

50. 關於那時美國的公共利益集團參考 Michael W. MCCANN, *Taking Reform Seriously: Perspectives on Public Interest Liberalism*, Ithaca, Cornell University Press, 1986.

間。行政中真正「複雜化的舉動」[51] 既支持了團體權力，又支持了機構不透明。在行政和政治領域中，個人更是勢單力薄，無法獨自反抗。因此，歐洲的政治領域中只出現了一些不起眼的協會。

令人驚訝的是，幾乎所有地方查閱行政資料都被認為是個人的權利。1966 年美國的《信息自由法》(*Freedom of Information Act*) 在這個領域是具有開創性的。它提出了公民信息權的原則，拒絕信息開放是特例 (必須理由充分)。這個法律後來被多次強化，特別是奧巴馬的執政時期。2005 年，英國一項法律在極大程度上保障了關於執政和政治機構運作情況的信息自由。法國的情況相比之下要差得多。1978 年 7 月 17 日，法國頒佈一項法律以建立一個諮詢行政文件委員會，其涉獵範圍很久以來都非常有限，直到法國國務委員會在 2002 年 4 月 29 日頒佈的烏勒曼法令，這權利才被認為是一項「賦予公民行使公共自由權的基本保障[52]」。

但是當代面對的問題更廣 —— 涉及「知情權」[53]，旨在擴大公民權的概念。這種權利有兩面 —— 開放政府的觀念和明晰社會的思想。我們先來研究一下開放政府的問題，這也是當下討論得最為熱烈的。為同時進入信息和民主權利的新時代，數據開放的概念出現了。原則通常會得到廣泛認可，資料開放卻會遇到很大阻力。公民在這個領域的鬥爭是要掌握民主，與在表達民主範疇裏爭取普選是等同的。這鬥

---

51. Sandrine BAUME, "La transparence dans la conduite des affaires publiques. Origines et sens d'une exigence", Raison-publique. fr, 11 juillet 2011, p. 10.

52. 關於諮詢行政文件委員會參考 Corinne BOUCHOUX et Jean- Jacques HYEST, *Refonder le droit à l'information publique à l'heure du numérique*, rapport n°589, Sénat, 2013–2014.

53. 美國許多公民協會和消費者協會的運動是圍繞各種領域的「知情權」開展的 (參看重要的 The Right-To-Know 網站)。因此我們看到法國 Mediapart.fr 網站的創建人埃德維‧普勒內勒 (Edwy PLENEL) 概括了其新聞觀念的綱領性著作的書名為《知情權》(*Le Droit de savoir*, Paris, Don Quichotte, 2013)。

爭當然先要在權利領域裏發生，但這也是為了這觀念有效而儘快實施。還有是要使公共機構無論就其功能還是結構而言都更為人熟悉。公民們只知道機構的信函、窗口和申訴中心。至於真正政治機構的工作卻不為人所知。比如法國的國民議會──會議是開放的，部分通過電視播出了，所有材料都是公開的；但同時，中心的信息傳遞工作遠被忽視。

透明社會的觀念其實是要真正了解社會領域以及引導社會運行的計劃。它應該使個人在真正的公民中找到位置，也就是說懂得真實的社會關係、再分配的機制以及實現平等社會過程中出現的問題。目的是超越簡單的信息開放來解釋社會領域。

開放政府和透明社會決定了兩種公民掌控的形式。一方面是參與民主計劃，這計劃旨在豐富個人表達和參與形態，從而改進代議制選舉制度中不完善之處；與此同時，兩個前景的目標是通過知情來縮小被統治者與統治者之間的距離，以及被統治者之間的差異。在這兩種形式下，知情權的特點是超越人權（對個人保護）與公民權（組織參與政治團體）之間的傳統分歧。這的確能建設個人權利，使個人更能主宰他們生活其中的世界；同時又是公民性的始作俑者，使社會聯繫的真實浮現出來。

這樣的公民事業，要求建立以此為目的的新公民組織。這些組織是要棄置政黨。這些政黨是普選的組織媒介，又會激發公共辯論、不同的社會認同、意義的創造和對未來的描述。事實上，他們如今只要完成第一個任務，即挑選候選人，之後便完全沉浸在選舉遊戲中。他們與在任政府的關係是交替地服從與對抗。這點已一再強調過。他們從今往後是授權民主的軸心，因此他們在任何情形下都為執政民主的發展提供支持。

要衡量那些有待完成的使命，最根本的是明確的知情權。這有兩層意思：一方面是指解密、有權知道過去掩蓋的或被認為是私密的材料；另一方面，是指掌握普通信息。前者都是報警者、信息剽竊者、被指控了解內幕的人、機敏的記者，他們通過不同渠道獲得那些以國家或經濟利益為名義掩蓋的信息。如果了解這些信息，對於民主生活和懂得國家如何真正運行有重大意義，那麼公佈這些信息的人就被視作民主制度的英雄而受到讚美。在 20 世紀最具代表性的例子，是 1971 年美國《五角大樓文件》的發表。這些涉及對越南進行政治與軍事干預的材料被歸類為「國防機密」，卻被丹尼爾·埃爾斯伯格（Daniel Ellsberg）披露給《紐約時報》[54]，使官方話語與事實之間的巨大差異暴露於大眾。漢娜·阿倫特在她關於這文件的長文中強調：「這些材料指出的根本問題是欺騙[55]」。這些材料顯示出，戰爭的開始很大程度上是因為內政和衝突對總統有負面影響，而國家的介入比在台面上宣稱的要深，而且戰略家或者情報部門的意見也經常因宣傳或純粹的政治考慮被忽視掉。在 21 世紀，斯諾登（Edward Snowden）披露的國家安全局行動或朱利安·阿桑奇（Julian Assange）的網站「維基解密」披露的消息有同樣的作用。

事實上，即使只是「純粹的」披露領域，分析材料的能力才是決定性的。信息只有恰如其分地分析才有價值。當知情權使更多愈來愈厚重的各種行政文件和如山的統計材料被披露時，這種分析能力就更重要了。人民會迷失在數據煙霧中，淹沒在無法掌控而且無法區分輕重緩急的信息堆裏，最終導致一種新的不透明性，從而走向可能根據

---

54. Voir James C. GOODALE, *Fighting for the Press: The Inside Story of the Pentagon Papers and Other Battles*, New York, CUNY Journalism Press, 2013.

55. Hannah ARENDT, "Du mensonge en politique. Réflexions sur les documents du Pentagone", in *Du mensonge à la violence*, op. cit., p. 9.

各種演繹推理而選擇的崎嶇路途 [56]。這是如今給民主社會帶來最大威脅的一種新形式專制主義。在這種信息過剩的情況下，知情權只有依靠適當的理解才有意義，可讀性也因此成為可理解性的同義詞。目前的報警者確實值得敬佩，加強對他們的保護是民主活力的條件之一。但如今還必須加強大眾的理解及分析能力，而且是刻不容緩。學校可以幫上忙，媒體也可以，甚至可以毫不誇張地說他們影響力變得十分重要。在一個信息飽和的世界中，參與對信息分級和甄別的工作至關重要。他們通過高質的甄別，重新找到複雜網絡中簡單的資訊，找回缺失的行動與民主的中心 [57]。在大學和社會學家學者盛行的時代，更需要重新思考「通識知識分子」的角色。與此同時，有必要在經濟、社會、文化和政治領域裏，建立各種有助理解繁複資訊的公民組織。這些組織必須是可信的、不偏不倚的。因此，建立並訓練具嚴格科學和批評精神的公民智慧都十分重要 [58]。它們的聲譽將在實踐中建立起來，各自貢獻的意義和用處也會被區分。

---

56. Archon FUNG, Mary GRAHAM et David WEIL, *Full Disclosure: The Perils and Promise of Transparency*, New York, Cambridge University Press, 2007.

57. 在它們無法得到私人基金會的支持時，中心通過公共支持證明這角色得到應有的承認 (法國目前對報刊的幫助與對所有「一般信息」的發表一視同仁)。見 Julia CAGÉ, *Sauver les médias. Capitalisme, financement participatif et démocratie*, Paris, Seuil-La République des idées, 2015.

58. 在這點上，區分與科學態度不可分的批判精神和相對主義的觀點是很重要的。對於後者而言，知識的不滿足與知識的進步無關。

社會有時更傾向於不透明？

關係到國家運行和公共政治知情權是政府的原則[59]。那麼，指出整個社會或者社會的一部分有時會表現出更傾向於不透明也很重要。當對於不開放某些社會運行的「黑箱子」形成共識時，就是這種情況，比如納稅制度或社會政策。例如法國的稅收，整個制度竟更傾向不那麼敏感而顯而易見的間接稅，稅收漏洞不斷增大，臨時措施愈來愈多，這一切都導致「稅收麻痺」[60]。因此，徹底改革稅收制度的觀點遇到極大阻力，阻力不僅來自特權者。因為所有人都對此持懷疑態度，改革可能產生的後果對他們都會有威脅性[61]。由此我們看到，只有在徹底改革的路上走得更遠從而消除懷疑產生的保留意見和抵觸，對社會領域的認識才能產生正面效果。

需要考慮到很多的社會制度寧願在約翰·羅爾斯 (John Rawls)[62]所說的「愚昧的面紗」下運作[63]。舉個典型的例子，福利國家認為它們負責的問題——疾病、失業、工作事故——是客觀危險。國家對個人的行為不感興趣，反而對他們的所處的狀況更感興趣。這種客觀的方法有利於使制度合理化，因為人們認為制度產生的保障及再分配是公

---

59. 這裏不涉及保護私人生活和個人信息的私密性權限，這問題不屬本書的議題。同樣，我們不會涉及在什麼條件下公共人物的某些私生活或不能被認為具有公共性質。

60. 與美國制度不同。參見 Kimberly J. MORGAN et Monica PRASAD, "The Origins of Tax Systems: A French-American Comparison", *American Journal of Sociology*, vol. 114, n°5, 2009.

61. 相關建議參見 Thomas Piketty 的著作。關於這問題，還可參考 Nicolas DELALANDE, "L'économie politique des réformes fiscales: une analyse historique", *Revue de l'OFCE*, n°122, 2012.

62. 約翰·羅爾斯 (John Rawls, 1921–2002)，美國政治哲學家、倫理學家、哈佛大學教授，著作有《正義論》、《政治自由主義》、《作為公平的正義：正義新論》、《萬民法》等，是20世紀英語世界最著名的政治哲學家之一。——譯註

63. 約翰·羅爾斯的《正義論》。

平的。但如果我們揭開愚昧的面紗，以個人的情況和其行為之間建立聯繫，整個制度就變得脆弱。有沒有為了維護社會穩定最好不要什麼都知道或者縮小社會排斥現象的可能呢？我認為沒有，即使關於平等和公平的辯論也非常複雜且要非常深入地探討社會的運作（至於要建立政治透明度，要探索的遠遠超出已獲得的）。但將這事業進行到底也正是民主制度的思考重點所在，與其並行的是建立公民身份和對社會的認知。現代公民身份，要將積極參與和保持清醒的要點連結起來。但這場要保持清醒和認知的革命路途還遙遠，正在呼喚和等待發動者。

第十一章
責任

「責任是平衡所有權力的積極被動因素。[1]」這個定義中肯地強調，責任應該是制衡權力的力量，即委託人需承擔責任的概念。它通過強調義務補償了委派任務時對責任的放棄。它是在物理上所謂的回動力──它限制了人在某種權限內行使權力，使權力經常回到起點。責任的原則只有在民主力量及其結構脆弱的整體框架裏才能被理解。這是一種約定。如果權力來自選舉，權力的行使應該與其他永久認證和考察機制互相牽制。因此，責任是被統治與統治者之間的主要連繫原則。它重新賦予被統治者權力，迫使統治者服從於監督機制。所謂的負責，就是要服從於實際限制。

責任有兩個目的。首先，它能掌握權力，能使人們對掌權者產生質疑，導致政府辭職。這是直接意義上的政治責任。其次，它決定應否對權力行使進行考察。它一方面可被理解為對於過去負責任。在需要解釋條例時，綜合報告的就是例子。另一方面也是對未來的承諾。「對某事負責是說，把這件事情做好的權力集中起來。[2]」曾有人如此概括。責任是考驗能力。在歷史上，普選產生後才出現這些不同範疇的責任。為了更容易獲得被統治者的贊同，統治者必須服從於責任，甚至從屬。前文已提過監督政府財政預算作為負責的例子，並把明晰的必要性和綜合報告（加上問責制概念）的必要性聯繫起來。但要理解政治責任的深層意義，我們需要追根溯源，探討這種政治職責的原始形式，即英國如何依靠彈劾來制裁糟糕的政府行為。

---

1. Olivier BEAUD et Jean-Michel BLANQUER, *La Responsabilité des gouvernants*, Paris, Descartes & Cie., 1999, p. 12.

2. Denis BARANGER, *Parlementarisme des origines*, Paris, PUF, 2002, p. 25.

英國的創舉

自中世紀末，彈劾的目的是懲罰權利的濫用。這與人身保護法一起捍衛着英國公民和政治自由。伯克認為，這是「捍衛憲法純粹性的衛士。[3]」那時的國王不能直接被指控，因他的權力被認為是神聖的，也是繼承下來的規則。按照那時代的說法，就是國王「不可能做不好」。因此，彈劾只會針對大臣、輔臣或者高官。由於國王的任命不可能被質疑，被指責（彈劾的意思）的會是問罪程序中相關的人士。被追究的，其實是個人行為或決定而不是政治方向。貪污或者高官背叛的罪行只是那些危及國家的罪行。在問罪過程中，下議院建立彈劾法令，上議院貴族組成法庭。這被認為是議會上議院法庭的議會制最古老的連繫形式。因此，代議制的功能從根源上被認為與維持好政府的任務不可分割。1376年，國王大總管拉提美爾勳爵（Lord Latimer）是第一位在彈劾制度中被問罪的[4]。從此，彈劾制度在英國逐漸成為立法權監督執法權的主要手段之一，另一種當然是徵稅。

17世紀初，彈劾制度成為相對常用的手段，而且逐漸變質。變化有二。首先是開始只用於追究次要人物，比如法官或神職人員；另一方面，其罪責的範圍卻擴大了。如在最基本的背叛和貪污一級重罪之上，又加上了寬泛而模糊的不當行為為重罪。國王身邊的重要人物，比如伯金翰公爵（Buckingham）或者弗蘭西斯·培根因此被指控「濫用職權，瀆職和公款運用不當」或者「蔑視議會特權」。就嚴格的法律用語而言，這些「行為不當」通常不屬犯罪，而只是政治錯誤或糟糕的管

---

3. Edmund BURKE, *Thoughts on the Cause of the Present Discontents*, op. cit., p. 495.

4. 他被指責敲詐資金、非法佔有戰利品和軍事錯誤。判決書提及「面對國王和人民的營私舞弊。」見 Theodore F. T. PLUCKNETT, "The Origin of Impeachment", *Transactions of the Royal Historical Society*, vol. 24, 1942.

理。英國法詮釋大家威廉·布萊克斯頓（William Blackstone）[5]，把服務於集體的人所犯的輕罪歸於所謂「糟糕的行政管理」，強調這些輕罪不僅侵犯了已建立的法律，還忽視了關於共同財產和公共信任的觀念[6]。另一位英國大法學家愛德華·柯克（Edward Coke）[7]指出，下議院像「王國需要的總審查官」一樣在提出這些指控[8]。這使議會可以排除大臣而又不是在反對王權。彈劾因此成為代表們對執法人進行政治監督的工具。

這種監督需借助罪行訴訟，因此保留了古老的特點。這的確是為了讓國王任命新人，在政治上通過治罪責任強迫國王判決他的寵信、官員和大臣。這種做法導致君主和下議院的關係更加緊張，激化了情緒，在 18 世紀初更產生使人擔心有回到內戰的可能。這時，英國政界都認為，在內閣與下議院衝突過於激化的情況下，內閣最好集體辭職，而不要陷入啟動可能觸及對國王特權彈劾的可能之中。在這背景下，政治責任的現代觀念誕生了。

這種觀念有雙重含義。首先，是用集體政治責任取代個人和刑事責任。這政治責任既滿足了下議院的批評，同時也使大臣們遠離導致他們下台的司法訴訟，開始形成「首相領導各部門集體決策」的制度。其特點是有意通過鞏固權力來化解衝突。大臣們自行辭職，議會

---

5. 威廉·布萊克斯頓（William Blackstone, 1723–1780），18 世紀的英國大法學家、法官和政治家。他的名著是《英國法釋義》，影響至今。——譯註

6. William BLACKSTONE, *Commentaries on the Laws of England*, Oxford, Oxford University Press, 1769, vol. IV, chap. 19.

7. 愛德華·柯克爵士（Edward Coke, 1552–1634），英國法學家和政治人物。1613 年被任命為王座法院首席法官後，常被稱作柯克大法官。他力主普通法是最高法律，國王不能裁斷任何案件，又被稱為普通法的福音。——譯註

8. 1624 他在上議院針對彈劾 Lionel Cranfield 的講話。In John P. KENYON, *The Stuart Constitution, 1603–1688: Documents and Commentary*, Cambridge, Cambridge University Press, 1966, pp. 100–102.

既沒有侵犯國王特權又達到其目的，且不必冒着被彈劾或受到處決的危險。儘管在貪污或者背叛的特殊情況下，還保留彈劾制度，但這已經過時了。1742 年羅伯特・沃勒潑勒（Robert Walpole）[9] 辭職，1782 年諾斯勳爵（Frederick North）[10] 辭職，這都確實反映了新責任制的成效 [11]。要強調的是，第一個變化與執法權的加強並行。懂得貌似原則上的矛盾很重要。為此，我們要重新追溯 18 世紀英國政治歷史的線索。執法權自那時開始便不顧王權的特殊性而自行發展 [12]，組織更嚴謹，內閣定期開會來集體作出決策。君主則變得不得不接受大臣的任命。在這種情況下，政治責任相當於接受了脆弱，使能平衡更獨立、更強大、更集中的權力 [13]。執法權變得脆弱，與此同時不那麼令人恐懼，因此可在引起憂慮的情況下加強。然而這種政治責任還未被納入制約措施中，只是與首相對議會輿論的判斷、與他對彈劾威脅可能性的估計以及他對不可逆轉的危機甚至內戰爆發的預感相關。直至 19 世紀，議會主義才開始大規模過渡到現代觀念。

英國歷史與 1814 至 1848 年的法國議會主義王朝的歷史，形成鮮明對比。在法國，內閣還沒有成為一個圍繞在總理周圍商討的組織。內閣要團結的觀念還未萌生。沒人想像到部長們可以成為一個同

---

9. 羅伯特・沃勒潑勒（Robert Walpole, 1676–1745），英國政治家，通常被認為是英國事實上第一任首相。在任 20 年，是歷史上任職時間最長的英國首相。——譯註

10. 腓特烈・諾斯（Frederick North, 1732–1792），1770 至 1782 年出任大不列顛王國首相，是美國獨立戰爭時期的英方重要人物。由於英軍最終在約克鎮大敗於美國獨立革命軍，諾斯在 1782 年 3 月 27 日辭職，成為史上第一位因不信任動議而辭職的首相。——譯註

11. Denis BARANGER, *Parlementarisme des origines*, op. cit. 這著作中關於這段歷史的材料非常詳實。

12. 對存在像「秘密大臣」一樣行事而不負責任的國王顧問的批評的反應有利於穩固甚至加強那些有責任的大臣們的權力。

13. Denis Baranger, *Parlementarisme des origines*, op. cit. 作者強調，這種政治責任原則的實施甚至應該理解為增強執法權的推動力。

質而自主的團體。每個部長都自以為由君主直接委任任務的，並覺得要先對君主忠誠，然後才考量與議會的關係。幾乎沒有人在上議院對他提議的一項法案投反對票之後考慮辭職。這情況在復辟時期和七月王朝之間發生過演變。七月王朝時期，上議院確實表現得更動盪且有訴求，路易－菲利普也比前任的更關注輿論變化。因此，這個時期在一次上議院投反對票引發的危機後，有 3 個部明（共 15 個部門）倒下了。但是這些部長辭職，其實更多是由要採取措施的糾紛所引起的，而不是因為承認議會中少數派的形成要導致某個部門倒台。「議會特權」的思想還未被接受。革命和帝國之後回到王朝似乎加強了對國王任免部長特權的認可性 [14]，即使上議院試圖行使監督部長行動和國家管理的職能 [15]。

政治責任在那時，純粹是出於策略的考慮，就像復辟時期初期極端分子對自由派開戰時所捍衛的一切。舊制度的典型人物之一，維特洛勒（Vitrolles）在其陣營綱領中陳述了代議制政府中各部門應具有的條件。他提出五條──部長的責任延伸至解散權；各部門必須依靠上議院大多數；國王挑選議會信任的部長；各部門的功能；議會分為兩黨。他首先解釋，部長的責任首要是保障國王的權威：「為了確保其權威，他必須同意只通過這樣的人來負責。他們在接受這光榮使命時即準備他們的行政原則和行為可能受到受法律保護的輿論攻擊，為此作出犧牲。這就是我們所說的部長責任制，沒有這個首要條件，代議制政府不可能存在。[16]」在這種關鍵時刻，極端派試圖迫使國王服從他們並

---

14. 1839 年七月王朝部長危機最嚴重時，體制的思想者發表了許多著作來支持王權一點沒有被削弱的論點。見 *La Monarchie impossible. Les chartes de 1814 et 1830*, Paris, Fayard, 1994, pp. 149–181.

15. Alain LAQUIÈZE, *Les Origines du régime parlementaire en France* (1814–1848), Paris, PUF, 2002.

16. VITROLLES, *Du ministère dans le gouvernement représentatif*, Paris, Dentu, 1815, p. 10.

統治國家。自由派則想方設法揭露他們的厚顏無恥和他們「令人驚訝的歸順」。皮埃爾—保爾・羅歇—考拉爾 (Pierre-Paul Royer-Collard) [17] 回擊他們的話成了名言:「議會多數派決定政府存在之日……我們就是共和制了。[18]」然而,最重要的自由派理論家之一本雅明・貢斯當,沒有抓住近這個世紀以來英國實驗的政治責任的深層含義。這十分令人驚訝。他還繼續把部長的責任,理解為一種只能是個人且刑事的責任 [19],甚至在自由化的君主制中都沒有設想其他可能性。

由於法國沒有承認政治責任的原則,是暴動與革命使政府服從多數派的意見。這是 1830 年 7 月,查理十世頒佈違背全國政治情感 (除了破壞自由的特點) 的法令之後的情況。1848 年又發生了類似事件。在法國,直到第三共和國時期,面對議會的部長責任制才得到承認並按「英倫風格」來實踐。

從司空見慣到癱瘓

19 世紀中葉,人們所理解的議會制就是部長要面對選舉產生的議會政治責任。有人這樣概括:「政治責任包括統治者向議會彙報他們所完成的憲法特殊程序規定應履行的職責。[20]」在英國,這綜合報告與政治責任相結合的模式較早地顯出現代形態,在 18 世紀實際試行後,成

---

17. 皮埃爾—保爾・羅歇—考拉爾 (Pierre–Paul Royer-Collard, 1763–1845),法國政治家和哲學家,波旁王朝時的空論派領袖 (1814–1830)。——譯註

18. Pierre-Paul ROYER-COLLARD, discours du 12 février 1816, repris in Prosper DE BARANTE, *La Vie politique de M. Royer-Collard, ses discours et ses écrits*, t.1, Paris, Didier, 1851, p. 217. 他意味深長地把英國稱為「掩蓋在君主形式下的共和國」。

19. Benjamin CONSTANT, *De la responsabilité des ministres*, op.cit., et Lucien JAUME, "Le concept de responsabilité des ministres chez Benjamin Constant", *Revue française de droit constitutionnel*, n°42, 2000.

20. Philippe SÉGUR, *La Responsabilité politique*, Paris, PUF, 1998.

為「威斯特明斯特模式」[21]。議會監督和審查權在 1832 年選舉改革第二天即生效，比過去更清晰地把公共輿論與議會表達聯繫起來。這個權力並沒有把總理貶低成議會手中的玩具，因為他還保留對自己統治能力的評估，有決定何時辭職的自由，以提前提出新的選舉（議會失敗和辭職不一定相關）。

這種威斯特明斯特模式，首先以這種方式區別於法國第三共和國時期的議會政府制度，部長在這種情況下只是議會手中相對被動的工具。這種模式還有兩處與法國第三共和國的議會制度不同。首先，英國政治生活是圍繞着政府的多數派和反對派政黨進行的，被這種運作的特點和角色輪換所充實（而法國議會政府建立在多黨制脆弱而短暫的聯盟上）。在英國體制內，反對派的目標是要成為執政黨，受到嚴格的投票規則約束，是政府的反面——20 世紀影子內閣就是這樣形成的。「影子內閣」是指反對派的一種。另一方面，執法權與立法權之間在英國與堅定承認執法權的自主性和合法性相關。約翰·斯圖爾特·彌爾（John Stuart Mill）[22] 認為這種關係建立在「最高監督權」和「積極的權力」之間的區別之上[23]。對他來說，這等於認同後者有實踐的優勢，而前者有民主的優勢。他認為國家應該「完美地掌握這種民主的優勢」；議會既「對國家來說是一個上訴委員會，又是一個輿論會議」。他總結：「代議制議會的真正作用不是統治，它從根本上是不合適的；而是很好地監督、控制政府，闡明所有法令，要求清晰地陳述和證

21. Diana WOODHOUSE, *Ministers and Parliament: Accountability in Theory and Practice*, Oxford, Clarendon Press, 1994.

22. 約翰·斯圖爾特·彌爾（John Stuart Mill, 1806－1873），英國著名哲學家、心理學家和經濟學家。他是 19 世紀自由主義思想家，支持邊沁的功利主義，也是孔德實證主義哲學的後繼者。他把實證主義思想最早從歐洲大陸傳播到英國，並與英國經驗主義傳統相結合。在哲學方面的主要著作有《論自由》（1859）。——譯註

23. John Stuart MILL, *Le Gouvernement représentatif* (1861), Paris, Guillau-min, 1865, pp. 99–120.

明。」因此，議會政府與威斯特明斯特模式無論在實踐還是思想上，都非常不同。但是兩者都具有所有現代代議制政府的共同政治責任這思想。兩種模式因此發展了通過議會控制執法權的技術手段，比如審查、對部長的質詢、致辭的討論、調查等。

我們不在這裏詳盡討論這些區別和相似。除此之外，重要的是強調兩個世紀以來已經被理解、已制度化並被實踐的政治責任如今不再存在了。有幾個因素助長了這不同領域程度的演變。首先在政治和憲法領域，執法權得以加強。這種強化因統治者的直接選舉產生了前所未有的合法性，直接選舉自然使統治者面對選舉建立的議會更加自主。民主的總統選舉因此提高了面對選民這責任的地位，降低了面對議會的政治責任（而且總統制改變了執政條件）。與此同時，議會及其多數派的表達在政治上支持政府的角色成為了首要，合理化的議會主義機制只能鞏固這種演變。在憲法中體現政治責任受到不同因素的影響。比如歐洲大陸，自 20 世紀 70 年代以來，議會質疑政府變得非常罕見[24]。而且經常是因為多數派中的一部分人離開，而不是因為政治責任。

除了這些政治和憲法因素，政治責任的思想癱瘓與我們所說的追責危機有着關鍵關聯。追責的概念甚至是責任的傳統思想基礎。追責，其實就是每人分配一項行動；賦予一個行動[25]。負責就是回應分配給你的一切。問題是，這種定義被不透明的決策過程和複雜的政府結構所削弱。現在愈來愈難以得知，誰在真正負責一項決定。在每件事

---

24. 本世紀初意大利改革前例外。Christian BIDÉGARAY, "Le principe de responsabilité fondement de la démocratie. Petite promenade dans les allées du jardin des délices démo- cratiques", *Pouvoirs*, n°92, janvier 2000.

25. Paul RICŒUR, "Le concept de responsabilité. Essai d'analyse sémantique", *Esprit*, novembre 1994.

中有太多的立場，在解決問題的過程各種組織相交錯，公民們看不清楚，難以確定錯誤的追責 26。愈來愈經常用（經營管理）治理的概念取代（政治的）政府概念就是證明。與這種說法相關的規則與決策有兩大特點。首先，相關決策有許多不同身份的參與者。公共和私人企業或者協會紛紛插手，相互影響。在具有施加壓力或者干預（法律、媒體或者社會）的意義上，每個人以自己方式行使「治理」職能。因此，治理的思想在這裏把「公民社會」所表述的同質互動的參與者網絡的作用與唯一合法的參與/決策者對立起來。其次，這些決策不是在一個明確的時刻，斷然地作出的。它們來自繁複的疊加程序。各路參與者被納入不斷諮詢、談判、調整和妥協的過程，決策這說法本身失去其穩定性。

進入「冒險社會」進一步加強這種追責的危機。烏勒里希‧貝克（Ulrich Beck）寫道：「冒險社會的特點首先是欠缺 —— 不可能把威脅性歸咎於外因。27」因此要尋找檢驗責任的新模式。在這背景下，公民們愈來愈轉向公正。當然每個國家的形式和規模都不同。希望或許能彌補損害，特別是釐清責任亂麻並找到罪責人。着手建立懲罰統治者和高官的法令的傾向由此而來 28。20 世紀 90 年代初，法國的血液感染

26. F. THOMPSON, "Moral Responsibility of Public Officials: The Problem of Many Hands", *The American Political Science Review*, vol. 74, no. 4, 1980; & Mark BOVENS, *The Quest for Responsibility: Accountability and Citizenship in Complex Organisations*, Cambridge, Cambridge University Press, 1998.

27. Ulrich BECK, *La Société du risque. Sur la voie d'une autre modernité* (1986), Paris, Aubier, 2001, p. 399. 因此危險的概念在歷史上與責任社會化的觀念相關 —— 一場「事故」是意外，不能追責。

28. Olivier BEAUD, "La responsabilité politique face à la concurrence d'autres formes de responsabilité des gouver-nants", *Pouvoirs*, no. 92, janvier 2000; Antoine GARAPON et Denis SALAS, *La République pénalisée*, Paris, Hachette, 1996; et Robert D. BEHN, Rethinking Democratic Accountability, Washington, Brookings, 2002, chap. "Taking Accountability to the Courts".

事件證明了這變化[29]。這種「治罪傾向」取代政治責任，加速了嚴格意義上政治責任的衰落。在從道德和社會層面，難以接受以宿命論對待一個偶然情況的條件下，治罪允許追究行政人員的職責。因此在統治者不能一直履行他們的政治責任時，人民會要求法官在可能的情況下對有罪的人作出判決，其決定就如集體宣泄。如果這些統治者不履行他們的責任，不是因為他們推卸責任，而是因為他們看不到超越個人錯誤的深層意義。負責人的本義是接受並承擔一種他沒有起直接作用的後果。出發點應該在這裏。

重建政治責任

重建政治責任意味着最高領導人要懂得責任原則並不是機械追責。他參與的更是一種得以維護公共信任的虛構民主，破除了不透明和複雜的決策制度產生的逍遙法外或者消除了一種無能為力的感覺。這種虛構在心理和政治上都是必要的，因為它從根本上與民主所提倡的建立人可以掌握自己命運的制度這點相符合。因此它在個人層面上更有意義。當一個真實的或象徵性的重要事件使輿論嘩然，部長作為責任人辭職便重新賦予政治行動、相關個人以及與其相關公共部門意義和崇高的精神。「它使一個人在嚴峻的情況下擔當起行政錯誤的責任，」因此實施「民主純潔化」[30]。這樣一種肯定罕見的建立在個人參與基礎上的姿態，使公民們知道他們的焦慮和憤怒備受重視。在這個意義上，政治責任的概念在當代得以拓展，這拓展對於維護相信民主有

29. Olivier BEAUD, *Le Sang contaminé. Essai critique sur la criminalisation de la responsabilité des gouvernants*, Paris, PUF, 1999.

30. Olivier BEAUD et Jean-Michel BLANQUER, "Le principe irresponsabilité", *Le Débat*, n°108, janvier-février 2000, p. 39 et 41. 兩位作者還在辭職後看到「一種現代社會的表象，貌似一個人的犧牲使狹義的團體、政府，廣義的社會和解。」

能力讓公民們參與公共生活是必不可少的。在這種情況下，不僅僅是個人行使責任有變化，也涉及到面對被統治者，也就是輿論的責任，而不是面對議會的傳統責任（它必然保留集體這特點）。

這種面對輿論的「直接責任」新形式與以前相反，不可能是憲法化的。其行使目的確實是維持這些看不見的制度比如信心、權威和合法性。制度不斷增強，行動的成效建立在統治者與被統治者關係的質量之上。這種直接責任，屬於道德的層面。它使部長們在考慮他們的職業生涯（這使他們有把責任推卸給他們的下屬的傾向）之前首先意識到他們有責任加強民主。如同代表的概念在過去議會代議制形態中的中心地位一樣，這種政治責任的概念在新總統制體制中也有重要作用。民主成功或未完成，現在直接與政治責任行使的條件相關，因為責任是產生信任的關鍵。

問責制

面對過去的責任，屬三種權力和公共之間的關係：關於財務的介紹、提交的法令或者決策的證明、採取政策的評估。第一個範疇包括幾個類型的責任、審計或者問責[31]。隨着政治責任的行使，歷史上議會對執法權的控制是圍繞審計形成的，前文曾簡要地提及這段歷史。根據這詞彙直接而狹義的定義，從被動的意義上來説，財務的介紹屬明晰度。對不同類別和範疇的預算數據愈來愈詳細的了解（項目、預測預算、財政糾偏等等）使財務更積極，因為所有行動都反映在數字上。即

---

31. Mark BOVENS, Robert E. GOODIN et Thomas SCHILLEMANS (dir.), *The Oxford Handbook of Public Accountability*, Oxford, Oxford University Press, 2014.

使第一種追責的構成因素在更廣泛的公眾中傳播，由於其相對的技術性，一直都是議會活動象徵性和實踐的中心。

責任證明擴大了這一與執法權行動和決策本身相關的看法。要求一種權力必須自圓其說的民主體制的思想就是在這框架裏形成的。更確切地說，在這種情況下，責任的定義為「一個參與者與一個論壇之間的關係。在這個論壇中，參與者必須解釋並證明他的行動，論壇可以提出問題，形成判斷，參與者要面對判斷的結果。[32]」在這定義中要抓住這說法：責任其實是在相互影響。在吸引注意的政治框架內，責任通過多數派和反對派之間明顯地體現出來。譴責在位的政府行動，質疑其法令和決策其實是反對派的基本手段：甚至可以說這是民主功能本身[33]。但是困難在於反對派的特點是集中力量對被認為是「普遍的」政治有效性展開批評。這就是為什麼很多公民認為有必要對這種形式的責任行使「去政治化」。在這裏，「去政治化」只是在走出政黨行動領域這層面來理解的。有多種方式。首先是為輿論擴大「論壇」，使輿論可以根據特殊的形態通過多種論壇。這些論壇是由社交網絡，當然也是通過相應公民組織、有計劃的介入並建構起來。在更廣泛的形式下行使職責，引起極大關注，是因為公民們認為重要的事情和制裁不是或不再是在競選中或者黨派的角鬥場上進行的。今後將是公民主動採取各種措施、收集公眾輿論來譴責一個政權。

如今面臨的重大問題，是如何界定「輿論」這無所不在的角色。「輿論」的確是當代民主最直接的表達，這種表達不是集體決定的，

---

32. Mark BOVENS, "Analysing and Assessing Accountability: A Conceptual Framework", *European Law Journal*, vol. 13, n°4, 2007, p. 447.

33. 關於反對派的作用見拙作 *La Contre Démocratie*, op. cit.; 關於法律部分，參見 Carlos-Miguel PIMENTEL 的分析，特別是他的綜述性文章 "L'opinion ou le procès symbolique du pouvoir", *Pouvoirs*, n°108, janvier 2004.

而是社會學意義上的社會多樣性所產生的，令人信服。問題本身並不新奇。兩個世紀以前，關於輿論與代表間的競爭關係的最初理論就已形成了。這是 18 世紀末，尤其是法國大革命時期的老生常談[34]。但當今的特點是，公眾輿論已實際存在，而從前只是由知名人士或者大人物、政治組織、協會、工會還有報界（具有「媒體」的特殊作用）營造出來的。這種存在是網絡的產物，因此網絡應被理解為一種社會形式而不是一種媒體。但是這產物因此也變得古怪，形態各異，自相矛盾。最荒唐的謠言與最深思熟慮的陳述相混合；真實生活的表述與各種恐懼的反應和臆想相混合。這是 18 世紀所說的貶義人民[35]，由此老問題又捲土重來：為了中肯地質疑權力，在什麼情況下可以讓人民的聲音被聽到，並賦予他們介入的能力？這與過多人插手一項決策時如何追責同樣地困難——因為眾說紛紜[36]。

因此，責任證明必須有在本意上的全面效果，這是逐漸形成輿論的手段。這又是形成具有疏導和建構社會表達職能的新公民組織的迫切問題。關於這點，下文會再討論。

評估責任與公共政治的效率和對有效性的判斷相關。這是指衡量意向與成果之間，也就是說言行之間可能出現的距離。比如了解通過學校實現機會平等的政治為什麼失敗，或者一種社會政策預期的重新分配沒有達到預期效果。了解這種失敗或者反常效果是重要的。因此，公共政策的聽證與評估領域發展迅速[37]。這些任務十分複雜，必須

---

34. 我在 *Le Peuple introuvable*, op. cit. 和 *La Démocratie inachevée*, op. cit. 中闡述了這個問題。

35. 見拙作 *Le Moment Guizot*, Paris, Gallimard, 1985, et Le Sacre du citoyen, op. cit.

36. Mark Bovens 也曾提出「眼睛太多」的說法。

37. 第五共和國憲法第 24 條直接涉及這領域，分給議會三項任務：投票通過法律、監督政府行動並評估公共政策。

深入細緻地調查和研究 [38]。儘管考慮到要評估現象的複雜性，這些任務需參照「常規鑒定」，在這種情況下必須借助社會科學。通過評估使責任地行使民主化十分重要。媒體 —— 與研究人員相同 —— 在這裏是關鍵。

在歷史上，這三種形式的問責制推動了議會角色的轉換。然而，他們行使的職責範圍也逐漸擴大，包含了被統治者和統治者之間的直接關係。這種拓展與兩個運動相關。首先是呼籲普及問責制 —— 這點不必重複。另外是，當議會根據黨派邏輯來建構時，議會的性質便改變了。黨派令反對派更為理性化，但當它們把議會有系統地政治化時，也就是說要求每次介入只為反對時，也削弱了其在議會介入的作用。這樣的機械式行動導致議會的固有行動貧乏，尤其否認了共同利益的不確定性和不明確。這就是為什麼如今有必要找出基層議會生活的精神與形式。議會生活應由獨立且專心於監督、調查、建議、評估的人來主持 —— 但這要在民主且更廣闊的框架內。法國某些關於經濟、社會和環境委員會的革新思考就是沿着這方向進行的。這些思考與關於必須建構有組織的公民社會的意見交錯。未來還要進一步探索行使責任的模式。

面對未來的參與責任

如果我們沒有能力改變世界，我們就不能負起責任。權力與責任是必然聯繫在一起的。在傳統議會模式裏，即是授權投票。授權投票是要確認政府有能力應對未來考驗並且能夠將它的綱領付諸實行。

---

38. 這是社會科學中心很大部分的活動。比如法國巴黎經濟學院的公共政策研究所的研究目標與方法就是典型例子。

這就是所謂的「信任投票」。這是馬克斯·韋伯特別強調的基本政治責任 [39]。在理性化議會主義時代，行動之前必須獲得授權經常被認為是可以忽略的，好像對應對未來的信任不再需以這種方式來表達，法國就是這樣。從那時起，「部長們自己感覺是第三方，完全不用向議員們負責 [40]」。對他們來說，總統的贊同便足夠。

政治意願的性質也變了。在這之前，表達政治願望與政治交替或者社會變化相關，被納入對行動能力的整體感知。如今它變得更平淡無奇，更直接。然而，就像如今發生的問責危機，是一場意志危機。使公民普遍懷疑政府是否有能力面對現實就是證明。這是當代民主幻滅的核心問題。面對未來的責任，迫使所有注意力都集中在這種危害民主的疑心上。除了輕率地蔑視政治階層 [41]，認為它們沒有全面考慮到為共同利益服務或者只在盲目地服從新自由主義，還有一個問題。有幾種應對方式。最常見的是以唯意志主義和樂觀主義來辯解，或以貌似控制局面的態度來應對。有時也可以注定無能為力的態度回應：「我們什麼都試過了」、「我們再也沒辦法了」。這兩種態度和話語在提高就業的領域是非常典型的例子。人們在看待未來時，更會忽視意志或對意志持否定態度。從前的傳統主義者便是如此，他們認為服從於世界現有的秩序必然厭惡意志。自由保守主義者也是這樣認為的。今天某些所謂的生物—政治或者環境主義提倡脫離古老且順應生活和自然政治，無形中是在敦促人類虔誠地只接受一種認知，即告別要改變世界的民主意志。

---

39. 在其 1919 年著名的講座「政治的職業與使命」（"La profession et la vocation de politique", reprise in *Le Savant et le Politique*, Paris, La Découverte, 2003.）中，他強調這種「面對未來的責任」，在他看來，這在戰敗後的德國非常重要，而那時大多數辯論集中討論的是戰敗的原因以及德國對發動戰爭的責任問題。

40. Olivier BEAUD et Jean-Michel BLANQUER, *La Responsabilité des gouvernants*, op. cit., p. 9.

41. 但是遠非不正確！

但還有另一種責任觀念，即責任是確保與意志的表達保持聯繫的。它意味着區分「投射意志」與「反思意志」。投射意志應理解為活力和想像，是克服、戰勝對手的決心。它直接關係到個人性格，證明其精神力量。歷史上，體現精神力量的典型人物是鬥士和抵抗者，如拿破崙，「意志之獸」，與命運抗爭的 6 月 18 的人物；所有無名氏、造反者、起義者或者異議人士也都是這樣的人。他們以就他們客觀地位而言超常的能力迫使強權讓步。這個問題一直纏繞着在滿足於享受個人幸福還是嚮往改變歷史之間徘徊的現代世界。在 20 世紀初，民主幻滅和萎縮時，參與有關第一次世界大戰的一切，在集體意識中轉換成對獲得拯救力量的渴望。沒有人比羅伯特·穆齊爾（Robert Musil）[42] 在《沒有個性的人》以及其他文章中解釋得更清楚。他在探尋歐洲參戰時心理和精神上的原因時寫道：「因為我們對和平膩歪了。」他接着說：「我相信戰爭在我們社會的體內像疾病一樣爆發了；這種巨大的能量，除了通過這種腐爛的瘻管找不到其他通向我們靈魂的路徑。[43]」他認為，這場戰爭在某種意義上是為了取代資產階級社會的平庸，是一種走出狹隘利益和萎靡狀態的方式。對他說來，現代性的問題必須求助於「意志的新理論」[44]，回到那種生活狀態，「不間斷地活動，像喘息一樣騷動。[45]」他指出戰後接過火炬的是希特拉主義，它自稱是體現民意的制度。納粹主義上台，就是「意志在德意志掌權了。」他寫道 [46]。慰藉因此就是噩夢。因此，1945 年以後，民主制度希望

---

42. 羅伯特·穆齊爾（Robert Musil, 1880–1942），是位高產的奧地利作家。1906 年出版長篇小說《學生特爾萊斯的困惑》即獲得好評。他潛心創造 10 年未完成的巨著《沒有個性的人》被認為是最重要的現代主義小說之一。──譯註

43. Robert MUSIL, "L'Europe désemparée ou petit voyage du coq à l'âne"(1922), in *Essais*, Paris, Seuil, 1984, pp. 150–152.

44. *L'Homme sans qualités* (1930–1943), Paris, Seuil, 1956, p. 786.

45. Ibid., pp. 786–787.

46. *Essais*, op. cit., p. 397.

避免專斷的極權主義的幽靈，宣揚更為溫和的民主制好處。戰後 30 年，經濟迅速增長也確實為過去補償了物質主義的狂熱，也添加了消費社會的風氣。

但是在一個既不穩定且內部互相依賴，愈發對自己的價值不確定的世界中，意志和參與的能力問題又被提出來。當投射意志與不必在封閉世界中行使的統治權相連時，舊時的投射意志已不再享有從前的地位，但對那些搖擺並嘗試極端主義的人來說另當別論。這是就政治而言，因為這種意志把它的價值作為個人道德保留下來了。但這卻是我們所需要反思的意志。政治上投射意志認為社會是放大的個人，整齊劃一，可以作為一個服從於高效的直接統帥的軍隊來調動，像培養個人性格一樣來塑造；而反思意志則從關注社會分工出發，把社會分工看成政治產物，思考社會中的衝突、不平等、不和諧和偏見，把它們暴露在光天化日之下，成為公共辯論的議題。在這種情況下，為建造一個更公平、更自由、和平的社會，政府的參與與社會集體工作相關。這種意志的強大與改革社會（詞源上意義）的能力互相影響，使社會發現本身結構就是停滯不前的原因。這種意志使人更清醒。

第十二章
反應力

如今，在任何情況下，公民們愈來愈感到他們的意見沒有被他們選出的人聽取，沒有被他們代表。他們在選舉時讓人聽信的話隨後在議會中煙消雲散，統治者則顯得很自信。而普通公民的表達只是分散在社交網站上，被有組織的壓力集團的利益微妙地操縱，或者停留在模糊不清的抗議話語上。一方面統治者沒有反應能力，同時公民表達又不完整。多種歷史因素導致了這種情形。首先是逐漸屈從於公民選舉的形式主義的公民表達：這是 19 世紀完成並在 20 世紀繼續產生效應的重大運動。其次是政黨的專業化使其愈來愈脫離現實：這一點隨着 20 世紀末政治「非社會化」的進程而加速。如果要思考持久而積極地把統治者與被統治者聯繫在一起的表達與互動民主制度的條件，使得被統治者一直是主權人民，那麼評估動力與效果是很重要的。

傾聽與統治：倒退的歷史教訓

把政府行動與傾聽社會要求聯繫起來的計劃歷史悠久。這由最早的現代政府理論家內克爾和基佐 (François Guizot) [1] 在 19 和 20 世紀之間提出的。他們肯定不是作為民主派來提出這思想的。但作為有行使執法權經驗的人，他們知道隨着美國和法國大革命爆發，歷史一頁被翻了過去。如果說普遍政治話語，特別是選舉話語能夠持續運用老一套的吸引和操縱技巧，今後政府行動則要考慮到擺脫束縛的公民社會而存在。如今，公民有辦法表達且捍衛他們的利益和意見。因此，

---

1. 弗朗索瓦・皮埃爾・吉堯姆・基佐 (François Pierre Guillaume Guizot, 1787–1874)，法國保守派政治家、歷史學家。曾任法國總理，他任期內創立了法國歷史學會，該協會出版原始資料累計多達 350 卷。他在國民教育部之下設立一個附屬委員會，從事法國史原始資料的公佈工作。自 1836 年起，該委員會公佈出版的《有關法國歷史的未公佈的文件集》達 290 卷之多。1848 年的二月革命路易・菲利普的七月王朝被推翻，基佐也因此下台。他離開政壇後避居英國，著書立說。——譯註

以為還能像諾德和馬扎然的理論所提出的通過欺騙，使用強硬手段管理民眾，那已經不現實。內克爾和基佐都不認同像本雅明・貢斯當這樣的傳統自由派觀點，後者迴避執法權的問題，提倡弱權。他們在這方面都發表了獨特思想的著作。內克爾在 1792 年發表了《大國執法權》。基佐則在 1821 年把復辟時期前幾年發表的一系列文章合集成書，書名為《法國目前政府與反對派的手段》。這兩本書提出了最初的人民主權時代執法權的哲學思想。

內克爾在法國大革命時，肯定執法權儘管表面上處於次要地位，但實際上在政治有關鍵作用。然而，當時的他被孤立。他與 1789 年那些人的想法背道而馳，他們的思想集中在立法機構的組成和代議制的原則上。這些人把注意力集中在這些問題上，而內克爾則認為這些是次要的，或至少可能只是一系列令人滿意的解決方式。在他看來，作為議會基礎的立法功能，其實目標很明確：制定標準。議會人數、任命方式或任期都沒有從根本上改變功能本身。總之，功能沒有被形式淹沒。然而他說：「執法權的構成是政府所有制度中主要甚至唯一的困難。[2]」他認為問題出於其功能。他解釋說，執法權是一種直接的權力，完全由內容和行動決定，自成一體。其功能性因此完全依賴其形式和實踐。「我們很容易描述其功能，把它們與立法機構的功能分開，」他寫道。「但是當我們想形成這種權力，想要選擇構成其力量的因素時，就會發現這理論難在何處。我們也許會原諒國民議會不了解或者忽視了這些困難，如果我們不把所有的不幸、所經歷的、感受的、至今令

2. Jacques Necker, *Du pouvoir exécutif dans les grands Etats*, op. cit., p. 15.

我們心有餘悸的不幸歸咎於這最初的錯誤。[3]」內克爾提出了在什麼條件下，政府既有效又自由的問題。

20 年以後，他的一位讀者佛朗索瓦・基佐第一次有系統地提出關於現代政府的觀點。內克爾思考的是執法權的本質和功能，基佐特別注重從有效實踐的條件出發來思考問題。他是第一個以這種方式思考自由政府理論的。他開宗明義：「所有政府為了保證其生存都要滿足它所統治的社會的需要，並且置根於人民的精神和物質利益中。[4]」因此，權力的行使與對社會的了解是不可分割的。「要深入了解社會，研究社會所渴望的一切，[5]」他寫道。「研究社會需求且深入探討其性質。[6]」他在 19 世紀最重要的政治學著作之一，《法國目前的政府與反對派的手段》一書中有系統地認論了這些説法，用嶄新的詞語指出，現代權力行使的適當條件。他解釋道：「權力經常犯一種奇怪的錯誤⋯⋯部長、省長、市長、稅務官、士兵，這些是權力所謂的政府手段；它擁有這些人時，把這些人分佈在全國時，聲稱在統治，卻很驚訝竟然遇到障礙，不能把人民當成自己的人員來支配。」他接着說：「我急着要說出來，我所說的政府的手段不只在於此。如果這些足矣，如今權力還有什麼可抱怨？它裝備着這樣的機器，我們從未見過如此多又這麼好的機器。然而它不斷重複說法國無法統治，誰都在反抗，正處於無政府

---

3. Ibid., pp. 22–23. 內克爾還中肯地分析了國民議會委員會的建立導致否認執法權特性的存在。他從這種否認看到了革命的失控 (Ibid., ch. 2)。他尤其認為這種否認與直接與對人民直接立法烏托邦式的讚美是並行的 (Ibid., p. 45)。

4. *Archives philosophiques, politiques et littéraires*, t.1, n°3, septembre 1817, p. 274.

5. Ibid., p. 122.

6. *Du gouvernement de la France depuis la Restauration et du ministère actuel*, Paris, Ladvocat, 1820, p. 155.

狀態；它在所有力量中奄奄一息，就像米達斯[7]在黃金中餓死。其實政府真正的手段並不存在於權力行動直接而明顯的工具中。它們存在於社會中，且不能與社會分割。人類社會不是一塊主子挖掘的田地。聲稱通過與社會力量較量的外力、通過建立在社會之上卻沒有置根於內部，而且沒有在社會中吸取行動原則的機器來管理社會，是徒勞無益的。國家本身包含並可能提供內部政府的手段，這才是我所關注的。[8]」

　　基佐同時強調，他所說的「精神的政府」[9]的集中性。波旁王朝復辟時期，一個新詞出現且反映出人們意識到統治藝術的新條件：人們開始討論統治術[10]。這思考首先源於一個有行動能力的人。在他的主要著作中，試圖搞清楚一個悖論：一個被極端分子掌控的有權力部委怎麼能在 1821 年無法控制其對象？它已令反對派被禁言，並掌握着強大的行政權和高效的警察系統。在民主時代行使權力，意味着知道如何「對待大眾」並因而掌控內部的政府手段。他寫道：「從理論上講，就好像政府和社會其實不是兩個涇渭分明的存在……是同一個存在。[11]」他強調，後拿破崙時代的根本問題是「通過社會建構政府並且通過政府行動建構社會。[12]」基佐的意思是，現代社會由糾纏在一起的「焦躁敏感」的輿論、激情和利益架構的，政府只能在與這些構成國家生活的因素互動時，才真正地有效率。這是《法國目前政府與反對派的手段》一書的主要論點：政府真正的手段存在於這些構成社會所有需求的利

---

7. 米達斯 (Midas)，希臘神話中的人物，他貪戀財富，求神賜給他點物成金的法術，他的願望得到了滿足，他手指所點之物都變成金子。最後連他的愛女和食物也都被他手指點到而變成金子。他無法生活，向神祈禱，希望一切恢復原狀。——譯註

8. Ibid., pp. 128–130. Voir tout le chapitre 7, "Des moyens de gouvernement en général".

9. 他呼籲「運用精神而不是通過擾動存在來統治」(François GUIZOT, *Histoire de la civilisation en Europe* (1828), 17e éd., Paris, Didier, 1878, p. 307).

10. 據巴爾扎克記載，路易十八有時候就用這個詞。見巴爾扎克《水桶舞會》。

11. *Archives philosophiques, politiques et littéraires*, t.1, n°3, septembre 1817, p. 278.

12. *Archives philosophiques, politiques et littéraires*, t.2, n°6, décembre 1817, p. 184.

益、激情和輿論中。這是政府為了動員民眾應抓住的「把手」。統治就是融入到這些需求中，努力盡可能順應這些需要。對「外部」政治機器和政府手段的批評延伸為社會批評。如果說 1821 年的政府是一架空轉機器，也是因為現行的王朝即使不是「陌生的，至少對於政治存在也是外來的，沒有深入到似乎是決定所有人未來的需要和力量當中。[13]」基佐因此呼籲他的自由派朋友們，學會以其他方式統治，以便為有朝一日掌權做準備。

在基佐的政治生涯中，這不只是一篇激烈的反對派講話。但與此同時，基佐也看到真正嶄新的東西——從互動性來思考權力與社會的關係。這使他用前所未有的方式思考代議制。他建議超越選舉和個人化的思想來理解代議制，把它作為認知的程序來思考。他因此把宣傳與代議重疊起來。他正是根據這觀點對代議制政府的根源與轉變的歷史進行研究的。他中肯地指出：「歐洲所渴望的體制歸根結底不是代議制而是選舉，這不是辯論，是廣而告之。在公共事務的行政管理中，廣而告之的需要是社會與精神狀況的基本特點……溝通欠缺時，就會有選舉、集會、辯論；但是人民不相信他們是對的。[14]」他強調，這種廣而告之使權力與社會之間能「互相揭示」。回到他 1828 年大學課程中關於代議制政府的問題，他承認分權與選舉的重要性，但他寫道：「認真思考理論，廣而告之也許是代議制政府最基本特點。[15]」他解釋說：「選舉從本質上來說是突發行動，不太可能有辯論：如果這行動與所有習俗、選民的經歷無關，沒有經過之前漫長的辯論，沒有表達一般的意見，就很容易對選民的願望感到意外，或者使他們只憑一時衝

13. *Des moyens de gouvernement et d'opposition*, op. cit., p. 121.

14. François GUIZOT, "Des garanties légales de la liberté de la presse", *Archives philosophiques, politiques et littéraires*, t.5, 1818, p. 186.

15. *Histoire des origines du gouvernement représentatif en Europe* (1820), Paris, Didier, 1851, t.1, p.124.

動；那麼選舉就缺乏誠信或者理性。[16]」而相反，廣而告之可以使輿論與政府保持溝通。

1814 年，年輕的基佐被任命為內務部總秘書長，他還積極參與制定《王國道德統計》，這統計是此前《公共精神總表》的延伸。他做過兩次前衛的調查，從很詳細的問題出發[17]，當時不細看會以為與其實相近的調查方法截然不同。1792 年，內務部長讓—瑪麗·羅朗 (Jean-Marie Roland) 建立「公共精神培訓與宣傳聯絡辦公室」時，特別讓基佐負責在各部門分發吉隆特派報紙[18]。1837 至 1839 年七月王朝時，巴爾扎克嘲笑的「公共精神辦公室」用秘密資金請記者隨時於各省報刊刊登有利政府的文章。基佐的眼光完全不同，他試圖推行的是政府行動的新觀念。

這些法國背景下產生的前衛思想回到公民的利益，推行民主訴求，或許為人民主權的界定打開了道路，為被統治者與統治者之間良好的關係建卜廿了最初的框架。但這些思考是無人支持的，幾乎沒有得到回應，即使他們兩位的其他作品不乏讀者。要等到哈貝馬斯 (Jürgen Habermas) 的出現，基佐第一次在其著作中提出的「公共輿論的統治地位」才得到承認[19]。整個 19 世紀，自由派執迷地把國家限制到最小，他們的政治野心只局限於捍衛傳統的議會主義。而共和派和社

16. Ibid., t.2, p. 242.

17. Pierre KARILA-COHEN, *L'État des esprits. L'invention de l'enquête politique en France (1814–1848)*, Rennes, Presses universitaires de Rennes, 2008.

18. Anne KUPIEC, "La Gironde et le Bureau de l'esprit public: livre et révolution", *Annales historiques de la Révolution française*, no. 302, 1995.

19. Jürgen HABERMAS, *L'Espace public. Archéologie de la publicité comme dimension constitutive de la société bourgeoise* (1962), Paris, Payot, 1978. 我在《基佐時代》中重提這個感受 op. cit. 關於內克爾著作中可統治性與輿論的關係的問題可參考 Léonard BURNAND, *Necker et l'opinion publique*, Paris, Honoré Champion, 2004.

會主義者首先是思考如何確保被選舉者的代表性——因此兩邊都繞開了執法權問題。

只有發展這些機構並把它們推向極致，使它們制度化，才能在政府與社會之間確立互動民主。這個社會把政權交給公民，迫使統治者回應他們的期望。但與此同時，要重新建立社會表達方式。公民表達在今天萎縮了，衰退到民主的負面反應或只剩下支離破碎的社交網絡調查。下文來回顧一下這段歷史，以了解公民革命的特性與規模。

公民表達的兩極分化與萎縮

歐洲，甚至歐洲以外民粹主義運動崛起於 21 世紀初。如此大規模的現象必然有諸多原因。但很顯然這種傾向與眾多公民被拋棄相關，他們覺得傳統政黨不再代表他們。簡單回顧社會表達兩極分化產生的條件，以權衡這個問題，而這種社會表達的兩極分化確立了政黨和其他像工會這樣的大型組織，後者幾乎是社會的唯一代言人。19 世紀末開始，這種兩極分化導致代議制的壟斷，標誌着與美國和法國革命創立的公民表達多樣性決裂。請願活動的重要性降低——尤其在法國，就是標誌性的例子。

請願的根源是民主的。無論是在英國還是在法國，當公民失去能代表他們的機構時，請願是被允許由個人發起的。這層面將會延續。但是，從法國大革命第一天開始，要求制定一項法律、改革機構或者改變某個公共部門方針的請願多如牛毛，都有集體和政治特性。在這種情況下，請願伴隨並延伸出公民活動。這些活動迫使直接民主與代議制並存。因此，1789 年關於投票權組織的一項法令，明確提到請願

的權利[20]是作為強制任期禁令收繳的選舉人權力的補償，以及被代表們所應享有的行動自由。除了規定的靈活性和選舉代議形式化，請願活動還可以平衡對兩級選舉之外選舉權限制所產生的後果。它有「政治選舉權替代品」[21]的作用。那些根據納稅條件不能成為公民的人，可以通過這種方式發聲。對婦女來說也是如此。如果投票設有多種限制，請願確實是更普遍化。

在這種情況下，這個時期的請願活動如此廣泛就不足為奇。而請願並沒有脫離議會生活，因為簽名團可以在國民議會講台上發表意見[22]。只需查看當年的會議記錄，就可以發現那時這種要求在議事日程中佔有重要的地位（請願確實在會議上被介紹並討論）。幾年以後七月王朝時期，當時最重要的共和派鬥檄文作者科爾明南（Corminin）持同樣看法。他寫道，通過請願「哪個無產者都可以走上講壇，在全法蘭西面前公開發言。通過請願，沒有選舉權的法國人，無論是選舉人還是公民都可以像議員和政府一樣積極主動。[23]」

與此同時，這種請願受到激烈抨擊，這對於民主發展而言是很重要的。自從法國大革命開始，請願就受到代議制保守派理論家的批評。這些人考慮的，是如何賦予這些通過選舉產生的人以代表社會的

---

20. Article 34 du décret du 22 décembre 1789.

21. Adhémar ESMEIN, *Éléments de droit constitutionnel français et comparé (1899)*, 8e éd., Paris, Sirey, 1927, t.1, p. 590.

22. André CASTALDO, *Les Méthodes de travail de la Constituante. Les techniques délibératives de l'Assemblée nationale, 1789–1791*, Paris, PUF, 1989, pp. 360–364.

23. CORMENIN, *Questions de droit administratif (1822)*, 4e éd., Paris, Guyot et Scribe, 1837, t.3, p. 384. 另一位七月王朝的理論家毫不猶豫地稱之為「婦女和無產者的權利。」 (voir Pellegrino ROSSI, *Cours de droit constitutionnel (1866–1867)*, 2e éd., Paris, Guillaumin, 1877, t.3, pp. 159–175).

壟斷權。「替人行動或發言，這就是代表，不是公職人員的公民沒有任何代表權。[24]」他們如是說。另一些人則保持沉默，出於社會和政治考慮，害怕看到請願者「通過政治投票捍衛個人願望」且「用民主無政府主義取代代議制。[25]」但是共和派最終也出於教條來思考。「普選之父」勒德魯—羅蘭在鬥爭的年月裏爭取把請願等同於「大眾新聞」，把這看成一種「公共思想的發表」[26]，但 1848 年以後他徹底改變了立場，認為投票箱的聲音足以表達社會的需求和情感。在共和派陣營裏，沒有人比埃米爾·德·吉拉丹 (Émile de Girardin)[27] 把這觀點表達得更好。他言簡意賅地說：「請願的權利是與民主背道而馳的，是共和派的時代錯誤。主人指揮而不請願。[28]」在他看來，請願是一種人民主權原始且未完成的形式，只有人民主權被剝奪時才有存在的理由。「請願的權力屬君主制權利。」他強調，「它不屬民主制。重建普選，真正重建，請願就會變得毫無意義。[29]」

24. "Sur le droit de pétition", *Gazette nationale, ou le Moniteur universel*, 6 avril 1791. 整個運動都建議同時禁止集體請願，而把它們限制在個人要求的範圍內。見 Isaac LE CHAPELIER du 26 avril 1791 qui suggéra de supprimer le droit de pétition, *Archives parlementaires*, t.25, pp. 678–682.

25. Daunou, 法國大革命第三年憲法之父，1820 年 3 月 2 日講話，見 Pierre Claude François DAUNOU, *Essai sur les garanties individuelles que réclame l'état actuel de la société* (1819), 3e éd., Paris, Bobée, 1822.

26. Alexandre LEDRU-ROLLIN, "Manifeste aux travailleurs: travailleurs faites des pétitions", *La Réforme*, 2 novembre 1844.

27. 埃米爾·德·吉拉丹 (Emile de Girardin, 1806–1881)，法國記者、政治家、公共活動家，創辦、主編了多種發行量可觀的報刊，其中《新聞報》一方面大量縮減政黨報刊所注重的政治新聞與言論，一方面大量刊登民眾所關注的社會新聞以及知識性稿件，並請作家為其撰稿（巴爾扎克的小說《老處女》出版前即在《新聞報》上連載）從而開創了法國通俗報業。——譯註。

28. Émile DE GIRARDIN, "Du droit de pétition" (1851), in *Questions de mon temps*, 1836 à 1856, t.10, Paris, Serrière, 1858, p. 132.

29. Ibid., p. 131.

因此，1848 年的共和派就像後來第三共和國的共和派一樣，試圖給這種他們認為過時的權利定下規則，使其影響力減小。他們確實認為投票可以吸收且滿足政治領域。自此，社會表達只以兩種形態出現，一方面是在完全制度化和規範化的政治形式下，另一方面是再絕對剝奪輿論的情況下。這權利在消亡中，議會最終只是記錄請願，不再討論任何請願。[30] 請願權從此走下「憲法基座」。[31] 從那時期開始，由此產生的社會表達兩極分化普遍成為民主制議會化和公民表達萎縮的根本原因。這種制度化的觀點在對政策空間同樣狹隘的理解中延伸。19 世紀末，關於在公共街道上遊行權利的大辯論中，用語就非常典型，這使法國所謂的極左派與第三共和國的守護者針鋒相對。這場辯論實際上延長了剛才強調的兩極分化制度代議制與社會領域的多種性代議制之間的歷史與理論的差異。「議院」與「街頭」之間的對立，構成一種了不起的「有限民主」分析體系。在法國，共和國締造者堪稱這方面的冠軍。

在這些共和國之父的腦子裏，上街遊行只有在特殊情況下、造成體制危機的情況下才有意義。這構成一種相當於法國大革命期頌揚的「起義權」[32]。但除了這些有限的情況，遊行這種既直接又混亂的民主形式看來是無法接受的。如果公民能在議會中被代表，為什麼要到街頭去表達？「我看不到這樣取代會議大廳裏的討論有什麼用。」一位極端派重要人物直截了當地說[33]。當時共和國報刊上關於罷工遊行隊伍的批

---

30. 1873 年法國採取了決定性的轉折。

31. Jean-Jacques CLÈRE, "Le droit de pétition aux Chambres de 1789 à nos jours", in Jean BART et al. (dir.), 1791, *la première constitution française*, Paris, Economica, 1993, p. 299.

32. Voir sur ce point Danielle TARTAKOWSKY, "La manifestation illégitime", in *Le pouvoir est dans la rue: Crises politiques et manifestations en France*, Paris, Aubier, 1998.

33. Camille PELLETAN dans L'Éclair du 22 octobre 1898.

評表明，甚至在請願時走上街頭都不合法。比如：「遊行隊伍唱着副歌行進⋯⋯ 可能更適合小商販而不適合於共和國的工人。這毫無用處而且有害。[34]」皮埃爾・瓦爾德克—盧梭 (Pierre Waldeck-Rousseau) [35] 提到，遊行甚至被說成是「霸佔共和國的道路」，這指責相當於「外來遊行的手藝人搶街頭」[36]。「外來」是相對於議會空間而言。對於左派來說，正正相反，遊行是代議制形式的擴展。社會黨派的領袖之一愛德華・維楊 (Édouard Vaillant) [37] 在 1907 年一次針對這問題的議會質詢中作出解釋，語出驚人：「只要工人階級不能通過遊行來直接表達他們的願望，就沒有真正的共和國。」他對成為會議主席的喬治・克雷孟梭說：「只要工人階級不得不只依靠他們委派的人或者代表，就沒有完全徹底的表達。這就是為什麼我們認為有集會和結社自由，就有必要地對自由的補充、遊行的自由、公眾、工人和社會主義直接表達的自由。[38]」他認為要承認「上街的權利」[39]。傳統共和派不接受這種多樣性民主表達，就像應付請願問題一樣，他們的民主觀念停留在政治領域一元化上。從勒・沙伯里耶 (Le Chapelier) 取消團體請願和遊行的觀點，這是分化和限定民主的同一思路。

---

34. Radical, 30 juillet 1888, cité par Danielle TARTAKOWSKY, *Le pouvoir est dans la rue*, op. cit., p. 236. Voir aussi Michelle PERROT, *Les Ouvriers en grève. France, 1871–1890*, t.2, Paris, La Haye, Mouton, 1974, pp. 552–568.

35. 皮埃爾・瓦爾德克—盧梭 (Pierre Marie René Ernest Waldeck-Rousseau, 1846–1904)，法國律師、政治家。任總理期間在德雷福斯事件中說服總統予以寬大處理。他的政府促成法國工會的合法化，並通過《結社法》，該法律取消了對結社權的種種限制。——譯註

36. 1884 年 2 月 11 日法律草案的討論中的發言，該法律草案涉及 1881 年禁止在公共道路上集會的法令的具體實施方式 (*Annales de la Chambre des députés*, t.1, p. 427).

37. 愛德華・維楊 (Édouard Vaillant, 1840–1915)，法國律師、政治家，社會主義政治運動領袖。1870 年以後，他呼籲建立巴黎公社並參與起義，巴黎公社失敗後被缺席判死刑。他是工人國際組織 (SFIO) 的法國部門的創始成員之一。——譯註

38. Séance du 21 janvier 1907, *Annales de la Chambre des députés*, t.1, p. 140.

39. Voir Jules GUESDE, "Le droit à la rue", *Le Cri du peuple*, 15 février 1885, repris in *État, politique et morale de classe*, Paris, Giard et Brière, 1901, pp. 140–143.

這種萎縮的負面效果在法國尤其突出，19世紀末開始獲得的代議制特性通過群眾政黨得到部分補償。這也因為工會的發展使得工作領域特有的本質主義的代表制度活躍起來，賦予社會表達另一個發聲空間[40]。從19世紀80年代到20世紀70年代，這種代議制二元化為利益和輿論表達提供了框架。這個框架後來逐漸因為制度和社會學的原因解體了。從制度上來說，黨派的社會代議功能衰退，成為統治機關軌道上的衛星；與此同時，工會後退，由於工作關係的新規則而變得脆弱。從社會學角度來看，社會領域生產條件改變，今後不僅僅產生（黨派特別是工會表達出的相對穩定的）集體認同。除了決定這些集體認同的社會條件之外，個人也愈來愈受到讓他們活躍起來並且他們所服從的形勢、考驗、恐懼所影響。在這個基礎上，除了根據社會認同形成的團體之外，他們還形成其他團體。但是這些社會認同還未找到其特有的表達方式，這缺失使統治機構封閉起來。

衰退的民主

公民表達同時要面對政黨和工會的衰落，以及社會領域的新形象沒有被代表的現實，所以並沒有發展起來。它只是以抗議的方式表現過，便過渡到簡單的民意測驗。

遊行在法國和其他地方逐漸不得不合法化，迫使共和派陣營極端代議制呆板的保留意見讓步。從那時起，遊行屬請願和集體行動的代表。如今它的性質改變了。首先是普及化。從前佔領街頭是下等人被傾聽的唯一方式，後來所有社會階層都走上了街頭。由富人和保守派

---

40. 屬選舉代議制明顯的「本質主義」代議類型。這工會的表達還將被其他比如居住、消費、娛樂等社會生活空間中協會的發展加強。見拙作 *La Question syndicale*, op. cit.

組成的遊行隊伍變得常見[41]。遊行因此成了一種平而無奇的社會表達形式。這是因為在不確定的選擇使多數派的表達更加困難的年代，遊行成為一種否定政治最簡單的表達方式[42]。這種方式也使最有組織的利益受到更多重視，比那些看不見的不同領域利益者受到的重視要少得多。

與此同時，民意測驗偏離了原有目的，變得前所未有般重要。最初，民意測驗只被看作代議制的輔助手段。這是 1930 年先驅人物喬治・蓋洛普 (George Gallup)[43] 提出的觀點。在他看來，這些民意測驗應能夠滿足林肯提出的要求：「我想要的是實現人民想要實現的，而我的問題是要怎樣發現他們到底想要什麼。[44]」同時，法國總工會提到「為民主提供一種新工具[45]」。而在需要重新考慮民主表達與組織方式的時代，《解放報》社論注意到「投票之外新的了解民意的方式[46]」。這些民意測驗很快成為政治生活的中心。但只是作為人物名望的晴雨表或者即興投票。不需要探究本質主義的「公共輿論」提出的（經常是沒有意義的）辯論，重點是強調輿論調查的雙重政治用途。相對於政客熱衷的媒體討論，輿論調查的認知顯得次要。這些調查只是微不足道地參與社會表達而已。

41. 法國的情況參見 Danielle TARTAKOWSKY, *Les Droites et la rue. Histoire d'une ambivalence de 1880 à nos jours*, Paris, La Découverte, 2014.

42. *La Contre-démocratie*, op. cit.，詳見關於否定政治的章節。

43. 喬治・蓋洛普 (George Horace Gallup, 1901–1984)，美國數學家，抽樣調查方法的創始人、民意調查的組織者。儘管他在總統大選期間進行民意測驗，但他從不投票，而且從不為任何政治上的競爭者工作。——譯註

44. Joëlle ZASK 引用，見 *L'Opinion publique et son double, livre I, L'Opinion sondée*, Paris, L'Harmattan, 1999, p. 110.

45. Dominique REYNIÉ, *Le Triomphe de l'opinion publique*, Paris, Odile Jacob, 1998, p. 345.

46. Combat,11 avril 1945, Loïc BLONDIAUX, "Le règne de l'opinion. Chronique d'une prise de pouvoir", *Le Débat*, n°88, janvier- février 1996; *La Fabrique de l'opinion. Une histoire sociale des sondages*, Paris, Seuil, 1998.

當社會網絡把社會領域原子化，且賦予它幾乎無法辨認的面孔時，政府面對街頭與民意測驗試圖作出更多反應。它們以這種方式與社會維持着非常貧乏的關係，這種關係與萎縮的社會表達是一樣的。一個比較民主的政府，也就是說更有應對能力且更能與人民互動的政府，意味着社會更為敏感且多樣化。糟糕的政府與糟糕的代議制因此密不可分。

互動民主的形象

走出病態代議制意味着最高領導重新把代議制納入多元且更廣闊的前景中。這個變化非常重要，因為分黨立派今後不會再起代議的作用。民眾運動以反體制的姿態，為所有公民，特別是那些被遺忘的人來代言。這些人可能會形成同一個群體民眾。今後，形象化代表和代表團代表之間的分裂已經出現。後者機械地通過選舉來產生，因此選舉是有挑選作用；前者則被認為是獨立的、有待被重新創造。這種社會領域的形象化代表，首先應當從事實出發，即「人民」這個詞只有在社會條件和多樣性生活考驗中才能被理解，這種多樣性會不接受實用的真相。人民也是「少數」的複數，是各種個體的迴響。被代表不是被歸類為無法辨認的群體或被用浮誇、帶有偏見或貶低的詞語（郊區、郊外移民街區、小中產、社會邊緣等等）。這種歸類遮掩了現實。所謂的人民只是以一系列瞬間照片以動畫形式活着。如果把人民固定成一塊大理石，它就會變形。這種歸類忘記了人民是賦予一個有待建設而尚未形成的共同生活的名稱。

要代表的是這個社會多樣性，也就是說把這種多樣性建構成為社會現實，讓每個人都感到社會中有自己的位置且能得到其他人的承認。這就要建造各種道路讓所有人都能切身體會社會生活。我在《隱

形人的議會》[47]中，試圖勾勒「敍事民主」的輪廓，成為「講述生活」這計劃的宣言。這種描述和認知工作還應參考見證的發表和社會科學或者文學研究工作，無論是以寫作還是圖像形式，是印刷品還是網上的發表。這樣才能醫治米什萊1848年就已在哀嘆的「我們所有人都深陷其中的可怕的無知。」這才是應該拓展的，可實行的龐大計劃的眾多舉措之一。要求擴展話語權的請願時代與民主表達新形式的實驗時代回歸了[48]。

除了這種敍述與認知層面，形象化代議制的問題也必須被提及。我們應以兩種方式來思考：與研究個別問題相關的「代議時刻」組織或者關於新常規體制的實施方式（第二種思考將在本書結論中討論）。從那時起，與黨派邏輯不同的重大社會問題（比如關於福利國家、代際關係）研究和專門講座已具雛形。這些講座可能是組織一個較大規模的公眾辯論，來討論由民主辯論權威負責安排，公共辯論全國委員會試圖在法國展開的、關於環境或者國土資源的特別計劃，以發展成為跨領域的重大問題。根據這些講座，政府受邀在公眾面前出現。這可能只是其中一個被統治者與統治者之間互動的新模式。

還要提到的有：必要的明晰度、責任與應變能力擴大並更新了傳統任期的概念。因此，社會掌控的權力在以另一種形式進行，而不再是監管統治者的機構（這從來沒有操作功能）。現在權力首先必須通過信息證實與流通來接近社會。公民要更加了解現實情況且學會分析當下的關鍵問題，他們表達並使他們的經歷有意義的同時，更會感到自身的強大。距離感、被沒收權力其實也是一種無知。相反，這能使權力喪失優越感。更加透明的權力從本質上便不再傲慢。公民被納入

47. Op. cit.

48. 特別是關於公民評審委員會或者協調會議。

在這種信息和知識交流模式中，其實與統治者建立了一種新關係。因此，他們不是通過「拿來」或「命令」來享有權力，而是重新界定權力並使權力以其他方式來運作。這是一種在民主互動中進行的新社會權力——「被授予的權力」——的政治經濟。

最先如此思考民主的，是埃米爾・杜爾凱姆 (Émile Durkheim) [49]。這位社會學家從兩個觀察點出發。首先，不能停留在關於民主的數學式思考上。由於沒有全體一致的選舉，總會有沒被代表的個人，用他的話來說，即多數派或會「像一種社會種姓一樣壓制人」。其次，就是不要局限於國家的行政方法。杜爾凱姆強調，後者也是「社會思想的喉舌」。因此，他認為應以此為出發點思考民主。民主對應的是政府與社會永遠在互動的社會形式 (而專制或者貴族體制中權力是被孤立的)。他寫道：「政府意識與社會其他部分之間的交流愈緊密，這種意識愈擴大且包含的事物愈多，社會也愈具民主特性，這種意識最大限度的拓展決定了民主的概念。[50]」杜爾凱姆以這種觀點反對強制性任期，這種理論在希望以此解決代議制危機的極左派之間非常盛行。政府與社會之間的分離，對極左派來說確實是必要且不會招致損害的理論，因為政府不是要當社會被動的鏡子而是要自我反思，且要切實以各團體來反思。他認為，與這種功能特點對稱的，是社會共同協商和政府對社會

---

49. 埃米爾・杜爾凱姆 (Émile Durkheim, 1858－1917)，法國猶太裔社會學家、人類學家，法國首位社會學教授，《社會學年鑑》創刊人。與卡爾・馬克思及馬克斯・韋伯並列為社會學的三大奠基人，主要著作是《自殺論》及《社會分工論》等。

50. Émile DURKHEIM, *Leçons de sociologie. Physique des mœurs et du droit (1898–1900)*, Paris, PUF, 1950, p. 102.

日益關注。這是民主制政府形態和社會形式兩個不可分割的特徵[51]。之前的章節所述之觀點與其思想相近，但因為當下的進逼而更加激進。

---

51. 他的兩個定義由此而來：一、「民主是政治形式，社會通過這種形式得以意識到自己。協商、反思、批評精神在公共生活中起的作用愈大，一個人民就更加民主。」(Ibid., pp. 107–108). 二、「民主是一種體制，國家在有別於民族大眾的同時與他們緊密地交流。」(Ibid., p. 118).

第四部分
信任民主

第十三章

好政府的形象

在民主代議制議會時代，政治人物消失在綱領背後，個人被階層抹殺。相反，總統制時代則強調個人的重要性。政治活動家的質素成為公民評價和行動有效性的關鍵因素。在意識形態衰落時；在普遍利益出現問題時；當未來飄忽不定且危機四伏時，統治者的個人天賦和品德被突顯，成為海中的燈塔。在法國，關於總統職務承擔者的概念或者應有的才幹成為辯論的中心主題。

關於好政府形象的探討有着漫長的歷史。從歷史中可以確立代議制度的分類 —— 德高望重的王儲中世紀類型、（法國大革命時期理論化的）純粹選舉產生的類型、源於凱撒時代「人民即我」的類型、馬克斯·韋伯所描繪的為信念從政者的類型。建議再加上（與盎格魯—撒克遜受託人的形象相呼應的）值得信賴的形象，如今應該成為參照。

德高望重的王儲

本書書名《好政府》的由來說來話長。它呼應着裝飾（意大利）錫耶納市政廳九人委員會大廳裏醒目的著名壁畫。這幅壁畫由安布羅奇奧·洛倫澤蒂（Ambrogio Lorenzetti）[1] 於 1338 年創作，為了教育市行政官和市民，描繪了帶來和平與繁榮的好王儲品德以及忘記這些品德而導致的不幸[2]。好政府的理念從君主的道德品質出發，去思考一種政治產生的條件，更屬漫長的中世紀哲學傳統。從一開始我們就用「王

---

1. 安布羅奇奧·洛倫澤蒂（Ambrogio Lorenzetti, 1290–1348），意大利錫耶納學派的畫家。他活躍於大約 1317 至 1348 年，在錫耶納九人議會廳繪製了著名的壁畫「善惡政府寓言」。洛倫澤蒂深受拜占庭藝術和古典藝術形式的影響，創造出獨特而個性化的繪畫風格，被認為是在文藝復興繪畫的起源。——譯註

2. 關於壁畫的解釋參見 Patrick BOUCHERON, *Conjurer la peur. Sienne 1338. Essai sur la force politique des images*, Paris, Seuil, 2013; et Quentin SKINNER, *L'Artiste en philosophe politique. Ambrogio Lorenzetti et le bon gouvernement* (1986), Paris, Raisons d'agir, 2003.

儲的鏡鑒」來界定這類讀物。這些論著確實旨在向受眾展示模範君主的形象。

關於理想的統治者所必需品德的著作，當然不是那時才出現的。古代一些偉大篇章對明鑒說的作者們產生了極大影響。比如馬克・奧勒留（Marcus Augustus）[3] 的《思想錄》、西塞羅的《論責任》或者普魯塔克（Plutarque）[4] 的《名人傳》。但是明鑒說比他們更強調道德問題。這些論著在歐洲發表的背景，是教士支配着世俗權力。君主身邊圍繞着主教與神職人員，人們認為世俗權力還有用，只是因為神權沒有掌管城邦的必要手段[5]。個人的聖潔被宣稱為最理想的，對救贖的關懷影響行為。例如有人指出，在 13 世紀中期，路易九世（他去世後封為聖路易）在十字軍東征啟程前一天，為確保他的靈魂得到救贖，對其統治所造成的損害或不公正採取了一系列補救行動[6]。

鏡鑒說在卡洛林王朝時代就出現。從 12 世紀開始，鏡鑒說把統治的合法性與自律能力連結起來，對王儲的實用教育和為建立更廣泛的政治哲學有重要作用。這些著作都強調：國王如不以德服人則不能勝任統治。這類著作中，最早在歐陸引起迴響的是讓・德・索爾斯伯里（Jean de Salisbury）[7] 的《政治哲學》（完成於 1159 年）。那時，暴

---

3. 馬可・奧勒留（Marcus Aurelius Antoninus Augustus, 121–180），古羅馬思想家、哲學家，公元 161 至 180 年的羅馬帝國皇帝。代表作品有《沉思錄》，被稱為「帝王哲學家」。——譯註

4. 普魯塔克（Plutarch, 46–120），羅馬帝國時代的希臘作家、哲學家、歷史學家，以《希臘羅馬名人傳》一書聞名後世。——譯註

5. Voir Jacques KRYNEN, "Le métier de roi", in *L'Empire du roi. Idées et croyances politiques en France, XIIIe–XVe siècle*, Paris, Gallimard, 1993.

6. Voir Marie DEJOUX, *Les Enquêtes de Saint Louis. Gouverner et sauver son âme*, Paris, PUF, 2014.

7. 讓・德・索爾斯伯里（Jean de Salisbury, 1120–1180），作家、哲學家、教育家、外交官。他的重要著作《政治哲學》具有人文主義傾向，揭露皇室頹廢和墮落。——譯註

政是政治神學思考的核心問題。為驅散不受任何法律制約的體制這體現了絕對之惡的暴政幽靈，要攻擊的是其載體，即不講信義又不講法律的統治者。索爾斯伯里的朋友，坎特伯雷大主教托馬斯·貝克特（Thomas Becket）[8] 在自己的主教堂裏被暗殺。索爾斯伯里深受打擊，生怕像亨利二世這種武裝刺客的卑鄙君主再現。（《政治哲學》就是獻給坎特伯雷大主教的）。因此，他認為道德教育是政治問題的核心。他在著作中，重點勾勒好王儲的特點[9]。現代主權的概念在那時還沒有形成，但強大的統領權思想已經普遍存在。人們希望看到這個強權符合公平正義，服從於被認為是高於實用法律的神聖法則，並受到道德制約。王儲因此被要求要制約自己的行為。索爾斯伯里不僅要求他關注公共利益，還請他限制自己的財富，顯出寬容、純潔和仁愛。

一個世紀以後，1279 年吉爾·德·羅馬（Gill de Rome）為後來的菲利普四世（Philippe le Bel）撰寫發表的《王儲的政府》也屬這類著作。這部著作被當作統治者必備的，關於道德問題的輔助讀物範本。根據這些範本：「君主的道德完善即使不是其權力的條件，至少也是權力的理由。[10]」因此在這些明鑒中，王儲自我完善的願望被認為是反專制的保障。預示着民族國家的興起的公共權力在那時集中出現，前所未有地提出權威得以正確利用的條件，這願望關係到保證建立一個開明政府。君權體制和世俗權力的理論基礎和法律問題，還未被認為是中心問題。那時候奠定政治思想基礎的，是道德而非法規或者憲法措施。吉爾·德·羅馬甚至認為法學家是些「無知者」（idiotae politia）。

---

8. 聖托馬斯·貝克特（Saint Thomas Becket, 1118–1170），英格蘭國王亨利二世的大法官兼上議院議長（Lord Chancellor），被亨利二世任命為坎特伯雷大主教。1170 年被亨利二世的騎士刺殺。——譯註

9. 見著作第四卷。

10. Jacques KRYNEN, *Idéal du prince et pouvoir royal en France à la fin du Moyen Âge (1380–1440)*, Paris, Picard, 1981, p. 108.

「要更加推崇懂得道德政治和道德科學的人而不是了解法律和權利的人」，他如此概括道[11]。

這樣的看法也是建立在對人民的仁愛之上，一種托馬斯主義的父權觀點[12]。這些作者堅持這種被認為是唯一能阻止暴政的必要性。克里斯蒂娜・德・皮桑 (Christine de Pizan)[13] 在《論政體》(1404–1407) 中，花了很大篇幅論述「臣民之父王」，這也是托馬斯・阿奎那 (Thomas d'Aquin) 所認同的核心問題。所有經常被提到的好政府應有優點 ── 善良、簡樸、仁慈、寬容 ── 在她那裏最先突出的是「好王儲對臣民應有的愛[14]」。借用《聖經》：「好牧羊人般的好王儲[15]」的主題正是在這框架內確定的[16]。

11. *De regimine principum*, livre II, 2e partie, chap. 8, reproduit in Jean- Marie CARBASSE et Guillaume LEYTE, *L'État royal, XIIe-XVIIIe siècle. Une anthologie*, Paris, PUF, 2004, p. 102.

12. Voir Marcel DEMONGEOT, *Le Meilleur Régime politique selon saint Thomas*, Paris, Blot, 1928 (et le Commentaire du Livre de la Politique de Thomas d'Aquin). Voir aussi Jacques DALARUN, *Gouverner, c'est servir. Essai de démocratie médiévale*, Paris, Alma, 2012.

13. 克里斯蒂娜・德・皮桑 (Christine de Pizan, 1365–1430) 是歐洲中世紀著名的女作家，也是歐洲歷史上第一位以寫作為生的女作家。她的作品體裁多樣，涉獵廣泛，有政治、軍事、教育、倫理、女性問題等諸多方面。她的作品被翻譯成多種語言，影響深遠。她極力反對中世紀藝術中對女性的污蔑和偏見，爭取女性受教育的權利，對法國宮廷女性及歐洲其他國家的社會上層女性產生很大影響，被視作女權主義的先鋒。──譯註

14. Christine DE PIZAN, *Le Livre du corps de policie*, éd. critique d'Angus J. Kennedy, Paris, Honoré Champion, 1998, p. 17. (這是第一卷第十一章的標題，我把用詞現代化了。)

15. Ibid., p. 13 (第一卷標題，第九章)。

16. 我們注意到，這裏應該討論一下米歇爾・福柯關於這種教權模式的地位的論述。我認為他根據民眾管理和領土管理的區別，過於把這種模式與現代自由政府模式相提並論，即使兩者確實與國家理性的理論有一定區別。見 Michel FOUCAULT, *Sécurité, territoire, population. Cours au Collège de France (1977–1978)*, Paris, Gallimard-Seuil, "Hautes Études", 2004, et "Omnes et singulatim: vers une critique de la raison politique"(1979), in *Dits et écrits*, t.4, Paris, Gallimard, 1981.

直到 18 世紀末，對於王儲教育的關注孕育出大量讀物 [17]。在法國，有博須埃 (Bossuet) [18] 和他的《王太子教育信札》(1679 年)、《論皮埃爾・尼古拉王子的教育》(1970 年收入《道德文論》發表)，或布爾格涅公爵 (Duc de Bourgone) 的家庭教師費奈隆 (Fenelon) [19] 為公爵寫的《忒勒瑪科斯歷險記》(1699 年)。但是這些寫作純粹只關係到個人，旨在把國王培養成一個好基督徒，而不再是在界定政府的形態。

純粹的選舉產生

對於 1789 年那些人來說，與舊制度決裂意味着結束被腐敗侵蝕的社會，把道德高尚的人推到領導地位。他們當然不幻想明鑒中的好王儲會再現；他們還把中世紀看作黑暗時代。他們從古代世界吸取營養——聖茹斯特曾說這樣的名句：「古羅馬以後的（世界）空蕩蕩。」而大多數立憲派的藏書裏都有普魯塔克的《名人傳》和巴特勒米修士 (Barthelemy) [20] 的《青年阿納卡西斯在希臘》(18 世紀末的暢銷書之一)。按照西哀士的說法，他們真心呼喚的代表們應該是「為了人民的

17. Jean MEYER, *L'Éducation des princes en Europe du XVe au XIXe siècle*, Paris, Perrin, 2004; et Bruno NEVEU, "Futurs rois très chrétiens", in Ran HALÉVI (dir) *Le Savoir du prince. Du Moyen Âge aux Lumières*, Paris, Fayard, 2002.

18. 博須埃 (Jacques-Bénigne Bossuet, 1627–1704)，法國主教、神學家，以講道及演說聞名，被認為是法國史上最偉大的演說家。著作有《哲學入門》、《世界史敍說》等。他是路易十四的宮廷佈道師，宣揚君權神授與國王的絕對統治權力。他和霍布斯、讓・布丹等人同為西方絕對君主制理論的集大成者。——譯註

19. 朗索瓦・費奈隆 (Francois Fenelon, 1651–1715)，法國古典主義的最後一個代表。當過路易十四的孫子德・布高涅公爵的教師和岡布雷教區的大主教，代表作有《忒勒馬科斯歷險記》、《寓言集》等。由於秘密出版《忒勒馬科斯歷險記》而觸怒朝廷，被撤了教師的職務。——譯註

20. 巴特勒米修士 (Jean-Jacques Barthélemy, 1716–1795)，法國作家和錢幣學家、古典學家、旅行家，是第一個成功破譯古代東方語言的人，留下了許多有關東方語言和考古學的文章。他用了 30 年撰寫小說《青年阿納卡西斯在希臘》。——譯註

福祉，最廉潔、最有知識且最熱忱的人。[21]」如何判斷呢？這就是選舉的作用。但是那時的「選舉」與現今我們賦予這個詞的意義不同。那時候的選舉保留原意，即選出一個人，與拉丁文 *electio* 在理論上相似。西哀士寫道：「被委託代表國家的人應該從那些最讓他感到榮幸、最不辜負國家的人當中產生。[22]」選舉就本意而言，是分辨出個人的優秀品質。這不是裁決競選綱領或者個人之間的對抗。「人民代表會議由精英組成，既然他們是選出來的。」有人如此概括 [23]。

1789 年開始，人們經常批評代表們更關心任期，而且組成一個新型貴族。但是所謂選舉正是要避免這種偏差。選舉產生的代表成為精英，但是後者被認為是一群純粹的個人，不能成為一個整體。精英的說法只在單數時有意義，指選舉產生的代表純屬個人品質 [24]。《人權與公民權宣言》第五條因此提到，選舉的唯一職能是發現稟賦與德行。這些優點，是一個團體或者一個階層的組成基礎中不可或缺的。個體的精英是存在的，但是沒有精英們，沒有像後來保守自由派為證明納稅選舉所說的「能力」，選舉產生的傑出人物只是聚在一起，不是穩定

---

21. 西哀士的憲法理論，共和第七年憲法。*Extraits des mémoires inédits de M. Boulay de la Meurthe*, Paris, Renouard, 1836, p. 14.

22. SIEYÈS, "La nation" (Archives nationales, 284 AP3, dossier 2, chemise 3).

23. Paul-Philippe GUDIN DE LA BRENELLERIE, *Supplément au Contrat social*, Paris, Maradan et Perlet, 1791, p. 18.

24. 這個觀念是合乎邏輯的，因為他們不認為代表制要體現社會，應該具有明鑒作用，而只是一種職能。代表們如果要表達全民族的願望只能作為複數存在；其中每個人不是其選區的代表。

的，而是永遠在變化中[25]。選舉承認的最高權力不是突出優勢，它無損
於平等。這是托馬斯•潘恩所說的「睿智的人」。他寫道：「智慧好像是
一束沒有種子的植物；如果它生長出來，可以培育，卻不能任意去繁
衍。社會群眾中總有足夠的智慧去應付一切目的；但是智慧沒有固定
在一點。它今天體現在這個人身上，明天又體現在另一個人身上，很
可能輪番到過地球上的每個家庭，然後又被拋棄。[26]」

　　這種「純粹」的選舉在法國大革命中通過禁止報名候選一個選舉
席位中能體現出來。對我們說來，如今投票與參加競選的人物相關，
這樣的措施似乎匪夷所思，但並沒有過時。正正相反，這是經過深思
熟慮且符合選舉特定的哲學思想[27]。它首先對威脅到平等思想的一切深
惡痛絕。因為拉別人的選票可能被等同於企圖獲得選舉資格，是某種
顯示優越感的方式、一種可疑野心的表現。總而言之，他們在候選資
格的與眾不同之中嗅到了貴族氣息。禁止候選資格因此符合之前提過
的選舉思想。我認為這是識別最有能力且最配得上參與民族意願表達

25. 特權其實是不平等被認可和制度化的結果。最高權力則來自變幻無常的區分，每時每刻
　　可能被質疑。帕特里斯•格尼非寫道：「選舉永遠在破壞它在公民中所做的區分……投
　　票選舉產生的精英從根本上是不穩定的精英，根據來自變得流動、開放，實現了權利平
　　等的社會中能力的變動而調節信任，不斷重組。的確，由於個人品德而獲得的公眾的
　　尊重，用西哀士的話說，肯定是自由的，只要品德配不上，尊重瞬間消失。」(Patrice
　　GUENIFFEY, *Le Nombre et la raison. La Révolution française et les élections*, Paris,
　　Éditions de l'EHESS, 1993, p. 128) .

26. Thomas PAINE, *Les Droits de l'homme (1791–1792)*, Paris, Belin, 1987, p. 204.

27. Patrice GUENIFFEY, *Le Nombre et la Raison*, op. cit.

的人的方法 [28]。因此它不包含任何自相矛盾的辯論，也不包含平常理解的任何政治選擇。但是人們要求此前一直擯棄的投票選舉本身也包含，尤其包含一切：試圖作出更有利於自己的介紹而可能歪曲選民的判斷，話語的效果左右主導權以及賄賂的危險。那時候人們被提醒在古羅馬共和國時代有賄選，而候選人操縱選民（這個說法保留至今）是要受到嚴懲的。這就是為什麼革命立法委員會要求投票人把票放進投票箱之前必須回答投票辦公室主席的告誡：「您發誓並保證您只寫下您憑良心選舉的公眾最信得過的人的名字，而沒有受到饋贈、許諾、挑唆或者威脅的左右。」這辭令甚至經常印在選舉證上，說明這有多重要。

這樣選舉概念在操作上似乎過時了。但實際上，這個寬廣的理念還存在，即選舉一個可以超越黨派糾紛而行動的好代表或者好政府。我們可以在地區選舉層面遇到這種「純粹選舉」。但它有時也會回到純粹政治的層面。戴高樂參加其同胞們的普選而拒絕披上庸俗的候選人外衣。這在那個時代很能體現出，把才能用於為普遍利益服務的長期渴望而不是黨魁的手段。

---

28. 伽特赫梅赫·德·甘西非常雄辯地寫道：「一切試圖建立凌駕於個人之上的公共話語的措施都引發、刺激情緒、重新激化黨派精神，而這正是應該被徹底擯棄的。相反，真正的候選人，公共輿論的候選人，唯一適合我們政府和風氣的候選資格，更喜歡把其他候選人特殊化的東西普遍化……真正的候選人名單不應該收集這些或那些人物的個人形象，而應該找出適合於組合每個候選人都認同的模式或者形態的特徵。」(QUATREMÈRE DE QUINCY, *La Véritable Liste des candidats, précédée d'observations sur la nature de l'institution des candidats, et son application au gouvernement représentatif*, 1791, 2e éd., Paris, Fauvelle et Sagnier, an V 1797, pp. 17–18).

人民之人

　　政治人物是社會的完美體現，也就是說如果他恰如其分地代表
了利益和輿論，無論是期待還是恐懼，他將全票當選。與此同時，各
種威脅選舉的矛盾和緊張氣氛也煙消雲散。有人會立即反對，並說這
種可能性是從思想上如此，而在複雜又多樣性的社會中這種體現沒有
意義。他們這麼說當然有道理。政治史充滿着這類野心勃勃的例子。
我們曾經提到在法國第一帝國的某些黨派為拿破崙領導國家的權利辯
護時就提到「人民之人」。這個說法在 50 年以後又用在他侄子身上。
拿破崙第三就曾在他的《拿破崙式的思想》中強調：「民主的性質就是
使一個人成為化身。[29]」這種說法被兩個體制的對手揭穿了。他們從此
看出，這只不過是掩蓋權慾並使徹底非自由化的做法合法化的庸俗口
號。人們塑造了「凱撒主義」來歸納這些野心，同時也無形中把它們簡
化為起源於激進革命的法國特有病症。這是因為沒有搞清楚，這種凱
撒主義不可否認地得到了民眾的支持，因為它以自己的方式對糟糕的
代議制表達感受，同時也對專斷的政治行動產生了期待。它使執法權
處於中心地位，同時聲稱完成了民主理念，把化身的原則與刻不容緩
的責任聯繫在一起。毋庸置疑，這種融合遠不只是法蘭西的特色，在
不同的極權或者民粹體制下還有其他存在形態。

　　20 世紀，共產主義體制也勾勒出一種唯一權力，執法權只是其中
一種表達。它們聲稱建立一種簡單的社會自我管理的權力，黨是社會
的完美體現，由黨中把敵人從內部清除出去後，就是同質而統一[30]。這
就是為什麼在共產主義世界裏，民主的現實根據權力「階級的性質」來

29.「皇帝不是一個人，他是人民。」第二帝國的一個阿諛奉承者說。Arthur de LA
　　GUÉRONNIÈRE, *Portraits politiques contemporains. Napoléon III*, Paris, Amyot, 1853, p.
　　93.

30. 確實聲稱成為化身與存在一個同質的、因此很容易被代表的人民的假設有着必然聯繫。

衡量，而不是根據是否符合程序的標誌來衡量。普遍願望不是根據選舉過程中個人應該自由表達的好惡和輿論來概括的。它是社會現實和歷史資料，是自我統治的統一而嚴密的團體目標願望。因此，它可能通過那些知曉社會變異和現狀的人來表達。「代表」這個社會在這種意義上屬客觀認識力的範疇而完全不是程序的執行。其實，一當人民真正成為一個人，代表和社會認識之間就沒有任何分別了。主體的地位在這種情況下泯然於形勢的客觀性當中，一切真實相當於個人的真實。

一黨的正當性由此而來，它只是一個客觀上同質階級的「形式」。「無產階級＝俄羅斯共產黨－蘇維埃政權[31]」，列寧如此推斷。這一系列的銜接使索爾仁尼琴把史太林定義為「自我意志者」[32]。克洛德·勒福爾（Claude Lefort）[33] 在評論這個新詞時，特別強調作家要是用獨裁者、專制主義或者暴君常用的表達方式來界定人物，這個人物是辨認不出來的。他寫道：「獨裁者令人驚訝地實現了純粹人類社會的統一。由於他的存在，獨一且完好的鏡像樹立起來了。這就是自我意志者所暗示的：他不是不顧法律獨自統治的主人，而是把社會權力集於一身的人，好像他吸收了社會的本質，好像作為絕對的自我，他可以無休止地膨脹而不受到任何抵抗……即使躲在克林姆林宮的城堡裏，他也與整個社會合二為一。[34]」史太林比自以為是國家化身的路易十四有過之而無不及，可以這樣說：「朕即社會。」在這種情況下，

225

第十三章 好政府的形象

31. LÉNINE, Œuvres, op. cit., t.44, p. 456.

32. Alexandre SOLJENITSYNE, L'Archipel du Goulag《古拉格群島》(1973), Paris, Seuil, 1974, t.1, p. 73.

33. 克洛德·勒福爾（Claude Lefort, 1924–2010），法國當代哲學家，是政治哲學在法國復興的代表人物之一，也是最早對極權主義發起批判的知識分子之一。有評論稱他對民主和權主義研究的貢獻堪與漢娜·阿倫特相提並論。他生前沒有得到應有的關注。去世後他思想的深刻才逐漸為人所知。——譯註

34. Claude LEFORT, Un homme en trop. Réflexions sur "Archipel du Goulag", Paris, Seuil, 1976, pp. 68–69.

個人權力與社會權力之間不再有任何區別。兩者天衣無縫地重疊起來。因此權力極端個人化與法律的無個性相混淆。自我意志者在這兩個層面上起作用：他是組織個人崇拜的頭目同時又能聲稱他只是所有一切的無名的聲音。他既是絕對的主人又是人民之人。他從來不說「我想要⋯⋯」，而是說「黨想要⋯⋯」、「黨決定⋯⋯」、「群眾希望⋯⋯」。在這個框架裏，這樣的權力理所應當是社會最純粹的化身，人民也理所應當地自己統治自己。為民眾分辨出領導的等值金字塔，因此建立起唯一一種類型的體制（一個被命名為「蘇維埃權力」的時刻），這種體制聲稱實現了自我統治。

民粹主義運動掌握了人民之人和唯一權力，當然，規模比較小。這在拉美尤其明顯。「我不是一個人，我是人民」[35]：20 世紀 30 到 40 年代，這些字眼被哥倫比亞領袖喬治·埃列塞爾·蓋坦 (Jorge Eliécer Gaitán) 反覆強調，為日後民粹主義在整個拉美大陸盛行定了調。1926 至 1927 年，蓋坦在羅馬上大學，他跟著名犯罪學家恩里克·菲利 (Enrico Ferri) [36] 寫論文，菲利從社會主義轉向法西斯主義，並受到法西斯主義的庇護。蓋坦多次參加墨索里尼的集會，後者控制並操縱民眾的能力給他留下深刻印象。他甚至仔細琢磨「領袖」的動作和他運用聲調變化來維持聽眾注意力的方式——他在哥倫比亞的政治活動中複製了這技巧。1948 年，這名反資本主義者、總統選舉中「人民的候選人」、寡頭政治和保守派的政敵蓋坦被暗殺。從那時起，無論就其語言還是因為他積極反對寡頭制度，他的名字都象徵着拉美民粹主義精神，但同時帶有模糊性。無論是卡斯特羅 (Fidel Castro) 還是貝

---

35. Cité par Guy HERMET, "Les populismes latino-américains", Cités, n°49, 2012.

36. 恩里克·菲利 (Enrico Ferri, 1865–1929)，刑事科學中實證學派的代表人物。他十分重視犯罪的生理因素，並突破了刑事人類學派的理論，更為關注犯罪的社會原因，由此向刑事社會學派轉向，與德國的刑法學家李斯特等一起成為刑事社會學代表人物。——譯註。

隆 (Juan Perón) 都對他推崇備至。貝隆也想成為人民之人，並用「非個人化」界定他所體現的革命目標[37]，他作為個人則泯然於阿根廷人當中。艾娃‧貝隆 (Eva Perón) 既是翻譯又是衛士[38]，甚至要確保發生在埃維塔 (人民的女兒，與總統選舉身份的艾娃對立) 身上的一切都屬人民。當她的敵人為了使她在輿論中失去信譽，指責她奢華的首飾和衣着時，她在一次公眾集會上反駁道：「難道我們窮人就沒有與富人一樣穿皮衣、佩戴珍珠項煉的權利嗎？[39]」一切都包含在這個「我們」中。

在 21 世紀的委瑞內拉總統選舉中，雨果‧查韋斯 (Hugo Chávez) 公然參照蓋坦，再次強調這個魔法術語。他對集會群眾講話：「我看到你們，當你們看到我，我感到一個聲音在對我說：『查韋斯，你不再是查韋斯，你是人民。』我的確不再是我，我是你們，這是我的感受，我在你們身上體現出來。我這樣講，而且我要重申 —— 我們是幾百萬個查韋斯；你也是，你是查韋斯，委瑞內拉的婦女們；你也是，你是查韋斯，委瑞內拉的士兵們；你也是，你是查韋斯，漁民、農工、農民、商人。因為，查韋斯不再是我。查韋斯是整個人民！[40]」陳舊的鏡像代議制[41] 思想捲土重來。1999 年，他在共和國總統就職演說中甚至對眾人說：「今天，我變成了你們的工具。我，

37. Juan Domingo PERÓN, discours du 1er mai 1974, in *El Modelo argentino, Gualeguaychú*, Tolemia, 2011, p. 11.

38. 參看他的傑出著作 *La Razón de mi vida*, Buenos Aires, Peuser, 1951.

39. Cité par Roger CAILLOIS, *Les Jeux et les Hommes*, Paris, Gallimard, 1967, p. 239.

40. 2012 年 7 月 12 日演講；2012 年 9 月 9 日和 24 日再次逐字逐句重複這次演講。

41. 我們記錄了馬爾科斯 (Marcos) 以這種方式為他總是帶著風帽辯解。當有人問他風帽下藏着什麼時，他回答道：「如果你想知道誰是馬爾科斯，拿一面鏡子，你看到的臉就是馬爾科斯的臉。因為馬爾科斯，就是你，婦女；就是你，男人；就是你，所有起來的人民。」（轉引自 Ignacio RAMONET, Marcos, *La dignité rebelle. Conversations avec le sous-commandant Marcos*, Paris, Galilée, 1991；重點是我畫的）。

我幾乎不存在，我要完成你們委託給我的任期。準備好，統治吧！[42]」這把虛幻成民主制的總統選舉合法化了。

凱撒主義、極權主義、民粹主義——當然遠非同質。有這些特質的體制，在歷史上表現出不同程度的壓迫和對自由的壓制。但是在運作中，這些體制除了他們極大的不同之外，卻有着同樣的奢望，即超越選舉界限，建立一種徹底民主化、權力個人化。如今受到廣泛支持和認同的策略，把社會/國家同質的觀點與總統選舉中體現出的專斷相結合，為如此理解執法權提供了沃土。

為信念從政

馬克斯·韋伯與純粹選舉的奢望和烏托邦保持距離。他用社會學家現實主義的眼光，分析現代政黨的崛起所提出的問題，思考 21 世紀政治領導的問題。他與從前議會非個人化的文化背道而馳，了解到民主總統制導致政治體制的活力與行使最高職責的人的品質緊密相關[43]。他在揭露歐洲上層的草率行事和美國當選者的唯利是圖，同時呼籲與職業政客相反的「為信念從政的人」[44]出現。他見證了他所處時代的政黨，特別是當中最有組織的德國社會民主黨的官僚化，目睹他們當中政黨機器人物增多。他看到平庸的政客，和那些靠政治吃飯的人浮現出來。無論他們是黨派官員還是記者，都是沒有堅強信念的人，他們的世界是由大會內部的利害關係以及競選的迫切需要所構成的。可

---

42. Hugo CHÁVEZ, *Seis discursos del Presidente constitucional de Venezuela, Caracas*, Ediciones de la Presidencia de la República, 2000, p. 47.

43. Voir Patrice DURAN, "Max Weber et la fabrique des hommes poli- tiques", in Hinnerk BRUHNS et Patrice DURAN, *Max Weber et la politique*, Paris, LGDJ, 2009; et Catherine COLLIOT-THÉLÈNE, préface à Max WEBER, *Le Savant et le politique*, op. cit.

44. "La profession et la vocation de politique", conférence citée.

是，他認為挑選總統應該是總統制初期民主制的重要問題。他注意到歷史正朝着另一方向發展。

他在提及德國議會時寫道，應該知道人們是否要把議會變成「總統的策源地或野心家的分流。[45]」他帶着深刻的懷疑態度，描繪了他眼中民主制應有的積極信念的政治人物——有責任心、懂得行使權力包括問責機制的義務；表現出自立，只服從普遍利益而不受黨派紀律約束；對事業充滿激情，竭盡忠誠；「有眼力」，即有能力與當下保持距離而全面觀察複雜現實及其今後的發展趨勢。[46]。擁有這些優點又有魅力的人，面對龐大的政治機器能否不負眾望從中走出來？韋伯勾勒了一個歷史上極少出現的理想人物。這就是為什麼必須想像以另一種方式推進總統制的民主化，而不是設想一位理想的領導人。

在 20 世紀，正是出於同樣的原因，政治家和高官針鋒相對，特別是在法國。除了理性主義，20 世紀技術官僚文化也試圖在道德和知識優越的理論基礎上建立合法性，把技術官僚建立成人民公僕式的王儲或者修道士般的統治者。「為了繼續戰鬥，我們要像進入宗教一樣進入行政事務。」戰後的一位高官如此概括新一代掌權人的精神狀態 [47]。他們自我界定時說是為公眾服務、國家神秘主義、為普遍利益服務的行政長官 [48]。這個階層典型的人物，財政檢察官西蒙・諾拉（Simon Nora）表達了這一代當權者的動機和理由。他寫道：「我們那時是最帥、最聰明、最誠實的人，是具有合法性的人。應當承認，在三、

---

45. Max WEBER, *Parlement et gouvernement dans l'Allemagne réorganisée*, op.cit., p. 348.

46. 這些優點參見 *Le Savant et le Politique*, op. cit., pp. 182–185.

47. Simon NORA 的說法，見 François FOURQUET, *Les Comptes de la puissance. Histoire de la comptabilité nationale et du Plan*, Paris, Encres, 1980.

48. 這裏借用了這個階層的一個人物的說法，François BLOCH-LAINÉ, *Profession: fonctionnaire*, Paris, Seuil, 1976.

四十年間，我稍帶譏諷地表達的情感滋養了技術官僚階層。[49]」這些技術官僚嚴格對照他們的鏡子，那些來源於抵抗運動的重要文本。他們以此來解釋例外。這種例外肯定是暫時的，因為侵蝕國家龐大肌體的權貴精神餘孽，急於成為普遍利益的唯一合法掌控者[50]，與更為嚴格意義上的民主社會的興起格格不入。

被馬克斯·韋伯稱為有信念的政治人物，在 21 世紀初沒有如約出現。如今充斥政壇的似乎都是野心家和體制化的男女。除了政黨和選舉制度運作方式中「機械的」社會學原因，某些精英分配的客觀因素也能解釋這種遲緩。在任何社會中總有影響個人參與的對不同職業、地位與活動進行的社會或個人評估體系與方式。在中華帝國，吸引傑出人才的是官僚體系，而人們對科技興趣不大。因此中國最終在這些領域遠遠落後於西方，而從前它是走在西方前面的。文藝復興時期的歐洲，屬少數派宗教的人，比如猶太人，不能進入公職，因此他們集中在商業和金融領域中活動。知識生活蓬勃展開，因為許多有頭腦的人的職業選擇受到限制。這樣，政治、經濟、軍事、知識和藝術職業在每個歷史時期的吸引力都不同。

如今，政治職權似乎不像精神生活、藝術活動或者經濟與金融活動的職業那麼具有吸引力。而民意測驗證明社會對政治職業的評價非常低。這是當代政治的不幸之一。我們今天處於社會凝聚力脆弱和要為地球未來作抉擇的時代，比以往任何時候都更需要活躍的民主，因此更需要「好政府」。等待上天派人或救世主來驅除如今拖拉着民主的無能而平庸的制度是無濟於事的。應該慢慢爬上坡，尋求更為持久的效果。首先，需要重建統治者與社會之間被破壞的關係。

---

49. Simon NORA, "Servir l'État", *Le Débat*, n°40, mai-septembre 1986, p. 102.

50. 要顯示他們自認為可與「啟蒙團體」相提並論並不困難。一位叫亨利·弗朗索瓦·達格索 (Henri François d'Aguesseau) 的人自稱是 17 世紀行政長官的理論家。

值得信賴的人

最高領導人通過重建如今大大降低的信任，來重構被統治者與我們之間的民主關係。信任就是可以指望某個人。社會學的定義是面對他人的承諾可以讓人「對未來的行動做出假設[51]」。信任即一種建立在對他人了解基礎上的與他人之關係，這種了解可以預知要信賴的人追求目標的能力、他的誠意或者他對公共利益的獻身精神[52]。這既省去解釋和辯解（當我們相信的人建議開展工作時得益於有利於他的偏見）又能維護體制，使一種關係得以持久地建立起來而無需依靠正式審核的措施（一諾千金或在政治領域最初的授權中持續下去）。這種信任今後尤其在被統治者和統治者之間有重要作用，因為就像之前指出的，後者「代議的質量」日趨下降[53]。

作為好政府的參照，受信賴的人物這古老說法又出現了。這個把代議制本質化的概念適用於代議制關係最古老的形式，一個權力代表機構為他人行動，受到絕對信任，被承認完全有能力完成被賦予的使命。矛盾的是，這個概念很適用於後代議制的政治領域[54]。但是這個概念是建立在一種我們可以定義為嚴格的職能性之上的，也就是說統治者執法權的本質是使任期和建構現代代議制觀念的基礎在實際操作中失效。執法權在意外和特殊情況下介入，只有它獲得體現受託人地位的持久時，才能超越最初的授權程序，產生民主效應。這是在前一

---

51. Georg SIMMEL, *Sociologie. Études sur les formes de socialisation* (1908), Paris, PUF, 1999, pp. 355–356.

52. 「實際行動建立在足夠的信任之上，信任也是對他人的了解和不了解直接的媒介。什麼都知道的人無需信任別人。一無所知的人甚至不能理性地信任別人。」Ibid.

53. 這裏應該強調要區分「看不見的機構」，即個人之間不可缺少的信任的作用和對在民主活動中那些機構必要的懷疑作用，這些機構具有「反民主」傾向的。

54. Bernard MANIN 發現了這特點。*Principes du gouvernement représentatif*, op. cit., pp. 282–283.

231

第十三章　好政府的形象

章，從被統治者與統治者之間關係的特質中探討的，實踐民主運作的目標。與信任概念並行的，是統治者的質素，也被認為是他們存在的手段。

　　兩個基本條件 —— 首先是正直，這關乎個人品質和職務要求的道德標準。它可以透過個人行為與其履行的責任來識別。講真話，就是第二個建構信任認知關係的條件。

第十四章
講真話

「公眾講話已變成死亡語言。」一位政界人物曾指出[1]。這觀察是指語言變得難以理解和聽不見。這就是說，它在兩種方式上與先前活生生的語言相反——一方面是建立聯繫，是相互理解的媒介；另一方面可有效地探索現實（創造意義和認知）。如今的語言正是在這兩方面萎縮了。比如像「人民」或「團結」這樣的詞似乎是空談，在男女政客嘴中失去了內涵。他們所言的不是公民所經歷的。公民的意見沒被聽取，卻被空洞的詞句強化了無力感。

這的確是個問題，因為統治也是講話。講話是為了解釋、指明方向、描繪出前景、彙報政府行動。講話，因為語言是人類社會組織的根本。民主政治意味着賦予人們經歷一切一種語言，說明公共行動及其目的和挫折，在特定的時刻找適當的詞語來表達集體經受的考驗或自豪。因此，講真話是在增強公民的存在感，使他們能夠與政治生活建立關係。相反，說假話或空話則會加大他們與政治生活的距離。進一步說，政治語言是建立相互信任關係的核心。因為中肯的政治語言包含把現在與未來聯繫的可能性。

一些歷史因素

波利比烏斯（Polybe）[2]在《通史》中認為伯羅奔尼撒半島古希臘城邦人抵抗馬其頓人入侵的力量，來自於他們的政治制度。「政治平等（*isêgoria*）、言論自由（*parrêsia*）和所有屬真正民主（*dêmokratia*）的一切。」他概括了這個制度及其核心精神。因此，在思考不同的民主制

---

1. Manuel VALLS, Discours de politique générale du 8 avril 2014.

2. 波利比烏斯（Polybe，公元前 203 至 121 年）古羅馬歷史學家，本是希臘人，晚年才成為羅馬公民。他作為一名政治犯到了羅馬。他參加了公元前 149 年開始的、持續了三年的第三次布匿戰爭，見證迦太基的滅亡。他流傳下來的著作是《通史》。——譯註

度及其平等原則時，保障言論自由是真正民主的基本特質。但是言論自由這詞的意義，比我們普遍對這個概念的理解更深遠。除了定義為「自由」之外，*parrêsia* 在古希臘文中有着更寬泛的道德和社會意義。它指在與他人的對話中要坦誠、直言不諱，不算計。這個說法裏隱含着，說話要直接表達其思想和事情的真相，哪怕會得罪或冒犯人[3]。20 世紀 80 年代，福柯重建了這概念的重要性[4]。他認為，這個概念在他同時探討的三個平行方面之間有所聯繫：知識的真實性；通過自身的實踐探索主體建構（福柯那時對懺悔和意識中的表述感興趣）；最後是從政府管理人員的行為出發理解權利[5]。我們要研究的，是福柯最後所說的關於政治層面的言論自由，在此暫且不談他分析的三者之間的關聯。首先，古希臘人認為 *parrêsia* 是與辯術對立的。古希臘社會所理解、運用並批評的辯術是演講技巧[6]，也可說是一種技能，會涉及問題的立場、論點組織、講話斷句劃分、戲劇化並且營造對結尾時發出喝彩的強烈期待。演講，是可傳授且學習得到的。演講屬知識範疇，

---

3. 毫無保留地說出一切，有時會被用來從貶義上專指那些說錯和沒說在點上的人。

4. Voir Michel FOUCAULT, *Le Gouvernement de soi et des autres. Cours au Collège de France (1982–1983)*, Paris, Gallimard-Seuil, "Hautes Études", 2008, 特別是 1983 年 2 月 2 日、9 日和 3 月 2 日的講課；*Le Courage de la vérité. Le gouvernement de soi et des autres II. Cours au Collège de France* (1984), Paris, Gallimard-Seuil, "Hautes Études", 2009, 1984 年 2 月 1 日的講課。同時參考 "La parrêsia", Anabases, n°6, 2012, 他再次發表了關於這問題的講座，對此做了綜述。

5. 「似乎在研究 parrêsia（言論自由）時我們可以對判斷的模式進行整體分析，研究非政府化的技術並測定自身實踐的形式。」(*Le Courage de la vérité*, op. cit., 1984 年 2 月 1 日的講課，p. 10)。

6. 關於古希臘，參見 Roland BARTHES, "L'ancienne rhétorique. Aide- mémoire", Communications, n°16, 1970; et Françoise DESBORDES, *La Rhétorique antique*. L'art de persuader, Paris, Hachette, 1996. 關於古羅馬參見 George A. KENNEDY, *The Art of Rhetoric in the Roman World*, Princeton, Princeton University Press, 1972. 關於在此之後的觀點參見 Marc FUMAROLI (dir.), Histoire de la rhétorique dans l'Europe moderne, 1450–1950, Paris, PUF, 1999, et son classique *L'Âge de l'éloquence. Rhétorique et "res literaria" de la Renaissance au seuil de l'époque classique*, Genève, Droz, 1980.

因為演講的基礎是有利於支持或使決策者建立強而有力的論據。這也是吸引的藝術，因為演講依靠激情和感動聽眾來加強信念。演講者試圖支配他的聽眾，像他們主人一般出現，把他們栓在他的話。這樣做的時候，語言對他來說是一種工具，是達到目的、獲得贊同的手段。他內心真實的信念不包含在內[7]。在雅典，演講者是受整個城邦追捧的人物，因此人們巧舌如簧，話語的盛宴永不停息。他們像在舞台上表演的藝術家一樣被欣賞[8]。言論自由者不在此列。對演說家來說，傳達信息才是最重要的。他認同這個訊息，他就是活生生的話語。他是面對聽眾的個人擔當，他與其話語合為一體，並為此承擔風險。福柯概括：「演說家完全可以是個控制住別人的有效的撒謊的人。言論自由者則相反，是勇敢說出真話的人，他要為自己還有他與別人的關係承擔風險。[9]」

言論自由的演講，因此與吸引和取悅是對立的。它承擔着引起對立的風險，注定要面對非難或排斥。講真話的人不怕與輿論直接碰撞，因為他在陳述他視為真理的一切，這是他身份的組成部分。他不怕與輿論針鋒相對，因為他把直言真理當成他認同的組成部分。言論自由者的表達與精神、甚至肉體的勇氣聯繫在一起。這是德摩斯梯尼（Démosthène）[10] 在《猛烈抨擊》中表明的。他提到他多次因為與民眾輿

---

7. 柏拉圖對詭辯術的譴責由此而來。

8. Noémie VILLACÈQUE, *Spectateurs de paroles! Délibération démocratique et théâtre à Athènes à l'époque classique*, Rennes, Presses universitaires de Rennes, 2013.

9. *Le Courage de la vérité*, op. cit., p. 15.

10. 德摩斯梯尼（Démosthène，公元前 384–322 年），古雅典雄辯家、民主派政治家。他積極從事政治活動，極力反對馬其頓入侵希臘。在雅典組織反馬其頓運動，失敗後自殺身亡。德摩斯梯尼天生口吃，他以口含小石子、迎風朗誦等方法一直苦練演講近 50 年，而且努力提高政治、文學修養，探討著名歷史學家的文體和風格，最終成為雅典雄辯的演說家。——譯註

論針鋒相對而「差點被撕成碎片」[11]，強調他預先已接受他的言論可能給他帶來的麻煩 [12]。德摩斯梯尼直面聽眾，責備他們「樂得接受阿諛諂媚的演講奉承。」他認為，正是大眾的麻木不仁和無動於衷，才有利於馬其頓國王菲利普二世 [13]。現代閱讀他這些傑出演講的人確實能感受到這些講話與聽眾休戚相關，既是全身心的，又具悲劇性。也就是説，言論的自由表達與取悦他人成為職業政客是相互矛盾的；意味着不把政治視為職業，而是全面參與的途徑。這是被馬克斯・韋伯稱作「有信念的政治人物」的特質。

從法國大革命時期中，某些人物的觀點可找到這種觀念的痕跡。加米耶・德姆蘭（Camille Desmoulins）[14] 體現了當時最好的新聞思想，他這樣寫道：「共和派的特點是直言。[15]」他強調：「共和的特點就是什麼都不掩飾，直奔目標，開誠布公，不轉彎抹角。[16]」但是在法國大革命中，問題恰好是我們所説的「濫用詞語」。在這種情況下，講真話的障礙不僅來自於蠱惑人心的演講泛濫，還由於公民辯論中混亂的語言和模棱兩可的言詞——有時一個詞被賦予兩個截然相反的定義。例如「人民」在 1789 年 5 月 14 日在凡爾賽宮展開的關於新國民議會的憲法討論中，有截然不同的説法。一開始，有人提出回到三級會議的説

---

11. DÉMOSTHÈNE, Première Philippique, "Pour la paix", §5 (*Philippiques sur la Couronne*, Paris, Flammarion, GF, 2000, p. 148).

12. Voir Troisième Olynthienne, §32.「我們這裏不能總是什麼都自由地説出來。」他這樣譴責與他對話的人。

13. Troisième Philippique, §4 (ibid., p. 184).

14. 加米耶・德姆蘭（Camille Desmoulins, 1760–1794），法國大革命時期的記者和政治家，在法國大革命中扮演重要角色。他是羅伯斯庇爾兒時朋友，也是法國大革命中頗具影響力的人物丹東的密友和政治盟友。當公共安全委員會反對丹東主義時，他和丹東一起被審判並被處決。——譯註

15. Camille DESMOULINS, *Le Vieux Cordelier* (n°7, an VII), éd. Pierre Pachet, Paris, Belin, 1987, p. 107.

16. Ibid., p. 123.

法，但很快被否絕，被認為太像舊制度。西哀士從法律上推敲，建議「經承認並審核的法蘭西全民代表大會」[17]，但是因不一目了然且事過境遷後不適用而被排除。米拉波擅長想出提法，認為「法蘭西人民代表」更簡潔有力。但是他受到多方激烈批評，這些人後來成為制憲議會最有影響力的成員。其中一位認為「人民」這個詞「包含的內容太多或太少。」他反對說：「如果您把人民這個詞理解為古羅馬人所稱的 *plebs*（平民），那您就接受了不同等級的區別；如果這個詞相當於 *Polulus*（人），那麼您就誇大了市政權利和意願。[18]」另一位也發表同樣意見，遺憾地表示人民的提法是一個「可以隨便使用的詞」，並且斷言：「人民這個詞不能完全表達我們的思想。[19]」

這種模棱兩可並不止於此。法國大革命伊始，就需要創造一系列新詞來定義剛建立的新政治秩序的活力和原則。比如說，不再提臣民而是公民，民族取代了王國等等。從這個角度來看，新的政治語言確實出現了。但這是一種尚不確定且敗壞的語言。這是針對恐怖時期最嚴厲的批評之一。法國憲法之父西哀士激烈地揭露：「下流的娼妓用法國人心中最珍貴的詞匯自詡：自由、平等、人民」，他還從「濫用一種已經約定俗成的語言」中看到時代的不幸，因為字詞「被祖國的敵人篡改」而失去本義[20]。很少人知道詩人海涅是偉大的隨筆作家和傑出的記者，也是新興法蘭西最厲害的觀察家之一。他在談到 1793 年的《總匯通報》時寫道：「這是你無法接着讀下去的魔法書，因為其中包含比黃金和槍支更強大的暗語，我們用這些話讓墳墓中的死人復活，把活人

17. 1789 年 5 月 14 日的發言，Archives parlementaires, t.8, p. 109.

18. Jean-Baptiste TARGET，1789 年 5 月 14 日的發言，ibid., p. 118.

19. Jacques-Guillaume THOURET, 1789 年 5 月 14 日的發言，ibid., p. 114.

20. 轉引自 Jacques GUILHAUMOU, *Sieyès et l'ordre de la langue. L'invention de la politique moderne*, Paris, Kimé, 2002, p. 31.

送進死者的黑暗，這些話把侏儒變成巨人，依靠這些話語我們可以壓倒巨人，這些話就像一把斧子砍掉國王的頭，可以一下子擊垮你們的力量。[21]」脫離現實，但是隨意識形態，被用作戰鬥的武器，字詞在這種情況下其實只是為公眾辯論和民主討論服務，它們成為思想警察的工具，或變成為征服或保住權力而操縱精神的工具。

　　這種性質的「說假話」比演講者摧毀民主生活更可怕。在這種情況下，語言其實不只具有吸引或者掩蓋的作用，它更創造了一個虛假和漫畫式的世界。這裏所有對立都是違法的，禁止探討公共事務的運行。根據一個著名的說法，它導致「在思想上排除真實而不是減少事物的無法辨別性。[22]」這正是漢娜・阿倫特在《極權主義的根源》中所描述的與現實拉開距離的過程。她在這本書中顯示失去方向並且失去幻想的民眾，最終逃離「現實世界的膚淺」而躲進意識形態建構的令人放心且更合乎邏輯的虛擬世界。她概括：「極權主義意識形態的力量建立在讓民眾與現實脫離的能力之上。[23]」與她同時代的維克多・克萊姆佩勒（Victor Klemperer）[24] [25] 也通過納粹的例子強調極權主義語言與表述

21. Heinrich HEINE, *De la France*, Paris, Renduel, 1833, pp. 19–20.

22. Augustin COCHIN, *Les Sociétés de pensée et la démocratie moderne* (1921), Paris, Copernic, 1978, p. 19.

23. Hannah ARENDT, *Les Origines du totalitarisme* (1951), Paris, Gallimard, "Quarto", 2002, p. 672.

24. 維克多・克萊姆佩勒（Victor Klemperer, 1881–1960），德國語言學者。他 1995 年出版的日記描述了他在德意志帝國、魏瑪共和國、納粹德國和德意志民主共和國的生活。那些涵蓋第三帝國時期的描述已經成為研究這時期的重要資料來源。——譯者

25. Victor KLEMPERER, *LTI, la langue du IIIe Reich. Carnets d'un philologue* (1947), Paris, Albin Michel, 1996.

範疇的特殊關係，虛構隨之遮掩現實，甚至重塑現實[26]。當這種類型的假話持續盛行，就會把這個國家變成安東·西利伽（Anton Ciliga）[27] 所描述的《令人惶惶不安的謊言之國》[28]。在這個國家裏，無力的語言創造出沒有矛盾的簡單世界，而每個人也甘於安逸。斯威夫特（Jonathan Swift）[29] 所描寫的《政治謊言的藝術》[30] 相比之下真是小巫見大巫。這種強制性語言的簡化成為使民族甚至政治失去活力的原因。奧威爾在《1984》裏描述的新人工語言是這類腦殘世界的入門。

烏托邦與背叛

　　還有其他避免因講真話發生衝突的方式，有三種不同格局和特質的形態：對演講的厭惡及以布朗基主義和列寧主義為典型的對口號的崇尚；康德闡釋的「大聲思考」絕對透明的烏托邦；法國大革命時期試圖把語言固定住以消除混亂和不在點子上的辯論的不確定性。

26. Laurence AUBRY et Béatrice TURPIN (dir.), *Victor Klemperer. Repenser le langage totalitaire*, Paris, CNRS Éditions, 2012（比較漢娜·阿倫特、讓—皮埃爾·法耶（Jean-Pierre Faye）和維克多·克萊普勒在這個問題上的觀點的文章合集）。在這點上我完全同意前言中的看法。

27. 安東·西利伽（Anton Ciliga, 1898–1992），克羅地亞政治家，作家和出版商。南斯拉夫共產黨的創始人之一。——譯註

28. Anton CILIGA, *Au pays du mensonge déconcertant* (1938), in *Dix ans au pays du mensonge déconcertant*, Paris, Champ libre, 1977.

29. 喬納森·斯威夫特（Jonathan Swift, 1667–1745），18 世紀英國著名文學家、諷刺作家、政治家，其代表作品是寓言小說《格列佛遊記》，其他作品有《一隻桶的故事》、《書的戰爭》等，另有大量抨擊英國殖民主義政策的政論文章和諷刺詩。——譯註

30. Jonathan SWIFT, *L'Art du mensonge politique* (1733), éd. Jean-Jacques Courtine, Paris, Jérôme Million, 2007.「政治謊言的藝術是說服人民的藝術，讓他們相信虛假的拯救。」(ibid., p. 44) 在他看來，這種謊言的特點是「合法的並被允許的。」那時關於這個問題的討論很激烈。弗里德希二世因此讓普魯士學院通過競賽徵集這個問題的答案：撒謊是不是有利於人民。

首先，在許多革命運動中，對「誇誇其談的人」和議會技巧的揭露是對自詡是民主的制度的批評的關鍵。布朗基（Auguste Blanqui）[31]的親信就曾指責拉馬丁「雄辯的句子」，他認為這樣的句子是「扼殺」1848 年革命的罪魁禍首。布朗基也不停唾棄「話語藝術家」，嘲諷「偽裝成救世主的資產者的可憐的聲望」，還有他們「響亮的律師句子」[32]。我們可引用無數這類說法。有意思的是，對這種麻醉和蠱惑人民的漂亮話的揭露並沒有通向對直言的呼籲，而是對直接行動、立竿見影的起義歡呼。對於布朗基、列寧和他們的同路人來說，革命不是讓一個社會動起來，讓社會參與決定一項共同計劃的辯論，而是沒有話語的行動（這當然與對「行動的」少數人的崇拜並駕齊驅）。布朗基的《關押者》一言蔽之：「鐵腕者必勝。」對於這些革命者，同樣對於決定主義的保守派理論家[33]來說，話語本身就是敵人。因為它轉移了最初的目標，而且也因為它與討論的積極的觀點相關，無形中就屬一種不能接受的相對主義。這些兄弟般的敵人對全人類歷史或宗教的真理卻有着同樣看法，並且認為組織危險且矛盾的辯論是無用的。「人生來是為了行動的，與行動不相容的沒完沒了的討論太違背人性了，」[34]德諾索·科爾特斯（Donoso Cortès）說。根據這觀點，被揭露的是使「討論的階級」上台的議會主義，而他們頌揚的則是呼籲執法權無語統治。對他來

---

31. 路易·奧古斯特·布朗基（Louis-Auguste Blanqui, 1805–1881），法國早期工人運動活動家、革命家、空想社會主義者、巴黎公社的傳奇人物、巴黎公社議會主席。他主張武裝奪取政權，通過起義推翻剝削制度，主張少數革命家專政。——譯註

32. 布朗基的這些說法見 *La Patrie en danger*, Paris, Chevalier, 1871, p. 265, & Avis au peuple (toast du 25 février 1851), in *Écrits sur la Révolution. Œuvres complètes*, t.1, Paris, Galilée, 1977, p. 329. 我們注意到布朗基討厭伯斯庇爾「議員的樣子」。

33. 這兩圈人絕對相互吸引。布朗基主義者的圈子裏的人閱讀約瑟夫·德·邁斯特（Joseph de Maistre, 1753–1821，法國大革命之後法國保守主義最重要的思想家）的著作。卡爾·施密特後來也表現出同樣受到吸引。

34. Donoso CORTÈS, *Essai sur le catholicisme, le socialisme et le libéralisme*, Paris, Bibliothèque nouvelle, 1851, p. 223.

說，黨要小心別成為「討論的俱樂部」，而不應給「批評的自由」留有一席之地。講話被貶義為「句子」、「哼哼唧唧」、「歇斯底里」，他希望代之以口令的力量[35]。口令不是指有助思考、概括論點，而是這個詞的本義，即乾巴巴地指揮以完成任務，這沒什麼可討論的——總之，擺明就屬軍事化戰鬥。

其次，講真話顯然不是撒謊——康德說得對，謊言是「人性敗壞之所在」——講真話的定義並不是追求立即生效。康德在《實用人類學》中指出，問題是要知道在一個只能大聲說出想法的社會裏，所有思想都只能立即且完整地表達出來的社會裏會發生什麼事[36]。他超越正面拒絕謊言，強調肯定有些東西我們發現了，但是甚至對最好的朋友也沒勇氣講出來，比如怕傷害或者激怒別人。他認為保證從不說我們不認可的想法是對的，而且是可行的。在他看來，有時忌諱說出我們怎麼想的也是正當的 (喬恩·埃爾斯特 Jon Elster) 延伸了這個觀點，甚至發展到提出「虛偽的文明力量」[37]。針對這種敞開心扉的不可能，康德提出真誠的理性。這種觀念適用於個人關係的倫理，卻不適用於政治語言。關係到社會的運轉，必須以民主方式說出一切。

第三，為了領會有助於實現講真話的框架，還要考慮到建構「絕對語言」的革命經驗。針對法國大革命期間，經常蔓延在公共生活中的「字詞濫用」，最初的反應之一是試圖確立政治詞匯的意思，從而結束圍繞着某些議題的不確定語義所產生的混亂。就像前文強調過的，人民這個詞經常出現這種情況。有些人甚至建議禁止使用這個詞

---

35. Dominique COLAS, *Le Léninisme*, Paris, PUF, 1982. 作者關於這個問題的看法非常中肯。

36. François CALORI, "Laut Denken: de la transparence chez Kant", Raison-publique.fr, 11 juillet 201.

37. Jon ELSTER (dir.), *Deliberative Democracy*, Cambridge, Cambridge University Press, 1998, p. 12，參考他的前言。

的錯誤用法。1791 年立憲派因此提議監督這個詞的社會應用，擔心危險的解釋產生的後果。1791 年 7 月，安德里安・杜蓋斯諾埃（Adrien Duquesnoy）在《愛國者之友》中寫道：「如果人民的錯誤用法對於壞人來說是藉口和手段，對於頭腦簡單和輕信他人的人來說則是一個理由。國民議會該停止這種混亂。無論誰賦予人民這個詞其他含義而不用其本義，都應該嚴厲警告。[38]」共和第三年一份提交給救國委員會的令人驚訝的關於「人民一詞的真正含義」[39] 的報告也反映了這種擔憂。很值得長篇摘錄這篇報告：「詞語的模糊肯定會導致思想的混亂；迄今為止，大多數作家、記者、報告人甚至我們的委員會與我們談到某個市、區、縣…… 的人民。民眾社團也自詡是人民，而且其中好幾個成員要麼居心不良，要麼是無知，都從這個絕對錯誤的原則中得到理所應當的結論：人民所在之處，人民做主 …… 國民公會應該防止類似的偏差捲土重來，要告訴那些蠱惑他們同胞的無知或者假裝無知的人：一、人民這個詞真正的意思和唯一可接受的意思是，所有構成一個社會整體或在同樣法律下生活的所有個人的總和；二、我們在許多情況下不得不用人民來表達組成一個市鎮、一個聚會等等的全體公民，其實這只是一部分人民。無論公民人數多少，這只能理解為一種庸俗而習慣的用法；三、最後，真正的主權只屬全體人民；因此為什麼主權人只有一個而且是不可分割的，只是一種純粹的形而上學，也就是說是普遍意願的表達，否則法國得有四萬個君主，與鎮的數量一樣多。」我們可以想像，這個報告沒什麼效果。

---

38. 轉引自 Élisabeth GUIBERT, "Le peuple représenté", *Les Cahiers de Fontenay*, n°24–25, décembre 1981.

39. 轉引自 BRUNOT, *Histoire de la langue française des origines à 1900*, t.9, Paris, Armand Colin, 1937, 2e partie, "La langue révolution-naire", pp. 653–654.

1793 年孔多賽從更為有教育意義的角度創立了《社會教育報》[40]，目的是「與江湖政客做鬥爭。[41]」他提議列出政治語言關鍵詞，以減少這些詞匯用法的變異。宣傳語是：「理性是唯一的，只有一種語言。[42]」西哀士從同樣的角度思考可以通過約定俗成「固定語言」，並在政治領域建構「特有語言」的條件，與「自然語言」保持適當的距離[43]。在這點上，西哀士與《意識形態要素》(1801–1815 年) 的作者特拉西伯爵 (Destutt de Tracy) [44] 的觀點相近，後者尋找可以改變民主制度運行狀態的「分析性語言」形成的條件[45]。這種作為講真話的條件的「純粹語言」的烏托邦沒能持續多久，但是不斷提出確定政治語言的關鍵詞這基本問題的必要性是無法迴避的。民主制意味着不斷探討這制度的概念與詞彙。

---

40. 與西哀士和聾啞學校校長儒勒—米歇爾‧杜阿梅爾共同創立。

41. *Prospectus de ce journal*, p. 10.

42. Ibid., pp. 10–11.

43. Jacques GUILHAUMOU, "Éléments pour une théorie de langage", in *Sieyès et l'ordre de la langue*, op. cit. 他明確談到要固定詞義，雖然句子有點不清楚，但是這個意思 (cité ibid., p. 132)。

44. 安東尼‧路易‧克勞德‧特拉西 (Antoine Louis Claude Destutt, comte de Tracy, 1754–1836)，法國哲學家、政治家，最早在其著作《意識形態要素》中首先提出「意識形態」的概念，並將其界定為中立地為一切觀念的產生提供一個真正科學的哲學基礎的「觀念科學」。——譯註

45. Brigitte SCHLIEBEN-LANGE, *Idéologie, révolution et uniformité de la langue*, Liège, Mardaga, 1996; et Rose GOETZ, Destutt de Tracy. *Philosophie du langage et science de l'homme*, Genève, Droz, 1993.

講真話的動力

回到德摩斯梯尼和言論自由的概念，來思考講真話的首要條件。「魔鬼」，德摩斯梯尼如此稱呼埃斯基涅斯（Eschine）[46]，譴責這位他在雅典的對手（埃斯基涅斯捍衛與馬其頓國王菲利普保持聯繫的必要性，而德摩斯梯尼則呼籲他的同胞們阻止他）。在他看來，可怕的是雄辯的源泉是他嫉恨又恐懼的強大信念。25 個世紀以後，克雷孟梭非常清晰地討論他所具備的這種天賦，賦予它不可分割的人類學和政治意義。1917 年，這位令人刮目相看的人物其語言和寫作激活了那時軟綿綿的法語，在黑暗的年代他一直在閱讀並思考《猛烈抨擊》作者的作品。他發表了一本論文集，收入他的思考。很奇怪這本書一直沒有被重視[47]。他想深入了解為什麼與埃斯基涅斯的演講相比，德摩斯梯尼的演講會如此有力。他認為兩人之間的不同不能根據演講技巧來理解，他們各有所長，其演講技巧同樣令人嘆為觀止。然而他們與話語的關係卻有很大差異。克雷孟梭眼光獨到，把注意力放在這論點上。

他指出，在關鍵時刻，「人群尋找的不是誇誇奇談的人而是一個男子漢，一個真正男人在哪裏[48]」、「我們敬佩的不是技巧」。他接着說：「而是毫無保留地貢獻一種意志的理念。如此理解的話語具有與行動一樣的高度。」言論自由者德摩斯梯尼，其話語與行動是相輔相成的，一句話充分表達他的性情和決心。這對「法蘭西之虎」（克雷孟梭的綽號）來說是最根本的。埃斯基涅斯滔滔不絕地拋出他的論點，德摩

---

46. 埃斯基涅斯（Eschine，公元前 390–314 年），雅典政治家、演說家。曾反對馬其頓王腓力二世的擴張。後又成了腓力政策的傳播者。他被狄摩西尼控告叛國後成功地為自己辯護。公元前 330 年，他反過來控告狄摩西尼受賄，抨擊其道德品質，敗訴後離開雅典，旅居羅得島等地。——譯註

47. Georges CLEMENCEAU, *Démosthène*, Paris, Plon, 1926.

48. Ibid., p. 50. 之後的引文見 pp. 50–51 & 81–86.

斯梯尼的話則「吐露深意」。他為雅典聽眾演講時，聽眾可以感覺到他以全身心地奉獻給他們。前者口若懸河，而後者的話是他「迸發的巨大財富般的生命。」克雷孟梭強調：「演講者更是通過給人以他投入鬥爭的感覺，而不是他的論點的優勢來吸引集會群眾⋯⋯」奉獻，就是講真話的動力。

這種講真話遠遠超越康德式的真誠（英文的 candor 似乎是這個意思）和真實；這是全面參與城邦的方式，是個人存在與集體命運之間的聯繫。1940 年 6 月 18 日，邱吉爾的偉大演講中，他發誓付出血與淚。這些演講不屬宣告或承諾，而是「一下子擊破障礙的投石器」（克雷孟梭），並且激發公民超越自我。這是講述真理的時刻，是特殊情況。只有從來沒放棄參與的人才能宣稱自己講真話。

平時講真話肯定微不足道，這與真誠的概念相關。但是這不僅僅關乎個人品質，還來自民主生活的質量。這應該先考慮到，講真話被民主生活的政治語言帶來的傷害。這種語言向兩方面展開，以對應不同的目標。一方面，選舉時的語言被要贏得最大票數的競爭主導。另一方面，政府的語言則要證明行動。選舉語言的動力是吸引和譴責，其目的在於蔑視對手或讓對手失去信譽（特別是去評論他們過去的行動），以於他們自身（價值觀、意識形態或者綱領）有所區別，同時建立各種輿論。因此一方面是論戰和批評的語言，另一方面是想像未來的語言，充滿各式各樣「承諾」。而政府講話則要把重點放在行動的限制、需要管理的不同的利益、他們要面對的事態發展上。選舉語言是建立在承諾（為了擴大基礎陣營）與迴避（遠離「敏感話題」，推諉某些選擇）技巧上的 [49]，而政府語言應該裁決並決斷（甚至會導致分裂）。

---

49. Voir R. Kent WEAVER, "The Politics of Blame Avoidance", *Journal of Public Policy*, vol. 6, n°4, 1986.

與此同時，它也被要繼續生存下去這個最重要的問題所控制。甚至想像真正講真話的意願可以激活選舉語言，這是不太現實的假設。這個意願只能顯出與講真話的行動之間的距離。這種差異干擾了民主生活。

這種差異在兩種因素的影響下進一步擴大。首先是消除了我們已經談到過的綱領的概念。在一個相對封閉而穩定的社會中，這個概念有利於在選舉與政府之間建立聯繫。與日益加強的對個人的媒體宣傳相聯繫的民主總統制賦予了承諾一張面孔，同時建立起一種更明顯的責任制，也加強了兩者之間差異。面對反對派和執政多數派的型態，一種持久的選舉形式建立起來，使兩種語言糾纏在一起，引發了這種效果。因此應該從政治領域的外部努力，減少民主制度政治語言的二元性，這是實現講真話的關鍵。這也只有在公民內化時才能做到。但是遠非如此。接受這種分離，實際上是某種心理安慰：它使對政界激烈的批評合情合理，同時也證明公民聽天由命是有道理的。公民參與因此應該被理解為講真話得以推進的一個條件。就好像沒有樂得被奉承的民眾就沒有蠱惑人心的宣傳一樣，沒有心理分裂的公民就沒有雙重的政治語言。

最後，講真話有一個反思層面。它不僅意味着要表達真相，還包含着承認民主思想的不確定性，這就是詞義飄忽的原因。主語不確定，人民概念本身可能是社會學、政治或者法律意義上的，總與表達方式和代議的特殊程序相關。人民因此既是公民團體、普遍的社會形象又是民眾。目標不確定，既屬擺脫束縛/自治的思想，也屬社會擺脫束縛/強權的思想。形式不確定，比如代議制程序的法規可以理解為功能性的（就像處理數額和複雜性的技術）或者是實質性的（作為構成一種特殊體制的元素）。民主制度通過不斷探索表達自身不確定性的語言而界定，講真話與此相關，因此有意義。講真話揭示出構成民主制度的壓力與矛盾。

講真話的戰役

　　講真話的戰役在三個地方打響。首先針對的是謊言，亦是最顯而易見的。但是還有針對話霸導致的辯論癱瘓以及表達某些意圖的新語言帶來的問題。我們先說第一點。戰役的目的是排除充斥政治言論的謊言、模棱兩可和語義轉化，竭盡全力貼近事實。喬治・奧威爾在一篇著名的文章中揭露了「措辭委婉、原則上的抗議和語焉不詳」的華而不實的演說，指出語言有損思想的情況[50]。他因此提到極權主義國家為了清除可疑分子而未經審判的囚禁或立即處決，還有軍事公告裏簡化成邊境調整的人口遷移[51]。曾幾何時，這種委婉地接觸現實的方式被認為是謊言或外交辭令，如今卻司空見慣。總括來說，政治話語都具有這些特點。最近安妮・埃爾諾（Annie Ernaux）在《那些年》裏強調這種「打掃乾淨的」講話與日益擴大的「非現實語言」的關係，比如像靈活性、就業能力或生活不穩定性這類模糊詞語的濫用，使社會現實變得不可辨認[52]。

　　這樣的表達無所不在。這說明這個領域存在着公民保持警醒的空間，這種警醒通過協會或負責的媒體保持下去。摧毀政治詭辯，杜絕字詞濫用，這的確是一種手段，可以減少在位者說假話，特別是不讓政界把他們的虛偽語言強加於人、隨意操縱、不受質疑[53]。就像高質量的媒體試圖嚴格地去核實信息的真偽。他們在履行公民職責，在識別講話和政治人物表明立場時必須檢驗詞語。在法國大革命中，一本傾

---

50. George ORWELL, "La politique et la langue anglaise"(1946), in *Tels, tels étaient nos plaisirs, et autres essais*, Paris, Ivrea, 2005.

51. Ibid., p. 87.

52. Annie ERNAUX, *Les Années*, Paris, Gallimard, 2008.

53. Jeffrey E. GREEN, *The Eyes of the People: Democracy in an Age of Spectatorship*, Oxford, Oxford University Press, 2010. 這本書很有啟發意義。

向於科德利埃俱樂部 (Cordelier)[54] 的著名出版物《鐵嘴》，是向「真理之口」致敬。這是古羅馬大理石雕像海王星，張着大嘴，傳說撒謊的人把手臂伸進去就會被咬住[55]。這種民主功能如今需要加強。

其次，講真話的戰鬥以批評政治上的獨白來出現 —— 獨白是自閉者的話語，是不與他人針鋒相對的語言。政治辯論會因此空洞無物，辯論實際上變為枯燥無味的獨白。其模式就是壕溝戰的模式。這種辯論提供的信息非常少並且不會交流論據。這就是為什麼它從不會對選擇作出解釋，且不指出問題的立場。這個問題由來已久。在具有普遍性之前，這個問題首先是在議會辯論的組織框架裏被感覺到的，議會辯論本應是理性討論的典型。尤其具體的一點：在議會的講話應是即興的以便針鋒相對，通過自發性形成熱烈辯論，還是可讀出事先寫好的稿子，可能會是一個接一個互不相干的講話？英國模式和法國模式在這點上是對立的。

傳統悠久的英國，講話通常是即興的，演講者只被允許參考一些幫助記憶的筆記。不太大的議院組織自然地形成了這種方式。每個人在自己的位置上講話，沒設立講台，發言是自發性的，故此辯論成了真正的討論。法國的經驗則完全不同，自從法國大革命開始就鼓勵書面發言，既是處於內容的考慮也是出於形式的考慮。傾向於書面是繼承了啟蒙時期書面語優越的思想[56]。「書面講話的藝術，」孔多賽說：

---

54. 「科德利埃俱樂部」，正式名稱為「人權與民權之友會」，是法國大革命時期的一個政治組織。俱樂部最初在科德利埃修道院舉行會議，因而得名。這個組織傾向於革命，反對皇權和封建制度，被視作是「自由、平等、博愛」口號的倡導者。在一場未遂的政變之後，其領袖於 1794 年 5 月 24 日被送上斷頭台。——譯註

55. 雕像在羅馬希臘聖塔—瑪利亞教堂前面。

56. Voir Jean STAROBINSKI, "Éloquence antique, éloquence future: aspect d'un lien commun d'ancien régime", in Keith BAKER (dir.), *The French Revolution and the Creation of Modern Political Culture*, t.1, Oxford, Pergamon Press, 1987.

「是現代人真正的辯論術,一篇講話的雄辯正是讓所有人在快速閱讀中能聽到一本書的雄辯。[57]」他亦談到「用推理取代雄辯,書籍取代善辯者」的必要性。後來西斯蒙第 (Sismondi) [58] 走得更遠:「嚴肅的討論,讓光明和真理進入所有思考大腦的討論,是靠圖書支撐的討論。[59]」這為建立在對古代辯論術批判之上的思考增加了民主論點:書面發言使講話有可能走出議會範圍。這是種對英國議院的批評,英國議會的特點是小圈子,像是個紳士俱樂部。法式半圓階梯會場因此在實體上有別於英國。講演者要登上講壇來表達自己,發言是莊嚴認真的。面對同僚們,他處於階梯教室裏教授面對聽眾的地位,而非辯論者。寬大的講台使他能夠不緊不慢地翻篇。因此這是一齣接一齣的獨角戲。

這種法式做法,儘管曾經有過改革的企圖 [60],一直持續到今天。邊沁就曾經激烈地批評過這種做法 [61],本雅明‧貢斯當的《政治原則》有一整章談論這個問題,強調這種形式在民主意義上令人反感的結果 [62]。「當演講只限於在他們寂靜的內閣裏宣讀他們寫的東西時,他們不是

57. Troisième Mémoire sur l'instruction publique (1791), in *Œuvres de Condorcet*, t.7, op. cit., pp. 270–271.

58. 西斯蒙第 (Sismondi, 1773–1842),法國古典政治經濟學的集大成者、經濟浪漫主義的奠基人,也是第一個與經濟自由主義傳統決裂的經濟學家。代表是《政治經濟學新原理》。──譯註

59. Jean Charles Léonard SIMONDE DE SISMONDI, *Études sur les constitutions des peuples libres*, Bruxelles, Dumont, 1836, p. 253.

60. Voir Eugène PIERRE, *Traité de droit politique électoral et parlementaire*, Paris, Motteroz, 1902, t.1, pp. 1033–1035, 這本書總結了這個問題。自這次發表以後,沒有任何改動。他注意到共和八年憲法禁止了這種做法。

61. Jeremy BENTHAM, "Exclusion des discours écrits", in *Tactique des assemblées politiques délibérantes*, op. cit.

62. "De la discussion dans les assemblées représentatives" de ses *Principes de politique applicables à tous les gouvernements representatives* (1815), in *Œuvres complètes de Benjamin Constant*, t.9, vol. 2, Tübingen, Niemeyer, 2001. (下面的引文見頁 746)。我們注意到他在 *On L'Acte additionnel aux constitutions de l'Empire* (1815) 中收入了一篇禁止在議會讀演講的文章 (titre I, article 26)。

在討論，他們是在擴音，」他強調說。「他們完全不在傾聽，因為他們聽到的不會對他們要說的有任何改變；他們等着為他們要代替的人講完；他們不審視他們捍衛的意見，他們計算講演者用了多少時間，看他是不是在拖延。因此再沒有討論，每個人只在重申已經被駁斥的反對意見；每個人都對意料之外、妨礙他提前念完辯詞的一切都避而不談。講演者一個接一個，並不相遇；如果他們相互駁斥，是出於偶然而已；他們像兩支方向相反方向行進的隊伍，互相挨着，但幾乎視而不見，甚至避免看到對方，生怕偏離不可更改的已經規劃好的路線。」幾年以後，科爾明南在《演講者之書》中激烈地提到兩種講話的區別，嘲笑背稿人「不看大廳，脫離或沉溺於自我，待在他的大腦裏，那裏他的所有的句子都各就各位。」；背誦者「具有前夜的雄辯，而演講者則應該是在現場的人。[63]」

從那時起，把辯論變成一連串獨白普遍化而且擴大到政治生活的各種場景，具有使民主生活貧瘠的同樣效果。獨白其實是一種沒有風險的話語，從不受考驗，躲在斷言築起的堡壘後面。它使立場僵化，請公民們站隊，選擇一種特定類型的講話，而不是在研究並比較事實和論據後再做決定。公民們因此置於被動地位。要想糾正這種潛在使政治失去活力的形式，沒有法律或者制度的回應可提供。幸虧沒有想出一條關於講真話的法律，除非在為了自身利益要控制言論模式的極權體制下（比如他們就是這樣通過各種手段懲罰被懷疑和攻擊制度的人）。但是公民團體可更多地掌握選舉，把辯論限制在一定的框架內。正是這些公民組織協助在協會、媒體或有待創造的體制內提出問題。有一些多元委員會的例子，其工作是推進棘手材料的處理並掃清敏感決策道路上的障礙（如 1987 年法國國籍委員會做的事情、2003 年史塔

63. CORMENIN (TIMON), Livres des orateurs (1836), in Œuvres, t.1, Paris, Pagnerre, 1869, p. 37.

斯委員會推進對世俗化的尊重或退休指導委員會的工作）。在這個領域，媒體被要求發揮作用。目的同樣是「遏制」黨派空話，促使男女政治家卸下盔甲，幫助公民面對現實，排除意識形態的障礙。媒體的民主作用變得愈來愈關鍵 [64]。

　　講真話的第三個戰場針對的，是有企圖的語言。這是一種最近出現在政治領域的新語言。它因「無能為力的氛圍」蔓延和失去方向而出現，這也是由於世界運轉。在這個世界裏，市場和管理的非個人力量似乎不可能受到控制，除了採取我們所說的投射方式，難以想像以其他方式行使意志。這種新語言與政界語言日益增強的自主性傾向相關。相對於行動與現實，政界語言更關係到企圖。這些企圖的確勾勒出一個積極的世界。在這個世界裏，戰鬥的尊嚴、抵抗現存混亂的能力，或相反從反面來講，純屬空談的保守改革主義得以確立。這種語言重新掌控道德和事物。

　　為了抓住這種語言的活力與實質，就要懂得什麼才算是新語言。這種語言不囿於傳統意識形態，不是信誓旦旦的承諾，不是自言自語，不是把自己的美好想法貼在現實上的「政治正確」，也不是把聽眾囚禁在虛擬世界裏的極權主義講話。它不是在簡單地表明信念，卻是完全不同的東西。這是種與各種源於現實的意圖所引導的世界前景相關的語言。在這種情況下，改變世界的想法就是針鋒相對，讓人們接受產生一個不同的世界是可能的。這種新語言在揚帆起航。在關於社會、政治經濟或對外政策等方面，它愈來愈被政治棋盤上的各方面所接受，開啟了一種新的遠離現實方式，即建構意願世界的方法。它從本質上反映實用的讓步和調節。因為在意願的國度裏，非黑即白，

---

64. 法國請參考《世界報》（*Le Monde*）的「破解」欄目（Les décodeurs），《解放報》（*Libération*）的「信息─傳聞」欄目（nfo-intox）或者 Mediapart 網站的工作。

善惡分明。政治因此縮減為道德和整體的選擇，用不着更多地解釋它與行動和現實的關係，「良好的願望」被樹立成核心的政治範疇。2015年，阿萊克斯・齊普拉斯（Alexis Tsipras）上台以後，希臘政府和歐洲機構捍衛他們立場所用的詞語就是這種典型的意願語言（還有公訴），把討論置於一個幾乎無可爭議的地位。

冷眼旁觀政治生活中不同的疾病，誰都不能聲稱把講真話簡化為一種可以掌握的定義。講真話只有在對政治語言不斷反思和批評中才存在。這個工作本身是民主活動的關鍵之一，也是公民、報刊和不同公民組織保持清醒的努力。

第十五章

正直

腐敗問題從古代就是政治思考的核心問題。腐敗會侵蝕社會且動搖帝國。比如法國人說到 1848 年，便會談及「憎惡引起革命」來說明路易—菲利普的倒台是因為道德和政治腐敗侵蝕了七月王朝。要求政府正直延續了反對道德淪喪和體制腐敗的傳統。良好的政治秩序是不能接受腐敗的。但與此同時，因為綱領政治過渡到個人政治，這個要求變得更重要。普遍利益和代表的傳統觀念被重新定義。普遍利益很難從內容上理解，更被等同於形式：把個人等同於他所佔據的職位。對於獨攬大權，厭惡公職或者分配「私有化」的行為由此而來。比如對被認為不適當的「職務住房」議題敏感；把議會工作分配給家庭成員等。社會情感經常先於立法，令立法向社會情感看齊的壓力增大。從這方面而言，正直的介入使事情不會變質，並能勾勒政治前景。正直的人不會一腳踏兩船，更會全身投入職務，完全認同其職務，不會從中謀取私利。代議的概念也因為有正直的人進入而改變。「良好的代議制」變成了對普通男女的關心。我們期待代表和管理者除了表達他們的同情，也要像人民一樣生活。在法國，讓—皮埃爾·拉法蘭 (Jean-Pierre Raffarin) 政府的法令規定部長職務住房的分配規則 [1]，當中談到「符合國家代表的簡樸」，故此連住房的平方米數等細節也被寫入法令。這種簡樸因為被預先設定，成為正直與可信度的指示標準。

對管理者的信任直接取決於他們的信譽。現代政治思想奠基人科明尼斯創造了「信譽」(來自拉丁語 *creditum*，是 *credere*「相信」的過去式) [2] 這個詞語來定義權力的屬性，這種屬性決定其影響力及其權力所享有的自由度，以構成它的信譽資本制衡。相反，懷疑和不確定所滋養的不信任，有時是建築在過去的行為或模糊的懷疑之上的。我們

---

1. Circulaire du 30 juin 2005.

2. 他被認為是第一個把這個詞用在文學語言中的。Joël BLANCHARD, *Commynes l'Européen. L'invention du politique*, Genève, Droz, 1996, pp. 320–325.

來在這個範疇思考一下最高領導人。這種疑慮經常來自一個階層——「政治階級」光環的負面反應。這個階層被指責只關心自身利益而不為普遍利益服務。腐敗、利益衝突、權力尋租、非法獲利：這些法律還有公共道德用詞都是指，為個人目的動用公共財富。只要有某些人出現非法行為及醜聞，便會使人民對所有人產生懷疑。在這種情況下，透明的目的是帶出資訊，從而揭開懷疑布幔，迫使相關人員彙報他們資產結構、資產變化和收入來源，甚至達到預防的效果。透明度是正直的公共衛士。當人們強烈感受到政治中的無能為力、令人擔憂地表現出脫離世界進程時，政治領導人的品德確實成為最基本的替補參照。透明度有一種預防性的監督。

三種透明度

透明度既被頌揚又被貶低。受到頌揚是因為它被認為是醫治所有政治弊病且揚善的靈丹妙藥。備受貶低是因為它被視為窺探暴政的手段，吞噬並摧毀了隱私權，導致人們愈來愈看不起政治生活。在 21 世紀，這個概念模棱兩可地公佈資訊，是自由派民主體制發展的關鍵。但它與公佈有兩點差異。前者加上道德層面，承載着純潔、誠信、真實、說到做到的條件。公佈被理解為客觀地提供信息、開放資料、使資訊流通和傳播；而透明度的語言譜系則與更分散的範疇相混合。透明度把所有與這個難以辨認、晦暗而神秘的世界相反的一切連結起來。它像是充滿不確定誘惑的罪惡之夜，有點迷人，有要救贖的意味。其次，透明度適於更廣泛的領域。公佈主要涉及到執法權與立法權的關係，以及立法與輿論的關係。在透明的時代，具決定性意義的是個人的行為，因為很難知道權力應該做些什麼，而今後要特別關心它應該是怎樣的。以透明度為參照，屬政治「變形」行動。在懷疑主

義和民主缺欠的時代，它與這世界的狀況相符合。在這個世界裏，個人行為變得比他們捍衛的思想更重要；它敦請建立一個評估行動的制度，由此對真誠度的審核將會取代效率的評估。在這個框架裏，道德敗壞成了政治判斷的決定性因素。我們可以把透明度區分為三種：烏托邦式的透明度、作為意識形態的透明度和工具性的透明度。

在歷史上，烏托邦式的透明度與盧梭相關。我們經常提及後者在《懺悔錄》裏所説的話。他闡明寫作意圖時説：「我想以某種方式使我的靈魂在讀者面前是透明的，為此我試圖從各種角度展示給他們，日漸清晰，這樣沒有任何他們沒看到的行動，使他們可以自己作出判斷（《懺悔錄》第九章）[3]」讓—雅克所説的透明度，既決定了方法，又決定了目的。他以這種方法使《懺悔錄》成為一部先鋒作品，轟轟烈烈地開創了一種新文學體裁——剖析自我心理，毫不掩飾地深入到私隱行為和秘密思想之中。他認為，與他人恰當的關係意味着嚴禁秘密和掩蓋[4]。他在書中有一段很有名的話：提到他有如「鑽石般透明的心」，「從沒有隱瞞一分鐘內心某種有點強烈的感情[5]」。我們可以討論這種道德且顯示掩蓋的形式對於建構平靜社會關係也是必要的。這個問題被廣泛評論和論證。但關鍵是，要堅持盧梭所説的人類學和政治目的——與他的政治理想相符的透明度。

盧梭在《論人類不平等的起源和基礎》第一次出版時，就道出透明度的特點。他在著作的致辭中用這樣的話描述他希望誕生的地方：「假如可以選擇出生地，我一定會選擇這樣的國家：在這國家中，人們

---

3. Les Confessions, livre IX, in *Œuvres complètes*, t.1, Paris, Gallimard, "Bibliothèque de la Pléiade", 1959, p. 175.

4. Pierre BURGELIN, *La Philosophie de l'existence de Jean-Jacques Rousseau*, Paris, PUF, 1952, pp. 293–295.

5. *Les Confessions*, op. cit., p. 446.

彼此都相識，邪惡的陰謀或謙遜的美德都不得不呈現於公眾眼前，並受到公眾的評斷。在那裏互相往來、互相認識的良好習慣將使人們對祖國的熱愛如同熱愛土地，勿寧說是熱愛公民。[6]」他所謂的透明度不只是一個人的優點、道德品質 —— 更可被理解為一種社會關係。它通過強制地了解這動力，確立了個人即公民的條件。繼而，盧梭在《關於波蘭政府的思考》中如此強調小國：「因此繁榮就因為它們是小國，首領可以自己看到正在發生的惡行、他們要做的好事。他們的命令在他們眼皮底下執行。[7]」相互了解因此成為共同世界中的關鍵。在他看來，這是建構統一社會最有力、最強大，甚至是無容置疑的方法。盧梭認為透明度「使所有公民都因此感到始終活在公眾的眼皮底下，任何人只有經過公眾認可才能升遷和成功，任何一個職位、就業位置只有符合民族願望才能任命⋯⋯所有人依賴公眾的評估，沒有這個評價什麼也不能做，什麼也得不到。[8]」

　　透明度是一種社會形式，同時也是構成社會的道德。透明度使個人社會能夠成為城邦，每個人一但成為公民就能走出《愛彌兒》中提出的困境[9]。透明度應該引導每個人脫離個人利益，摘下面具，成為「沒有矛盾的自我」[10]，也是在某種意義上失去特性。真實的透明度使個人與宇宙相連合。這樣，每個人只能在不會目光躲閃，並在各處眼睛的注視下存在。讓・斯塔羅賓斯基 (Jean Starobinski) 在他關於盧梭著

---

6. *Discours sur l'origine et les fondements de l'inégalité parmi les hommes* (1755), in *Œuvres complètes*, t.3, op. cit., p. 112 .（盧梭《論人類不平等的起源和基礎》）

7. *Considérations sur le gouvernement de Pologne* (1782), ibid., p. 970.

8. Ibid., p. 1019.

9. 我們還記得盧梭在《愛彌兒》(1762 年) 中寫道：「不得不與自然或者社會制度鬥爭，要選擇做人還是做公民；因為我們不能兼得兩者。」(*Œuvres complètes*, t.4, Paris, Gallimard, "Bibliothèque de la Pléiade", 1969, p. 248).

10. Ibid., pp. 604–605.

作的著名評論中，提出盧梭很重視融合、混合或者變異的化學現象，把透明度的概念比作玻璃化過程[11]。「玻璃融合的技術，」斯塔羅賓斯基強調：「與天真的夢想和實體的永生是分不開的[12]。」為了研究出那個時代的化學知識，讓—雅克與他第一位資助人德·弗朗克伊（M. de Francueil）先生工作了幾年，所以才對這些問題感興趣。他 1747 年撰寫了一部內容很豐富的《化學結構》，收集了大量科學圖片，後來在他的著作中找到很多痕跡[13]。他亦對當時一位德國物理學家約翰·喬希姆·貝歇爾（Johann Joachim Becher, 1635–1682）很感興趣。後者發展了一系列玻璃化理論，說人本身就是「玻璃」，他的灰燼可能會變成「漂亮的透明玻璃」[14]！

因此，盧梭談到透明度的時候，遠不只是關於「廣而告之」的思考。他提及最高領導時，想到的是全面實現共同財富的理想社會。盧梭用顯而易見的精神與心靈直覺取代了討論和談判的偶然性，徹底把道德與政治財富的建構本質化。對他來說，沒有這種透明度，天下大亂。透明度使人們能夠牢牢掌握好政府。但是，人類肯定普遍互相理解，上帝對這個世界的了解是無限的，世界對祂來說完全是透明的。盧梭認為只有在更小的範圍內，如一個小國裏，才能考慮人類的「透明

260
/
好
政
府

---

11. Jean STAROBINSKI, Jean-Jacques Rousseau. *La transparence et l'obstacle*, Paris, Gallimard, 1971.

12. Ibid., p. 303.

13. Bruno BERNARDI 因此強調了這些「化學圖畫」在他的普遍意願觀念形成過程中的作用。參見 Bruno BERNARDI, *La Fabrique des concepts. Recherches sur l'invention conceptuelle chez Rousseau*, Paris, Champion, 2006.

14. Jean-Jacques ROUSSEAU, *Les Institutions chimiques*, éd. Bruno Bernardi et Bernadette Bensaude-Vincent, Paris, Fayard, *Corpus des œuvres de philosophie en langue française*, 1999, pp. 24–25.

度」且產生相近的效果[15]。在 18 世紀，很多「好社會」的烏托邦都持這種的觀點。盧梭想像出一個不可分割道德與人類學的透明框架。像埃蒂安—加布里埃爾・摩萊里（Étienne-Gabriel Morelly）[16]、度姆・德尚（Dom Deschamps）這樣的烏托邦主義者，則更加平淡地想像人類過渡到一個有規則的組織裏，在思想和語言上墨守成規。只是在某些，如羅伯斯庇爾或者聖—茹斯特的革命的演講中，才可以找到些許盧梭式的透明度。我們也可想到革命時代的圖像中無處不在的象徵性眼睛，既象徵着民眾監督，又代表社會現實的反應。

意識形態的透明度又是另一回事。它是作為政治來考慮的，在當代經常默默取代了過去創造新世界的理想。20 世紀初，美國扒糞運動主義者，那些揭露美國經濟醜聞和政治腐敗的記者，最先運用這些詞彙。20 世紀初，《大都會》（Cosmopolitan）《埃勒里・奎因神秘》（McClure's）或者《人人》（Everybody's）等雜誌公佈的調查，把那時道德敗壞的政客和貪污的企業家釘在了恥辱柱上[17]。除了這些令人震驚的報刊，他們與進步運動相關，以喚醒國家。道德與政治對他們來說是

---

15. 同樣的話也在《關於波蘭政府的思考》一書中出現：「所有被他們自己的民眾壓迫的人民呻吟着，或者處於無政府狀態，或者在層層迫之下，必要的分級迫使國王這樣分配，」他這樣寫道。「只有上帝能夠統治世界，必須有超人類的力量來統治偉大的民族。」*Considérations sur le gouvernement de Pologne*, op. cit., p. 971.

16. 埃蒂安—加布里埃爾・摩萊里（Étienne-Gabriel Morelly, 1717–1778），法國烏托邦思想家和小說家，被認為是 1755 年在法國匿名發表的《自然法典》的作者。這本書成為後來社會主義和共產主義思想家的思想基礎。著作批評了那個時代的社會，提倡沒有貪婪的社會秩序，建立沒有財產、婚姻、教會或警察的平等主義社會的憲法。——譯註

17. Voir Arthur WEINBERG et Lila WEINBERG (dir.), The Muckrakers: *The Era in Journalism that Moved America to Reform. The Most Significant Magazine Articles of 1902–1912*, New York, Simon & Schuster, 1961.

重要的。《城市的羞恥》的作者林肯・斯蒂芬斯（Lincoln Steffens）[18] 是最傑出的代表人物之一，他用的都是道德詞彙。他筆下經常出現羞恥、罪惡、有罪、救贖、詛咒、自豪或者靈魂等的詞。他們傳播的獨特的民主觀點就這樣的：通過透明度而不是普遍意願來界定制度[19]。《大都會》編輯說：「我們的目標就是用公共精神的淨水沖刷貪污受賄的私利垃圾場[20]。」這種救世的新聞揭露在《哈珀周刊》（*Harper's Weekly*）上，還有人民大法官路易斯・布蘭迪斯（Louis Brandeis）的一句著名口號：「公告是針對社會和工業弊病的一劑良藥。誰都知道陽光是最好的消毒劑，電燈比警察更有效[21]。」這太陽發光的比喻對美國影響很大。這個國家最有實力的基金會之一，陽光基金會一直在實施政治透明，就是一例子。

透明度與公共財務之間的關係源遠流長。美索不達米亞平原的太陽神沙馬什，是公平之神。祂能看見一切的神，讓世界更透明。「你是把罪惡暴露在光天化日之下的神。」那時的聖書寫道。祂因此被認為是政治的最佳保護神。如祂的神像被安放在漢莫拉比法典石碑頂上，巴比倫國王的對面[22]。讓・布丹，現代經典著作作者之一，在《共和國》一書中也強調透明度能揭示道德：「只有騙子、舞弊者和利用他人者才不

---

18. 林肯・斯蒂芬斯（Lincoln Steffens, 1866–1932），美國記者，在 20 世紀第一個十年中，在美國新聞界掀起了一股揭露社會黑暗的文學浪潮，即「拯救美國」運動，目的是打擊腐敗，促進改革。發起進步運動的羅斯福總統開始也對這個運動表示讚賞，但隨後反過來斥之為扒糞運動。——譯註

19. Stanley K. SCHULTZ, "The Morality of Politics: The Muckrakers' Vision of Democracy", *The Journal of American History*, vol. 52, n°3, 1965.

20. Ibid., p. 530.

21. Louis D. BRANDEIS, "What Publicity Can Do", in *Other People's Money and How the Banker Use it*, New York, Stokes, 1914, p. 92. 這本書主要是關於商業透明的。

22. 石碑現在盧浮宮裏。Voir Dominique CHARPIN, "L'historien de la Mésopotamie et ses sources: autour du Code de Hammurabi", *Journal asiatique*, vol. 301, n°2, 2013.

希望別人發現他們的把戲、了解他們的行動、知道他們的生活。善良的人不怕光，總是樂意該別人了解他們的狀況、品質、財富和生活方式[23]。」透明度一直都被頌揚，而它在進步主義時代的美國更被看作是政治理想的完美形態。

有一個現象很有意思。同時代的歐洲處理貪污受賄問題的做法不盡相同。法國對待巴拿馬運河醜聞的方法很明顯。這個醜聞範圍很大，是前所未有的，但卻沒有引發要求更多透明度的運動。受到強烈抨擊的是「社會制度抹不掉的瑕疵」，而不是受賄者的不誠實。讓·饒勒斯 (Jean Jaurès)[24] 因此強調：「資本主義剝削長久的醜聞[25]。」一位歷史學家甚至說，相對資本主義深處的歷史運動而言，巴拿馬運河醜聞只是「無關緊要的醜聞」[26]。被揭露出來的事實使幾位受賄議員被曝光，但真正被譴責的是議會制度本身，是個如極右所說的「腐爛的議會」[27]。人們期待的是從政治和社會制度中尋求改變和解決辦法——不只是追求個人偉大的品質。

23. Jean BODIN, *Les Six Livres de la République* (1576), Paris, Fayard, "Corpus des œuvres de philosophie en langue française", 1986, t.6, pp. 17–18.

24. 讓·饒勒斯 (Jean Jaurès, 1859–1914)，法國和國際社會主義運動的著名活動家、法國社會黨的領導人之一、歷史學家和哲學家。他在德雷福斯事件中支持德雷福斯。他是法國《人道報》創辦人之一。他因呼籲反對戰爭和殖民擴張，遭狂熱分子暗殺。著有《社會主義法國革命史》。——譯註

25. Cité par Frédéric MONIER, "Enquêtes sur la corruption: Jaurès et la commission Rochette", *Cahiers Jaurès*, n°209, juillet-septembre-octobre 2013, p. 72.

26. Jean BOUVIER, *Les Deux Scandales de Panama*, Paris, Julliard, 1964, p. 8.

27. 左派的反應參見 Christophe PORTALEZ, "La Revue socialiste face à la corruption politique", 右派的反應參見 Olivier DARD, "Le moment Barrès: nationalisme et critique de la corruption", *Cahiers Jaurès*, numéro cité. 這是關於 19 世紀末歐洲貪污受賄問題非常有意思的專號。

在 21 世紀，透明度作為意識形態回歸，有人甚至說這是一種「新宗教」[28]。它逐漸成為核心政治價值。隨着透明度更重要，民主社會憲法的政治和社會的持久目標其實有被忽視的傾向。像在所有宗教裏一樣，愈虔誠的信徒愈有份量，故要把「更多透明度」作為民主進步的核心標準。幾年前，陽光基金會甚至發起偉大的創舉「打卡鐘運動」(The Punch Clock Campaign)，讓美國的議員們每天核對時間表，以便公民能了解並判斷他們每天的活動細節[29]。

這種透明度的意識形態完全有理由引起懷疑 —— 我們不能把透明度變成政治本身 —— 透明度的程序則應當作為有助形成「正直的氛圍」來推行。在這種情況下，透明度成了工具。這種觀念超越了剛才介紹的三種形式的第一個特點，其局限性與透明度的解體與澄清有關。

澄清的嘗試

在這個研究中，我們把關係到機構生活的公告與適於個人條件的透明度區別開來[30]。根據其特殊性建立了明晰度的概念，使世界可以被理解和解釋。我們又揭開了秘密的知情權和建立資料開放原則的知情權。用一個透明度的說法概括所有實踐，會導致本應能避免的混亂，因為這些實踐其實不利於建設各個範疇。區分這些範疇是必須要做的首要澄清工作。

---

28. Albert MEIJER, "Transparency", in Mark BOVENS, Robert E. GOODIN et Thomas SCHILLEMANS (dir.), *The Oxford Handbook of Public Accountability*, op. cit.

29. 參見 Lawrence LESSIG 的強烈反應，"Against Transparency", *The New Republic*, 9 octobre 2009.

30. 我很同意 Albert MEIJER 的定義：「透明度是信息的掌握，一個角色可以讓其他角色監督他的工作或者業績」("Transparency", art. cité, p. 511)。

第二個方面與組織民主生活的兩個原則之間愈來愈多衝突相關——公民應享有工具性透明度的權利和個人不透明的權利，後者即保護個人隱私的權利。公民應該有權觀察代表他們或統治他們的人，要保證他們是正直的；與此同時個人應該受到保護，避開他人和國家的注視。在歷史上，第二個權利在國家行使治理職能時一直受到被踐踏——如今一種安全和反對恐怖主義的鬥爭加強了被踐踏的威脅，無限制地累積個人生活和交流信息的傾向，為踐踏個人隱私奠定了基礎[31]。但這也是因為關於私生活的信息在特殊市場營銷的時代成為很有價值的商品。政治透明、安全透明和商品透明並駕齊驅，從民主社會建設的角度而言，各自產生截然不同的效果。真正透明度的「戰役」如今實際上在相反戰線上建構這三個領域。為此，根據我們是行動者還是主體，要區分清楚授權透明度和擅入透明度。把兩者等同，藉口擅入透明度對私生活造成威脅，但說以取消作為確保政界人物正直的民主透明度是荒唐的。這些政治人物不能與他的公民享有相同的私生活保護權，因為他們個人生活的政治部分是屬公共而非私人範疇的。這些特殊的個人，即名人與公共政治人物的情況愈來愈接近[32]。調節兩者關係的標尺每個國家都不同，但是所有地方都傾向於公眾有權要求透明度是首要問題，而人物有權保護私生活是次要的。這在歐盟人權法庭判例的演變中非常明顯。相對於私人生活，歐盟法庭通常更維護資訊自由[33]。

第三個要澄清的問題，是工具化透明度的性質。這不僅僅是預防性監督的技術問題，也是一種行使公民權的方式。這種透明度其實

---

31. 尤其參考所有美國國家安全局的監視行動以及其他不那麼尖端和普遍的監視形式引發的辯論。

32. 關於名人私生活與公共範疇相混淆的問題，參見 Antoine LILTI, *Figures publiques*, op. cit.

33. 見 2014 年 1 月 14 日歐盟法令。

導致服從於強制性禁令的人員和處於觀察者地位的人員之間的不對稱[34]。後者自認為是主人。如今是強制性的透明度使代表對於被代表的依賴、統治者對被統治者的依賴可以被直接感受到。這種依賴的關係比選舉中的依賴關係更直接，因為選舉關係只是過渡性質的。隨着透明度的建立，代表和統治者實際上變換了身份。代表從任期中解放出來，實際上服從於另一種長久的制約。後者被逼與有同樣義務的代表相提並論。從這角度來看，這些義務把兩個範疇合為一體。透明度使不得不接受透明度的人永遠暴露在他們的公民—法官面前，在他們當中製造了一個脆弱的團體。傳統的「公告」建立在交換的思想的基礎之上，包含平等關係，而透明度更引入差距。因此，對於正直而言，透明顯然是成為人民主權的形式。從這個角度來看，便懂得為什麼在這方面政界人物對透明度持久地抵抗，還有為什麼他們甚至會自然而然地在透明當中看到對他們的歧視。當記者問及他們的收入和財產時，他們經常採取的回答方式就是很好的證明：「那您呢？您賺多少錢？您的住房值多少錢？」就好像在「只有他們」要經受的透明度的考驗中有一種不公平。

好
政
府

---

34. 在盧梭那裏與作為社會狀態透明度的不同是，這種透明度來自於審查者眼光的平等和普遍性。

正直的機構

　　這些機構有個基本的預防層面。法國公共生活中最高權威透明機構的成立就是很好的例子。2013 年 10 月 11 日，在卡於扎克事件 [35] 帶來的震動餘波中，最高權威機構成立了。相對於此前，無論是對選舉活動的帳目還是獲選代表或公共負責人的財富（1988 年起原則上要向政治生活透明委員會申報，但這個委員會的監督措施很有限）監督都要有限的，這是在飛躍進步。在集體運作的基礎上，組織起來的新最高機構 [36] 使近 9,000 人必須每年申報他們的收入、財產以及利息（所有要申報的內容都要非常精確地列入清單）。這措施涉及到部長、議員和他們的合作者、部長辦公室成員、很多高官，還有各種獨立最高機構的成員 [37]。落實監督不是沒經過激烈討論，即使公共輿論的壓力有決定性作用 [38]。立法委員會特別取消了最開始擴展到兒女和父母的申報義務，這會使公眾很難在省會一級查閱議員的資料，限制了議員直接運用法令的能力（最高權威要以尊重三權分立的名義面向國民議會辦公室）。但是像如今這種運行方式，權威機構還是能改變許多事情。如在網站

---

35. 羅姆・卡於扎克 (Jérôme Cahuzac, 1952–)，法國總統弗朗索瓦・奧朗德任內的經濟和財政部負責預算事務的部長級高官。他涉嫌逃稅、洗錢，被指控向稅務部門隱瞞至少 68.7 萬歐元收入，通過瑞士、新加坡的銀行賬戶以及設在巴拿馬、塞舌爾的「皮包公司」的虛擬企業進行洗錢。他於 2013 年初落馬。這醜聞使公眾對政治人物的不信任有所加劇。——譯註

36. 其建立也是因為此前不久發表的兩份報告。一份是讓—馬克・索維 (Jean-Marc SAUVÉ) 的《關於公共生活的新職業道德》(*Pour une nouvelle déontologie de la vie publique*, Paris, La Documentation française, 2011)，總結了「防止公共生活中的利益衝突思考委員會」的工作；還有法國前總統利昂內爾・若斯潘 (Lionel JOSPIN 主持的公共生活革新與職業道德委員會的報告 (*Pour un renouveau démocratique*, Paris, La Documentation française, 2012)。

37. 要詳細了解其職權範圍和職能，參見法國公共生活的透明高權威機構 2014 年在 HATVP.fr 發表的 *Recueil des textes juridiques.*

38. 2013 年 10 月 9 日決議。

上公佈部長們的收入清單；把可疑的卷宗提交給檢察院⋯⋯在所有核心問題上都創造了新的氛圍。前所未有的是，法律規定反腐鬥爭公民協會組織可以要求調查最高權威機構。這樣與法國國際透明機構的特殊聯繫便建立起來了。但是機構還不滿足於此，它不忌諱地在其領域扮演警笛的角色。

　　最高權威機構成立後，在一位既嚴格又意志堅定的主席[39]領導下，很快就在政治和道德領域表現出其存在。雖然拉響警笛的人在美國和意大利比在法國受到更好的保護，在政治和行政界申報利息、收入和財產方面，法國的制度卻是目前世界上最完善的制度之一。最高權威機構主席最近在給共和國總統要求的報告中提出了新的目標思考，既關係到這些新目標的實施，也關係的對違章者的制裁手段，或擴大監督的性質[40]。除了一系列技術性（但重要的）問題之外——比如與嫉妒其特殊權力的稅務機關聯繫，三項提案引起了注意：部長任命前應審核他們的賦稅情況；為參加全國競選的候選人頒發賦稅合格證書；高級行政官員任命前審核候選人。這三種情況屬預防性監督。

　　這類機構確保正直的職責，必須由獨立組織來執行監督。這一直未被一致接受。很多機構其實偏向支持「家醜不外揚」。長時期以來，天主教會面對孌童問題；警察局面對那些害群之馬等等，就是這種情況。這是因為在這些問題上沒有全然理解透明度的意思。它不僅僅是民主活力的條件，更有利於機構本身。邊沁特別強調這一點：如果一個機構私下評判自己，這個機構不可能值得信賴且合法的。他強調說：「沒有外部審查的幫助，內部審查從來不足以保證廉潔。我們不

---

39. 即讓—路易・拿達爾（Jean-Louis Nadal），原翻案法院總檢察長，以其獨立精神和言論自由著稱。

40. Jean-Louis NADAL, *Renouer la confiance publique*, Paris, La Documentation française, 2014.

那麼害怕朋友的責備；我們對敵人的指責也幾乎無動於衷。黨的精神封閉在一個小圈子裏，也使譴責和讚美變質了 [41]。」透明度顯示機構對共同財富的關懷，從而強化了機構。機構承認自己的弱點是表明它們沒有只關注自己。在 18 世紀英國九年戰爭的時期，這個問題就曾辯論過。我們看到那時議會剛剛建立一個帳目委員會，但是提醒公眾注意貪污的是相關部委的僱員，他們發表了一些揭發小冊子，成為檢舉這種行為的先驅。比如一系列小冊子抨擊海軍部內部的傷病委員會的管理，亦印發了一些證明某些軍官貪污的材料。因此，一場意義重大、到上議院請願的運動與「內部解決」這些問題的企圖針鋒相對，開闢了公民直接干預公共事務的新道路 [42]。

制裁體制

《掃帚》是巴拿馬醜聞後，1891 年在法國出版的一份報刊的名稱。掃帚的比喻在當年無處不在，20 世紀初，反議會主義在法國政治生活中成為一個最基本的背景（德國和美國也有同樣背景）。「掃帚」，是指選舉的掃帚。這對很多人來說，是排除當時一家銷量很大的諷刺報刊揭露和批評的「議會垃圾」—— 那些腐敗政客的辦法。直到現在，這種思想還不斷浮現出來。如 2012 年總統選舉時的口號：「讓他們都滾開 [43]。」這有時會產生驚人的效果，因為我們很少看到涉嫌貪污的候選人，甚至因此被判刑的人會被選民寬恕。另一方面，有大量事實證明很多國家都在反腐，如強化法律手段和建立特殊警方調查。最

41. Jeremy BENTHAM, *Tactique des assemblées politiques délibérantes*, op. cit., p. 382.

42. Matthew NEUFIELD, "Parliament and some Roots of Whistle Blowing during the Nine Years War", *The Historical Journal*, vol. 57, n°2, 2014.

43. 讓—克・梅朗雄 (Jean-Luc MÉLENCHON) 2011 年在 Flammarion 出版社發表的著作的書名。

前沿的政治人物也因此被追查並判刑，甚至是重刑。但是刑事懲罰是否足以處理這些問題？這是我們將要討論的重點。沿用菲利普・佩迪（Philip Pettit）在《共和主義》一書中所用的術語，反腐過程中可分為「審查」和「懲罰」[44]。審查是剛才提到的監督和觀察；它們有預防、勸阻的功能。但與此同時要全面看待這個問題，要重新審視犯罪人所受的懲罰。

　　除了使政治人物獲罪的常見不法行為，現在還有法律新界定的違反透明義務的不法行為。對這種不法行為的嚴肅追責是重要的，但不能只限於此，還要把這種不法行為帶來的精神和政治損失考慮在內。如果刑法懲治，如逃稅，根據定義，刑法並不區分犯法者，這甚至是法治國家的基礎。然而，從國家產生的精神和政治後果來看，普通個人和普選出的代表同樣的違法行為，其影響力完全不同。個人違法，懲罰應洗清相應的罪責。但是如果違法的人是重要的政治人物就完全不同說法了。其錯誤會覆蓋整個政治階層——這會引起對政界的反感。不只是稅法被侵犯，還有公共信任被濫用、民主機構的信譽被玷污。逃稅的腐敗者不配處理職務。除了違法行為，按從前犯上罪的說法，他還犯了損害民主罪[45]。對這個問題的回答由來已久，就是加辱刑。

好政府

---

44. 作者把兩者對立起來。審查，是適用於所有人的預防性監督形式；懲罰，他認為不那麼有效，因為這只針對走上歧途的人，而無助於改變所有公民行為。*Républicanisme. Une théorie de la liberté et du gouvernement*, Paris, Gallimard, 2004.

45. Jacques CHIFFOLEAU, "Le crime de majesté, la politique et l'extraordinaire", in Yves-Marie BERCÉ (dir.), *Les Procès politiques (XIVe-XVIIe siècle)*, Rome, École française de Rome, 2007.

首先要區別烙印加辱罪和貶黜加辱罪。先從前者開始。希臘語的詞源 *stigma* 指的是明顯的烙印，一個紋身圖案[46]。在雅典，有些罪行導致流放或失去公民權；但也有些罪犯會在身上或臉上被打上無法去掉的烙印，好讓所有人永遠記住犯罪人的錯誤。被判刑的人可能會被脫光在集市中央的石頭上示眾，或被押着穿過城市做一次「羞辱遊街」。古羅馬人也有類似的做法（這在歐洲一直持續到 18 世紀末），但他們還加上了凌辱的概念。在死刑下，指的是在簡單的執行死刑之上加上對身體的摧殘。直到啟蒙時代，歐洲的懲罰還重複這些難以想像的殘酷，更把它們理論化[47]。這種野蠻的刑罰、其實施的歷史和為了終結的鬥爭一樣著名。但在當今世界裏，烙印刑罰的思想還沒有完全消失，特別是在美國。比如那些給媒體餵料的遊街示眾的場面，讓人無不想起古代的羞辱散步。在這個國家裏，公共羞恥會迫性犯罪者在家門口貼出判刑的標誌。這或許會使社會對罪行持續感到憎惡，並迫使獲刑者重新融入社會時經常受到批評，也不乏激烈的捍衞者[48]。

貶黜加辱罪則不同。其主要目的是宣佈一個人的卑鄙，從而毀掉其名聲。在此意義上，它處在傳統刑罰之外。在古羅馬，審查官特別是道德裁判可以調查對誓言的蔑視、被認為帶來損害的無視共同財

---

46. Christopher P. JONES, "Stigma: Tattooing and Branding in Graeco-Roman Antiquity", *Journal of Roman Studies*, vol. 77, 1987.

47. Pierre-François MUYART DE VOUGLANS (1780), publié en annexe à l'article de Michel PORRET, "Atténuer le mal de l'infamie: le réformisme conservateur de Pierre-François Muyart de Vouglans", Crime, *History and Societies*, vol. 4, 2000.

48. John BRAITHWAITE, "Shame and Modernity", *The British Journal of Criminology*, vol. 33, n°1, 1993; ou Dan M. KAHAN, "The Progressive Appropriation of Disgust", in Susan A. BANDES (dir.), *The Passions of Law*, New York, New York University Press, 1999. 關於這個問題的理性的看法，參考 Martha C. NUSSBAUM, *Hiding from Humanity: Disgust, Shame and the Law*, Princeton, Princeton University Press, 2004; et James Q. WHITMAN, "What is Wrong with Inflicting Shame Sanctions ?", *Yale Law Journal*, vol. 107, 1998.

富，甚至被認為炫富的行為。但是他們不能採取真正的懲罰措施：不能囚禁也不能罰款。他們的審判只限於公民的名聲，為此他們可以貶黜這些人或者改變這些部族（相當於降低他們的社會地位）[49]。直到 18 世紀，這種貶黜的刑罰在歐洲有非常重要的作用。為了象徵性地強化，它經常對社會地位屬一個結構穩定的社會團體的個人進行懲罰——貴族、神職人員、公共官員。加辱罪在這種情況下是使他們脫離團體。在榮譽勝於生命的時代，這是一種讓他們在公眾面前名譽掃地的方法。一位被認定假造調查的議會顧問除了可能被免職，還要在對公眾開放的會議上被正式脫掉紅袍。一位被判死刑的神父會被當眾貶黜，脫掉他的祭披、聖帶和白聖衣，而在行刑前再當眾給他穿上白聖衣，就像他要做彌撒一樣。一位貴族會失去頭銜，被貶為平民。隨着法國大革命的到來，榮譽不再是某些人的特權。而每個人因此都可能因可恥的行為被指控，如嚴重違反公民道德，尤其他是選舉產生的代表。既然那時人們認同由公民選舉他們的代表，以誰「最能獲得公眾信任[50]」為最高領導的標準，信任和尊嚴便成了政治革命的中心。卑鄙的代表「背叛了他們主人的信任。」這類政治卑鄙的基本範疇是當時很多辯論的中心主喻，儘管這很難成為體系[51]。為扼制對公共生活的嚴重威脅，在 1791 年刑法草案建立了公民貶黜，對最高領導來說則是濫用公共信任罪。1810 年法律確認了刑罰[52]。刑法規定被定罪的人被押到法

---

49. 見 Clément BUR 的論文，*La Citoyenneté dégradée. Recherches sur l'infamie à Rome de 312 avant J.-C. à 96 après J.-C.*, Université Paris 1, 2013.

50. MERLIN DE DOUAI, "Dégradation", in *Répertoire universel et raisonné de jurisprudence*, op. cit., t.3.

51. Décret des 29 et 30 décembre 1789 sur l'organisation des élections.

52. 要強調不應該與反民族罪混為一談，後者在法律上更為模糊，只用於政治目的。參見 Charles WALTON, "L'imputation de lèse-nation", in *La Liberté d'expression en révolution. Les mœurs, l'honneur et la calomnie* (2011), Rennes, Presses Universitaires de Rennes, 2014, pp. 223–245.

庭所在的公共廣場，由法庭書記官大聲宣佈：「您的國家確認您犯下卑鄙的罪行；法律和法庭免去您的法蘭西公民權。[53]」19 世紀似乎很少有代表因此被判刑。剝奪公民權則是長久以來一種伴隨着刑罰的附加懲罰。1895 年 1 月 5 日，德雷福斯上尉被革職，轟動一時[54]，他的佩劍在軍校法庭被當場斬斷。這孤立的做法使一個人被驅逐出團體，並令其名譽掃地的古老儀式復活了（但並沒有明確的法律依據）。

尤其在第二次世界大戰以後，民族尊嚴的概念在法國甚囂塵上。在抵抗運動期間，懲罰被動合作者的想法已經成熟[55]。二戰解放後，特殊管轄機構、市政廳被授權宣佈可恥行為，日常法庭也參與了。除了被審判並受到囚禁和死刑懲罰的積極的法奸（1,500 個死刑），還有「野蠻」的淨化（9,000 人被非法槍決），和 95,000 名法國男女被判「民族恥辱罪」。審判的條件和判刑文本，在觀念上的模糊引起很多質疑。但是當時的緊急狀況把一切都淹沒了。

對無恥行為的理解後來改變了，直到逐漸被廢除。1981 年廢除死刑後，1994 年新刑法取消了公民貶黜，在一定的時期內維持剝奪公民權。這只是一個粉飾的版本。與此相伴，加辱刑則無聲無息地消失了[56]。在不信任的氛圍籠罩着社會與代表時，加辱刑的取消值得被質疑。要修復消失的信任，也許應重新思考民主地判處貪腐官員不恥

---

53. Voir l'article "Dégradation civique", in MERLIN DE DOUAI, *Répertoire universel et raisonné de jurisprudence*, op. cit., t.3.

54. 1894 年法國陸軍參謀部猶太籍上尉軍官德雷福斯被誣陷犯有叛國罪，被革職並處終身流放，法國右翼勢力乘機掀起反猶浪潮。此後不久即真相大白，但法國政府卻堅持不願承認錯誤，直至 1906 年德雷福斯才被判無罪。——譯註

55. Anne SIMONIN, *Le Déshonneur dans la République. Une histoire de l'indignité, 1791–1958*, Paris, Grasset, 2008.

56. Pierre COUVRAT, "Les catégories des peines afflictives ou infamantes et des peines accessoires au regard du Conseil d'État", *Revue de science criminelle et de droit pénal comparé*, n°1, janvier-mars 2004.

行為罪。讓—路易‧納達爾（Jean-Louis Nadal）在《重新建構公共信任》[57] 一書中勇敢地提出並建議國民議會應該有罷免他們當中某些行為嚴重不合格成員的可能性，並且在更嚴格的條件下重新考慮取消被選資格[58]，甚至永無被選資格的可能性[59]。為了確保政治領域更廉正，超越刑事懲罰的道德制裁所引起的辯論遠沒有停止[60]。

57. Op. cit.

58. 這意味着法官比無法重選候選人的選民更能判斷這判決。

59. 2014 年 11 月《輿論之路》民調顯示，85% 的法國人贊成這可能性（2014 年 11 月 25 日《解放報》）。讓—路易‧拿達爾不被選舉的懲罰是非強制性的，法官們目前不太採用。

60. 2015 年初法國在這個問題上的辯論被判決恐怖主義者危害國家尊嚴罪的草案中斷了，使得這個問題不再是政界廉政方面的首要問題，Jean-Jacques URVOAS, *Rapport sur la peine d'indignité nationale*, remis au Premier ministre le 25 mars 2015.

結論

第二次民主革命

第一次民主革命是圍繞着爭取普選進行的。它希望把公民—選民變成實施人民主權的動力。這場革命已經過去，雖然還有些國家仍冀盼着它的到來，但是它遠沒有產生所有期待的成果。福樓拜在1848年的《情感教育》中，通過一個人物説出的話，如今看來十分可笑：「普選之日，是我們獲得幸福之時。」這段歷史確實也是持續幻滅的故事。兩個世紀以來，社會一直尋找方法，糾正歷史中的不完善和敗壞的行為。我們如今到達了這個探索周期的終點。改變投票方式、改善被選代表的代議制、實行均等原則、限制連任、公民協會選擇候選人、引入直接或參與民主的因素——糾錯和權宜之計的清單很久以前就列好了。這些措施在實行時是有正面效果的。為反對限制公民表達的頑固形式而鬥爭，這個領域還有許多事要做，無論是選舉中金錢的作用、黨派機器對選舉過程的操縱，還是不被代表的事實更頑固，甚至更嚴重，但要改善總會遇到兩個局限性。首先是依靠隱含着民主多數派的觀念的局限性。我在《民主合法性》裏分析過這個問題，揭示了在普遍意願表達的擴大而多元的觀點之上建立新民主機構的必要性。但是考慮到公民選擇代表和統治者表達的約束，也就是説使權力生效和確定政治大方向的簡單程序，局限性就更大了。

本書從對授權民主未完成的觀察出發，探討我所説的，以原則確立為基礎的「民主實踐」。這些原則長久地制約着被統治者與統治者之間的關係。公民們在這種情況下持續監督統治者，不再是「一天的主人」，統治者的行動要被一系列規則所限制。我的著作《反民主》曾探索「後選舉」，分析了以質疑權力為宗旨的公民活動。而本書的焦點擴大了很多，提出對統治者實行民主監督的普遍理論，這理論與政治上民主行動的原則相關。

民主實踐的機構與參與者

在本書中，我們勾勒了民主實踐的五種形象——明晰、責任、應變力、講真話和正直。這當然只是雛形，但已經概念化。然而我們只是一帶而過地提出關於機構和相關參與者的決定性問題，多次呼籲建構「新民主組織」。要深談這個問題還需要另寫一本書。要考慮到經驗會逐漸使勢在必行的事情具體化。比如我們獲得普選後，要等幾十年黨派才形成，然後憲法化，從而形成我們熟悉的選舉代議制。雖然我們不想在政治上費唇舌，但至少要提出這個領域幾個研究的方向，我們才能為本書做結論。

民主制度要考慮到其運作，可以圍繞這三個中心。第一是民主運作委員會，是要在法律形式上保證民主實踐，確保統治者的正直行動及最高領導機構的透明度。第二是公共委員會，用以評估公共政策的決定和行政機構運作的民主品質，以及圍繞要解決的問題的公共辯論。第三是公民觀察組織，專門監督統治者，如執行力、行使責任方面或者對政治話語的批評，並安排公民參與、培訓和工作。這三個組織是民主實踐的支柱。甚至可商討推行一個民主行動憲章，使其被承認並具有如《人權和公民權宣言》一樣的地位。我們不是要在這裏確立這種民主實踐的特點，但試圖舉例並激發討論。

集體行使權力的民主運作委員會，其主要任務是介入上面提到的兩個領域，也是由它來保護報警人。想效率高，就要有調查權，同時能夠對行政與個人頒佈限制令。它可以發表關於民主狀況的年度報告，統治者應該公開解釋報告對他的批評，並對當中的建議發表意見。這個重要角色意味着，相對於當前各種獨立的權力來說，這個委

員會的地位更重要，它將在憲法上被認為是權力的特殊存在，有別於執法權、立法權和司法權。這使「第四種權力」被承認，也是建構民主實踐的關鍵。就像憲法法院是制度的衛士，這類委員會的任務是確保憲章中規定的民主行動得到尊重。其民主特質將通過其成員認可的條件（包括代議制議會的聽證）、公共信息義務及其本身運作的透明度（因此體現出民主實踐的典範）來得到保障。

公共委員會是衡量決策方式和公共政策管理的民主質量的機構，無論是關於付諸行動的公民協會，還是其經濟或社會效果的可識別性。這些委員會數量不用多，可以分佈於幾個核心內，如健康、互助與公共生活、工作與經濟生活，甚至文化、研究與教學。它們以特殊的形態延伸了像法國審計院這樣的國家機構，並且通過擴大目前部分由議會會議執行的職能來促進民主化（更有效率且更自由，因為脫離了黨派）。它們的任務還有充實相關問題的公共辯論。它們的民主特性通過由重大機構（客觀性的原則），抽籤選出公民（公民平衡的原則）和在相關領域活動的公民辦事處成員（參與和「功能性代議」的原則）任命的各種有能力的人來得到保障。建立這些委員會，通過鐘擺效應引導議會行動重新納入民主方針的框架之中。

公民觀察組織將在民主生活領域活動的公共利益協會或者基金會中活躍。本書曾列舉像公共事業基金會這樣的美國組織，或類似透明國際這樣的國家機構。相對與參與環境領域或慈善事業的組織，這樣的公民組織還是少數。但它們可以促進新公民參與的飛躍，目的在於與開放政府的謊言、操縱、掩蓋做鬥爭。參與直接見效，而且這樣比傳統的黨派鬥爭精神更有吸引力。在某些國家，政黨或工會會收到公共津貼，因為他們為政治與社會民主作出貢獻。同理，可以設想公民觀察組織也同樣有津貼。他們的代表性像工會一樣是根據會員的數

量、可動員的能力或活動的多少而定，同樣具有來自他們活動性質的
職能性特點——活躍民主實踐。

因此，民主實踐必須建立自己的機構。第二次民主革命將是圍
繞這些機構來進行的。上述三種關係到革命的機構將有不同的地位和
使命，但它們亦以互補以統治機構民主運作的衛士。然而，只有在公
民掌握它們的行動以後，這些行動才有意義。所以，這些機構的行動
與工作的推廣是最基本的。但還需要走得更遠，來避免它們自身僵化
並自我封閉。組織一天民主活動，把民主與這些機構的事業直接連
結在一起，叫說是在鄭重地重中它們各自的作用。在這一天活動之前
可以組織參與性論壇、透過撰寫文章和進行公共辯論，再由媒體廣泛
報道。統治者也可以受邀對他們當時聽到的批評和建議作回應。這一
天，全體人民都可以堅定地表現公民權。

職能民主與競爭民主

這種民主實踐之所以具有職能特點，是因為它不干涉明顯有分歧
的領域，無論是意識形態的對立還是利益衝突。它的目標原則是達成
共識且盡可能獲得更多數的贊同。因此，其組織不以選舉為基礎。大
方向的民主當然是會有衝突的，因為統治意味着要作出選擇，決定什
麼是首要問題，而在這點上很少能統一全民看法，因此必須借助投票
來決定。這種區別是最根本的，而且區分了兩種不同的民主。

問題是，選舉不止是一種方向的選擇。它其實是挑選個人的競
爭形式。這種競爭有損民主效果。它的結果是以大量漂亮話語刺激選
舉政治承諾。反過來，當選舉產生的代表掌權以後，顯出沒有能力實
現選舉承諾時，這也會導致幻滅。競選和填充承諾機器之間的機械聯

繫，隨着革命思想的衰落進一步強化，這種革命思想使競爭意識與循環交替的制度意識相關。除了呼籲道德完善的政界男女，沒有多少糾錯機制可以有效地彌補這種現實。抽籤或具有其中一種基本功能，但是它更適用於有代議目的之選擇，而不是指定一個執法權機關，後者是現在最大的事情。而且抽籤不可能適用於方向性選擇。我們應該把這個問題看作是結構性的。只有民主實踐的活力能夠引導限制這種選擇的後果。如要求更多講真話，但是必須勾勒出一種新的與未來的新關係來限制敞開只說漂亮話。

重建與未來的積極關係

在政治上，承諾是競爭機制的副產品。競爭機制的運作與商品市場的運作是相反的。在商品領域是以降低價格吸引消費者；而在政治市場上則相反，是要把價格提高！因為這是一個有期限的市場。選民購買一種選擇，是要與未來打賭。這是一種投機。如果承諾沒有被兌現，選民要用失望貨幣支付差價，但是後付款。他可能試圖繼續在這個市場賭，或撤出（通過棄權或投空白票）。回到現實，經濟意味着用講真話取代承諾。是這一點，使競選承諾與兩人愛情關係中的許諾有所不同。後者實際上是每時每刻要經受考驗；話語只有在與觀察到失信或者承諾未兌現的清醒目光相遇時才存在。在政治領域裏，意願與行動的關係不同，未來不像是來日建設的結果而是對一個事件、一項決定、一個方向改變的期待，這足以滿足希望。

走出大量許諾和幻滅的交替，是民主進步的基本過程。但是要擺脫這種交替不可能只靠約束，或靠讚揚並回到過去來實現。矛盾的是新自由主義的某些批判回歸了，這些批評認為主要鬥爭是維護一個受到被肢解威脅的世界，就好像理想是復興一個過去的黃金時代。面

向希望的遠方的同時，也需要顧及現代性。然而，有兩種想像希望的方法。首先是上天饋贈或出現奇跡，世俗化的宗教救世主降臨。在左派中，這種方式一直處於主導地位，革命的思想自然與這種政治神學吻合。除此之外，我們還可想像未來。比如掌握世界的可能性、有意識地創造歷史的能力。這意味着從民主實施的問題和一直存在的滑向寡頭政府的危險中出發去思考民主。也就是説，把民主理解為關乎自身的工作，把關於運作條件的辯論與對更強大團體的誕生條件結合起來。民主實踐的概念應該回到這裏。為此，民主實踐成為有待完成的新民主革命的核心。1789 年的精神，使想像另一種世界成為可能。同樣，重新界定統治者和被統治者之間的關係，可以超越建立代議選舉制的願望，更清醒地認識實現平等社會的條件。

2018 年 3 月 24 日星期六 翻譯第一稿
2018 年 5 月 23 日星期三 第一次修改
2019 年 3 月 11 日星期二 第二次修改